Update

潜在意識をアップデート

für dein Unterbewusstsein

ティーモン・フォン・ベアレプシュ　安原実津［訳］

サンマーク出版

わが息子、ヤロに捧げる。
お前は好奇心であり、勇気であり、創造主であり、賢明さであり、愛でもある。
そして、お前は私たちの最大の冒険だ。

「人間は、不可能なことは信じることができないのよ」とアリスは言いました。

「あなたはまだ信じる練習が足りないみたいね」白の女王が答えました。

「不可能なことを信じるには、練習が必要なの。私があなたの年だったころには一生懸命練習をしていたから、まだ朝食の時間にもならないうちに、不可能なことを6つ信じられたときもあったほどよ」

ルイス・キャロル『鏡の国のアリス』より

プロローグ

明るい舞台照明のなかで、ザラの額に浮かんだ大粒の汗が光っている。彼女は恐怖におののきながら、目の前に置かれた脚立を食い入るように見つめている。声はかすれ、呼吸も浅い。そんな様子を、800人の観客が息をのんで見守っている。

ザラは恐怖を克服して、これまでの反応パターンを覆《くつがえ》すことができるのだろうか？　彼女も変われるのだということを、そしてその変化によって彼女の人生をも変えられるのだということを、自ら証明できるだろうか？

つまり**彼女は、自分の潜在意識をアップデートすることができるだろうか？**

❖ 現実に新たな解釈を加える

私は、ドイツで最も成功しているポッドキャストの配信者であり、友人でもあるラウラ・マリーナ・ザイラーが主催する新年のイベントに登壇している。

会場には800人の観客がいて、オンラインでは7000人が視聴中だ。

私はラウラに、私たち個人の「現実」が、日々どのようにつくり出されているかを、イベントの参加者にわかりやすく説明してくれないかと頼まれていた。そして、その「現実」がつくり出される過程に、どうすれば介入することができるかも。

マジシャンであり催眠コーチでもある私にとって、現実に新たな解釈を加えることは、当然ながら日々の生業《なりわい》の一部だ。

ふたつ返事で彼女の頼みを引き受けた。

たったいま、私は、観客にこんな説明をしたばかりだ。

「私たちの脳は、絶え間なく変わりつづけています。新しい経験をするたびに、それに適応して変化しているのです。こうした変化は、生きているかぎりやむことはありません。脳が持つこの性質を理解し、いくつかの方法を用いれば、私たちは、無意識のうちに脳で引き起こされる自動的な反応パターンに影響を及ぼせるようになります。自動的な反応パターンに変化が起きれば、それまで恐怖に感じていたことは恐怖ではなくなるし、あなたを苦しめていたトラウマは緩和され、パートナーとの理解が深まって、到達することがほぼ不可能に思えていた目標にも、突如として手が届くようになります」

参加者たちのほうに目を向けると、その説明に納得したふうの顔もあれば、懐疑的な表情を浮かべている顔もある。自分を変えるなんて、とうていできそうにない――そう思っている人もなかにはいるのだ。

なぜそう思うのか、私にはその理由もわかっている。**変化した人を目の当たりにした経験がないため、自分も変われるかもしれないという希望を抱くことができない**のだ。その経験がなければ、私の言葉は耳当たりのいいカレンダーの格言のようにしか聞こえないだろう。

その場にいるイベントの参加者全員に、人間は変われるのだということを自分の目で確かめてもらい、自分たちの精神が持つ力を明確に理解してもらうために、私は観客にこんな質問を投げかける。

「私たちはみな、『現実』と呼ぶ個人的な催眠状態のなかで生きているということを、これからお見せします。それから、私たちにはその『現実』に影響を及ぼして、自分の望むように自由につくり変えることができるということも。その変化は、みなさんが思っているよりも短い時間で実現できる場合もありますが、効果は一生ものです。このなかに、高所恐怖症の人はいますか?」

いくつも手が挙がる。

❖ 高所恐怖症を克服する

「私が言っているのは、非常に顕著な高所恐怖症のことです。エッフェル塔に上がると落ち着かない気持ちになる、というような類いのものではなく」

何本かの手がそのまま残る。私はそのなかから感じのよさそうな若い女性を選んで、舞台に上がってもらう。

「名前を教えてもらえますか？」

「ザラです」

「ザラ、あなたの高所恐怖症の程度はどのくらいですか？　脚立に上がることはできますか？」

彼女はきっぱりと首を振る。

「椅子に上がったことだってありません！」

「それはかなりのものですね……ここで、ちょっと待っててもらえますか？」

いったんステージ幕のうしろに消えて、脚立を手に戻ってくると、私はザラから3メートルほど離れた場所にそれを設置する。脚立を目にしたとたん、ザラの体はふいに未知の力に襲われたかのように硬直する。青ざめ、ついさっきまでくつろいだ様子だった彼女は急に緊張した面持ちになる。

「この脚立を前にして、いまどんな気分ですか？」私は尋ねる。

かすれた声で彼女は答える。「心臓がばくばくして、体は震えて、息苦しいです……」

「ゼロから10のあいだでいうと、あなたが感じている恐怖のレベルはどのくらいですか？」

「15です！」

私は彼女を落ち着かせる。「私はこの脚立にのぼってくださいとは言ってませんよ。脚立を見せると、あなたがどんな状態になるか知りたかっただけです」

ザラは目に見えてほっとする。客席は静まり返っている。誰もが、これから何が起きるのだろうと固唾をのんでいる。

「もしいま、ここにいる全員が声援や拍手を送ってあなたを励ましたとしたら、きっと脚立をのぼることができるでしょう。あなたは恐怖に打ち勝って、その後、そんな自分を誇らしく思うことができるでしょう。でも、それには痛みが伴います。そのあいだ怖い思いをしなくてはならないし、いま感じているようなさまざまな身体的苦痛にも耐えなくてはならない。そうですよね？」

ザラはぼんやりした様子でうなずく。

「だけど家には、あなたを励ましてくれる８００人の観客はいない。あなたはひとりだ。それにあなたがその後、同じ経験をもう一度繰り返したいと思うかどうかも私にはわからない。

だからまず、とても効果の高いコーチングの手法を使って、**脚立をのぼるときにはどんな気持ちになるべきかを、あらかじめあなたの潜在意識に覚え込ませる**ことから始めたいと思います。いまとは違った気持ちで脚立をのぼれるようになるように、あなたにプログラムされている恐怖をアップデートするのです。そして想像のなかで恐怖や身体的な苦痛を感じずにこの脚立をのぼれるようになったら、その想像を現実にしてみましょう。怖がらずに脚立をのぼる自分がイメージできないうちは、それを実行する必要はありません！それはお約束します！」

❖ 潜在意識をプログラミングし直す

なんらかの恐怖症に悩まされていたとしても、たいていの人は自分が感じている恐怖に対して手を打とうとしない。どんな状況であれ、恐怖と向き合いたくはないし、苦しい思いをしたくないと考える人がほとんどだからだ。

恐怖と向き合うことを恐れるあまり、彼らは恐怖症を抱えながら生きるほうを選んでしまう。苦痛の業火をくぐり抜けなければ、灰のなかから不死鳥のように飛び立つことはできないと思い込んでいるのだ。実際には、恐怖と向き合わなくても、自分を変えることは可能なのに。

しかし彼らの気持ちも、とてもよくわかる。だから私はまず心がアップデートされてから、つまり、精神に介入して、クライアントが恐怖を感じなくなってからでなければ恐怖の対象には直面させないというアプローチ法をとっている。

かつては恐怖の対象だったものに怖がらずに向き合うことができれば、その経験も恐怖症の解消に大いに役立ち、長期にわたる効果が期待できるようになるのだ。

「じゃあ、始めましょうか?」

ザラがうなずき、私はアップデートにとりかかる。私は、催眠コーチングのセッションで普段からよく用いていて、この状況に最も効果的だと思える手法を選ぶことにする。これだけ多くの人を前にした舞台の上では、潜在意識をプログラミングし直すザラを手助けできる時間は限られているからだ。

5分後、ザラの目つきや身振りははっきりと変化した――笑顔で、脚立のほうに何度もちらちらと目をやっている。彼女のストレス反応が完全に消滅したことを確かめるため、私は尋ねる。

「いま、脚立を見て感じる恐怖の度合いはどれくらいですか?」

彼女は私を見て、笑みを浮かべる。「ゼロよ!」

「脚立にのぼってみますか?」

ザラはうなずき、脚立をのぼりはじめる。彼女のなかの恐怖は跡形もなく消え、一番上の段に向かって脚立をのぼることによろこびを感じているようにさえ見える。一番上にたどり着いた彼女は、そこで体をまっすぐにして立ち、両腕を広げてみせる。

この数分間、気が気じゃなかった観客は狂喜している。スタンディングオベーションと熱烈な拍手と声援がザラに送られる。会場を満たす鳥肌が立つほどの感動！

「信じられない！」

3メートルの高さから彼女がそう叫んでいるのが聞こえてくる。会場にいる誰もが、この行動によってザラが心と体のコントロールを取り戻したのを感じている。私たちの精神がどれほどの力を秘めているかを、どれほど速やかにこれまでの反応パターンから自分を解き放つことができるかを、彼女は私たち全員に見事に示してくれたのだ。

私はザラの高所恐怖症を治したわけではない。ただ単に、これまでとは違った気持ちで脚立に向き合うこともできるのだという、別の選択肢を彼女に示しただけだ。

そして彼女はその別の選択肢を受け入れたため、自分の潜在意識に変化をもたらすことができた。まさに、潜在意識のアップデートが行われたのだ。

変えられないものなどない

その2週間後、私はザラからこんなメールを受け取った。

「ティーモン、あなたが私にどれほど大きな変化をもたらしてくれたか、あなたには想像もつかないでしょうね。私にどんな力があるかを気づかせてくれたことに、心から感謝しています。あのすばらしい体験のあとも、私は何度か脚立にのぼってみました。まったく恐怖を感じずに脚立にのぼれるというのが信じられなかったからです……本当に、どうもありがとう!!」

たったの5分で高所恐怖症が改善できるというのに、なぜザラはこれほど長く恐怖症に悩まされつづけていたのだろう?

なぜ20年にもわたって、自分には脚立をのぼるどころか、椅子の上に立つことすらできないと思い込んでいたのだろう?

なぜなら、自分は変われるのだということを彼女に教えてくれる人が、これまで誰もいなかったからだ。高所恐怖症とは無縁の人生を送ることもできるのだと、彼女に示してくれる人がいなかったのだ。

高い場所に恐怖をおぼえるのは彼女にとっては普通のことで、すでに人生の一部になってしまっていたのである。

彼女のような、あるいは彼女と似たような思い込みを持っている人は大勢いる。

「自分はこういう人間だから」と彼らは言う——たとえ、自分の思考や行動パターンのせいで生きづらさを感じていても。自分も変われるのだということを知らないために、恐怖や依存症や悪癖や性格的な問題やそのほかのさまざまなことを、彼らは受け入れてしまっているのだ。

あるいは、変われたらいいのにと思うことはあっても、それらの多くは、変えることのできないものだと考えている。「仕事で高収入を稼ぎ出すのはぼくには絶対無理だよ」、「私は嫉妬心が強すぎて、自分じゃコントロールできないの」というように。

❖ 不可能なことを可能だと思う

自分の人生における特定のものごとは、そのままずっと変わることはないのだと彼らは信じ込んでいる。

しかし実際には、ただ気づいていないだけなのだ。別の生き方ができるということに。恐怖症から解き放たれた人生や、嫉妬や悲観主義や完璧主義に悩まされることのない日常や、自らの意志で人生をコントロールし、満ち足りた人生を送る妨げとなるすべてのものから自由になれる可能性があることに。

この本の冒頭には、『鏡の国のアリス』の一部を引用してある。このなかで白の女王は、

「不可能なことを信じるには、練習が必要なの」と言っている。

この言葉は、まさに的を射ている。

いまの自分を変えることを――いまとは違った感情や信念を持ち、別の習慣や行動パターンを身につけることを――あなたが不可能だと考えているかぎりは、何ひとつ変えることはできない。あなたはこれからも同じような生活を送り、同じような経験を繰り返すことになる。

不可能を可能にできる方法を見つけ出すには、不可能なことを可能だと思えるようにならなくてはならない。

「自分が変われるかどうか」ということに疑問を感じない状態でなくてはならない。

この本で私がお伝えしたいのは、**基本的にはどんな人間でも変わることができるということだ。**

私たちがどんな人間か、どんな行動をとるかをつかさどっているのは、私たちの脳だ。その脳を、私たちは文字どおりつくり変えることができる。

それも、自分の思考の力だけを使って。そして脳が変わるということは、私たち自身が変わるということでもある。

次章以降を読んでいただければ、あなたにもきっと、自分も変化できるのだということがおわかりいただけるはずだ。
いまあなたがどんな癖や思考パターンに悩まされていようと、あなた自身に欠陥があるわけではない。

あなたの思考や行動や感情を生み出す源となっているのは、あなたの頭のなかにある〝ハードディスク〟に保存されているいくつもの古びたプログラムだ。

かつてインストールされたそれらは、いまでは〝最新版〟といえないばかりか、あなたの人生にもそぐわなくなっている。それらのプログラムを更新すれば、あなたはもっと生きやすくなり、人生をもっと楽しめるようになるはずだ。

それから、なんらかの恐怖症に悩まされていたが催眠コーチングで症状が改善した、そのほかの私のクライアントについてもお話ししようと思う。脳がどのように機能するかを理解するには、恐怖を例にとるのが一番わかりやすいだろう。
原則的に恐怖というのは、意識的に引き起こされるプロセスではない。潜在意識によって引き起こされる反応の極端な形だ。だが潜在意識が反応を生じさせるプロセスは、恐怖症特有だというわけではなく、あなたの人生の制約となる行動パターンはすべて、似通ったプロセスを経て引き起こされている。

❖ 潜在意識と手を組む

この本の目的は、あなたの精神の力とトレーニングの助けを借りて、あなた個人にとっての「現実」を変える方法をお伝えすることにある。あなたの脳がどのように機能しているか、どのメカニズムを自分のプラスになるよう役立てることができるかがわかっていれば、今後それらの知識を活用して、自分が望むとおりの行動をとったり、感情を抱いたりできるようになる。

さまざまな現象を体系化したモデルもご紹介していくつもりだが、ひょっとしたら、あなたはすでにそれらのうちのいくつかについて、どこかで読んだり聞いたりしたことがあるかもしれない。

その場合は、該当する箇所を復習や確認のために利用して、その知識を日常生活で実際に使ってみてほしい。

知識は使わなければ意味がない。それが習慣になるまで何度も使って、意識しなくても得た知識を実践できるようにしよう。

私はあなたに、いまのところあまりうまくいっているとはいえない人生の領域に対する自分の姿勢を見直して、アップデートしてほしいのだ。今後あなたがその領域で、いまよりも満足のいく、自信に満ちたふるまいができるようになるために。そしてもちろん、いまよりも満ち足りた気分になり、自信を持てるようになるために。

潜在意識のアップデートは、思考における新しい扉を開いてくれるだけではない。私たち自身が自分の人生をどうとらえているかも明確にしてくれる。このことは、各領域のあなたの人生をどうすれば変えられるかという実用的なヒントにもなる。

第4章でご紹介する「迅速なＥＦＴ」を使えば、ネガティブな記憶に働きかけて、感情的な反応をコントロールできるようになる。

もしいまよりも能力を上げたいと思ったり、効率的になりたいと思ったりしているなら、自己催眠がテーマの第7章と第8章がとても役に立つだろう。

あなたの人生を形づくるのはあなた自身だ。変化し、心の平穏を得るためのあらゆる可能性はあなたのなかにある。

あなたの潜在意識には、問題を解決し、目標に導くための力がある。あなたはただ、それに指示を与えてアップデートすればいいだけなのだ。

自分の潜在意識と手を組もう。

そうすれば、さまざまな面において人生のよろこびを味わえるようになる――恋愛においても、仕事のうえでも、そして、自分自身との関係においても。

あなたにこの本を――そして、あなた自身のアップデートを――楽しんでもらえることを願っている。

ティーモン・フォン・ベアレプシュ

潜在意識をアップデート

ティーモン・フォン・ベアレプシュ
Thimon von Berlepsch
安原実津［訳］

目次

第2章 催眠で潜在意識をアップデート
現実はあなたがつくり出している

第3章 あなたのマインドセットを変える法

考え方を変え人生を変える

第4章 感情解放テクニック

タッピングで幸せになる

第5章 恐怖からの解放

あなたのなかにいる石器時代人をコントロール

第6章 人間関係をアップデート

衝突を解決する方法

第7章 潜在意識を意識的に変える

メンタルトレーニングや発言でアップデート

第8章 催眠状態でアップデート

自己催眠はこうして行う

装丁　轡田昭彦+坪井朋子
翻訳協力　株式会社リベル
編集協力　鷗来堂

はじめに ―― 思考も、行動も、感じ方も新しく

さあ、アップデートにとりかかろう

ショーやセミナーや個人セッションを行うたびに、私はいつもこんな質問を受ける。

「本当に自分を変えるために必要なものはなんですか？」

「どんな人間でも変わることはできるんでしょうか、どうすれば変わることができるんでしょうか？」

私の経験から言わせてもらえば、まずは認識することからすべてが始まる。あなたの人生には、あらためたほうがいい部分があるという認識だ。その自覚を持つことはどうしても欠かせない。

当然のように聞こえるかもしれないが、たいていの人は、変化が自分の人生にプラスになるということを意識すらしていないものだ。変化によって、より充実した人生が送れるようになるということに気づいていない。

必ず困ったことになる特定の状況がいくつかあったり、あなたの制約となっている思考や行動のパターンがあったりしても、「自分はこういう人間だし、人は変われるものじゃないから」と妥協をしてしまう。

ひょっとしたら、自分が抱えている問題を、周囲の状況やほかの人たちのせいにしている人もいるかもしれない。そうした人たちは、幸せになれないのは、自分の力ではどうしようもない理由によるものだと思っているため、自分から行動を起こそうとはしない。

❖ 変えられるのは自分だけ

あなたの人生には変えられる要素があるということ、そしてその変化のプロセスをスタートさせるのはあなた自身だということをはっきり認識していないうちは、あなたの人生は何ひとつ変わらないだろう。あなたが幸せになるための鍵を握るのはあなた自身で、あなたは自分が望むとおりの人生を送れるようになるために必要な力をすべて備えているというのに。

だから私はまず、あなたが自分の何を変えられるかを見つけ出すお手伝いをしようと思う。そのなかには、さまざまな現象を体系化した興味深いモデルを紹介したり、プロローグに登場したザラのような、コーチングのクライアントについてお話ししたりすることも含まれている。

実際に自分を変えた人たちのエピソードは、あなたに希望をもたらしてくれるはずだ。ザラもまた、自分が高所恐怖症と無縁の人間になれるとは、想像もしていなかった。舞台で私が行った催眠の実演や、それをどんなことに適用できるのかという私の説明を聞いて初めて、彼女は自分の人生をもっと充実させるにはどうすればいいかに気づくことができたのだ。

私はあなたにも、彼女と同じような認識を獲得してほしいと思っている。

・人を不快にさせる行動パターンや、あなたの人生の妨げとなっている信念から自由になりたい？
・喫煙のような、やめたいと思っている厄介な習慣がある？
・怖がらずに飛行機に乗れるようになりたい？
・コミュニケーション能力を向上させたい？

そうした目標に到達するにはどうすればよいか、また、なぜそれらの目標に到達することができるのかという根拠も、私は説明しようと思っている。

それらを理解し、自分の人生を自分で形づくることを決めた瞬間に、あなたが変わるための刺激的な旅は始まる。あなたの人生は、その決断によって正しい方向に向かって動きはじめるのだ。

この「はじめに」には、「思考も、行動も、感じ方も新しく」というサブタイトルがつ

たった

いている。

いま記……かりの「認識」のあとにつづくもので、あなたを目標に導く変化の過程でもある。

考えや思考プロセスが変化すると、ようやくこれからの自分の行動をつくり変えることができるようになる。そして、行動が変わると、それによって生じる結果も新しいものになり——それに応じて感情も変化していく。

この過程を説明するときに私がよく使う、下の「変化のサイクル」の図（注1）を見てほしい。

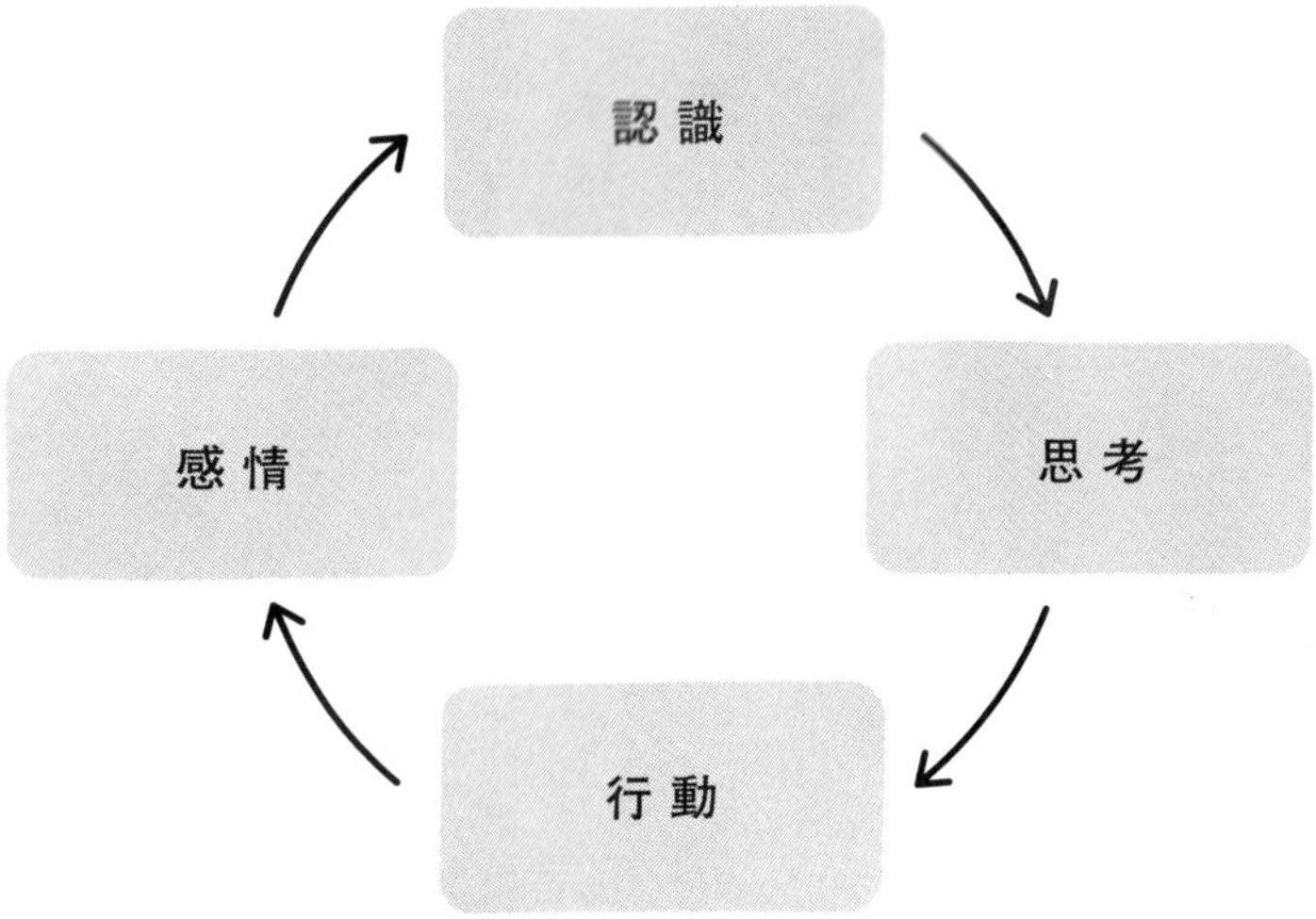

❖どんな人でもアップデートは可能

「新しい思考」というのは、あなたが新しい知識を習得したことを象徴するものだ。自己反省をしたり、過ちを認めたり、新しい見識を得たり、「なるほど！」と思う瞬間を経験したりすると、私たちの思考は変化する。

私がこの本で、脳の機能の仕方や、その内部では何が起きているか、なかには非常に古びたものも含まれているプログラムのうち、どれがいまにいたるまであなたの行動を定めているのかを説明しようとするのはそのためだ。

それがわかれば、あなたにも自分を変えられるということが理解できるようになるはずだ。たとえそれが、これまで変わることは不可能に思われた領域に属する変化だったとしても。

その結果、あな[illegible]かの信念の一部に疑問を感じるようになり、いくつかの厄介な思い込みを解消し[illegible]た場合には[illegible]変化を起こすための方法もいろいろとお教えしよう。

要する[illegible]しいの[illegible]せ[illegible]でもアップデートは可能なのだという希望をあなたに持ってほ

あなたが変えたいと思っていることがかなり特殊で、ふさわしい解決方法がもしここで見つからなかったとしても、あきらめないでほしい。その場合はさらに知識を深めるか、スペシャリストと個人的にそのテーマに取り組んでみよう。すでに説明したとおり、自分は変わることができるのだという認識を持てているだけでも、すでに計り知れないほどの価値があるのだ。

❖ 知識をもとに実行する

新しい知識を習得できたら、「変化のサイクル」の次の段階に進もう。次は「新しい行動」だ。

思考が新しくなるだけでは不十分だ。ドイツ語には**「われわれはみな、知識に関しては巨人だが、実行することに関しては小人のようだ」**という格言があるが、もしあなたがすばらしい理論や効果的な思考法を知っていたとしても、記憶のなかにしまい込んで埃をかぶったままではなんにもならない。

「新しい行動」というのは、あなたが学んだ内容を、具体的に実行に移すことをあらわしている。

習得した知識を実際に使ってみてほしい。この本を読んで理解したことを役立て、日々実践しよう。たとえば知識を習得した結果、セラピストやコーチの力を借りたほうが効果的だという結論にたどり着き、その後、セラピーやコーチングの予約を入れることもまた「新しい行動」に含まれる。同様に、セミナーを受講してさらに知識を深めたり、ほかの人たちとグループをつくってあなたの目標達成に役立てたりするのも「新しい行動」だ。

積極的に行動を起こそう！　この本を読むだけではあなたは満ち足りた人間になれないし、風変りな癖が一掃されるわけでもない。

この本は、古くなったあなたの思考パターンやプログラムを見つけ出すきっかけにはなるだろうが、それらをアップデートするのはあなたの仕事だ。

これから紹介する手法を、実際に使ってみてほしい。自分の行動がどれほど変化するか、あなたは驚くに違いない。

いつも同じことばかりしている人は、同じ結果しか手にできない。トレーニングを重ねて新しい習慣を身につけ、古い行動パターンを断ち切りたいと本気で思っている人でなければ、変化は起こせない。

率直に言って、変化するには労力がいる。それでもときには、これまであなたが考えていたよりもたやすく、かつ速やかにアップデートが行えることもある。

そうでなければ、ザラがたったの5分で、彼女のそれまでの人生を支配していた高所恐怖症を克服するなどということが起きるわけがない。

❖ 行動が周囲を変える

そして、「新しい感情」というのは、まさに「成果」そのものだと私は考えている。あなたが注いだ労力に対して得られるフィードバックだ。あなたの努力が実を結んだ証拠である。

あなたの感情が変われば、周囲の反応も変化する。その事実を受け止め、自分が変化できたことをよろこぼう。大事なことだ！　そうでなければ「変化のサイクル」を進みつづけるための意欲を継続できない。

だからその後も、変化した点を意識することを心がけよう。新しい思考でこれまでの古いパターンを断ち切って、新しい行動が身につくようにトレーニングを重ね……と、このサイクルを繰り返していけるように。

私の催眠コーチングの個人セッションに要する時間は1〜2時間程度だが、のちにその感想を尋ねると、クライアントのなかにはこんなことを言う人もいる。

「遠くにいる蜘蛛を見られるようにはなったんですが、いまだになんだか不快になるし、蜘蛛のいる部屋にいるのは嫌なんですよね」

これは蜘蛛嫌いのクライアントの例だが、彼らは忘れているのだ。以前は蜘蛛を見ただけで泣き叫び、恐怖のあまり気分まで悪くなっていたことを。

一度セッションを受けたにもかかわらず不快感が残っているという理由から、彼らは引きつづきネガティブな要素だけに注意を向けて、非常に短い時間のうちに達成できた成果を見過ごしている。


特定のサイズの洋服を着られるようになることばかりに集中していて、2キロ体重を減らせた段階でまずは勝利を祝おうとしない人は、すぐに息切れしてしまう。そしていくらも経たないうちに、またもとのパターンに戻ってしまうことになる。

だから、たとえどんなに小さなものに思えても、進歩があったときには自覚し、記録することに大きな意味がある。そうすることで、自分が進もうとする新しい道はこれなのだと脳に覚え込ませるのだ。

新しい道にたどり着くには、あなたの協力が必要なのだ。その際、具体的にあなたがどうすればいいかは、あとで詳しく説明しよう。


あなたの新しい感情は、つまり、新しい行動によって引き起こされる反応は、その後また、あなたの当初の「認識」に作用する。あなたは自分を変えることを決意し、いまその目標に向かう正しい道を進んでいる。

そのことがあなたをやる気にさせ、あなたの新しい思考と行動をさらに継続していくための力になるのだ。

❖ あなたは第一段階をクリアしている

この本を買っていただいたことから判断すると、あなたはどうやら最初の「認識」の段階にはすでに到達しているようだ。

私たちがここで出会ったということは、あなたの人生にはおそらくいくつか改善したい点があるのだろう。

もし、あなたがこの本を誰かからプレゼントされて、どう変化すればあなたの人生が豊かになるかがまだわからないようなら、私にそれを見つけるお手伝いをさせてほしい。どう変わればいいかを突き止める方法を、これから具体的にお教えしよう。

あなたがアップデートできる何かは必ずあるはずだ。

それでは、アップデートにとりかかるとしよう！

第1章

脳のアップデート

脳内アプリのバージョンアップ

古いコンピュータと新しいソフトウェア

私がこの本のタイトルを周囲に告げると、よくこんな反応が返ってきた。

「アップデートだって？　まるでコンピュータみたいじゃないか！」

——当然だ！　**私たちの脳は、まさにコンピュータのようなもの**なのだから。

読者のみなさんには、私たちの脳は、かなりの部分がコンピュータのように機能しているということを理解してもらいたい。

取り込まれたプログラムや情報やデータなどはハードディスクに移行して、一定期間が過ぎるとバックグラウンドで動作するようになる。

自宅のパソコンにうまく作動しないプログラムがあったら、私たちはソフトウェアを更新する。問題がオペレーティングシステムにあるようなら、もちろん、パソコンを再起動する。

私たちの脳も同じように機能していて、悪習や問題のある行動パターンはアップデートできるのだということがわかれば、私たちは自分自身を変えられるようになるだろう。

現在のバージョンの脳が命じることにただしたがうのでなく、それをアップデートできるようになるのだ。

❖誰にでもインストールされている脳

この世に生まれてくるとき、あなたの頭にはほぼ空のハードディスクと、高性能のプロセッサが搭載されている。それがあなたの脳だ。

生きるために必要な機能（呼吸や消化や反射など）は、バックグラウンドで動作しているオペレーティングシステムにあらかじめセットされている。

脳は「人間」という有機体の一部であり、どんな人間にも共通する器官だ。そのため、あなたが生まれる前から脳はインストールされている。

生きるのに欠かせない機能にあなたが手を加えることはできない。それらの機能は、進化的に非常に古い脳の領域によってコントロールされているからだ。

にもかかわらず、それらの領域はいまなお、あなたの行動に影響を及ぼしている。

子どものうちにあなたは、のちに必要となる大事なことを学習する。ハイハイをすること、歩くこと、話すこと、靴ひもを結ぶこと、字を書くこと、計算することなどだ。

こうした学びの過程は、ハードディスクに次々と移行していくプログラムにたとえることができる。あなたが経験から学んだことも、やはりデータとしてハードディスクに移されていく。

たとえば「私が泣けば、ママが来てなぐさめてくれる」——二度試して二度とも同じ結果が得られれば、あなたはその後も同じことを繰り返すようになる。

あるいは「電気コンロにさわったらとても熱かったから、もう二度とさわらない！」——その後、電気コンロはあなたの敵になるだろう。

バックグラウンドで動作しているオペレーティングシステムや、日々ハードディスクに保存されるさまざまなデータやプログラムは、常に整合性がとれているとは限らない。なかには非常に古びたプログラムもあれば新しいデータもあるため、それらは適合しないときもある。

たとえば子どもは4、5歳になると、「何かほしいものがあるからといって、床に体を投げ出してわめきたてていけません」と教えられる。幼児のころはそれでほしいものが手に入ったが、それからは、ほしいものがあるときはいつも人にお願いをしなくてはならなくなる。

あなたのソフトウェア——つまり、あなたがそれまでに習得して使ってきた習慣や考え方のことだ——と新しい状況は矛盾しているため、ほしいものがあるときに、床に寝そべって大声でわめいたりせずに、きちんと人に訊《き》けるようになるまでにはしばらく時間がかかる。

この切り替えに失敗したり、切り替えがあまりうまくいかなかったりしたのが、かんしゃく持ちと呼ばれる人たちだ。

彼らは代替となる反応パターンを習得しなかったために、怒りの爆発をコントロールすることができないのである。

❖時間が経つと古くなるプログラム

誰もがかんしゃく持ちというわけではないが、完璧な人間も存在しない。

ひょっとしたらあなたは劣等感などのコンプレックスやなんらかの恐怖症に悩まされているかもしれないし、人を信頼したり人間関係を築いたりすることに苦手意識があったり、自分に自信がなかったりするかもしれない。


そうした問題にはすべて原因があり、その原因は必ずといっていいほどあなたの過去にある。あなたの子ども時代に生じた行動パターンや脳のプログラミングに起因している場合がほとんどで、その大部分はあなたの経験によってつくり出されたものか、あなたの両親の教育を通して、もしくは周囲の環境によってあなたに〝インストール〟されたプログラムだ。だが、そうしたプログラムのなかにはかなり古いものもあり、その多くはあなたの現在の状況にはもはや適合していない。

それらのプログラムにも、かつては役割があった。子どもだったあなたの心と体を保護するという役割だ。

身を切られるような出来事によって引き起こされたトラウマ、つまり心の傷に対する反応も、あなたを守るためのプログラムのひとつだ。いまのあなたから見れば取るに足りないことでも、幼かったあなたの心に刻印を残し、いまにいたるまで影響を及ぼしていることもある。誤解が、つまり子どものころの間違った思い込みが、あなたの行動に足跡を残していることもある。

たとえば、車が故障したせいで母親が幼稚園のお迎えに遅刻したとき、あなたはこんなふうに考えたとする。

「ママが迎えに来ない。ママがいなかったら生きていけないから、私はきっと死んじゃうんだわ」

いまのあなたから見れば非合理的な結論だろうが——子どもの脳はまさにこういう働き方をするものなのだ。

その結果、「母親や私が大事に思っている人が、また私をひとりにすることがないように気をつけなくちゃ」という「分離不安障害」［愛着を持っている人や場所から離れることに強い不安をおぼえる状態］が足跡として残されることもある。

❖ あなたのなかの古いプログラム

しかしあなたはいま、別の時間を生きている——自分の存在が人に忘れられてしまったかのように感じても、もう5歳のころのようにふるまう必要はないし、10歳のときに見つけた争いごとの解決法は、大人になったあなたにとってはもはや賢明な方法ではないはずだ。

あなたのなかにあるコンピュータはいまではインターネットに接続していて、クラウドが使えるし、データの保存場所も無限にあるし、そのほかにも多種多様なことができるようになっている。

それなのに、そんなふうに進化したコンピュータとは対照的に、あなたのなかにあるプログラムのほうはどれも、とんでもない旧式の、いわばコモドール64［アメリカ・コモドール社が1982年に発売したホームコンピュータ］のようなものだ。いまの時代に求められているものは20万年前とは本質的にまったく違うし、20年前とくらべてさえ異なっているというのに。

このちぐはぐさは、たとえて言えば、まるで石板を使ってツイートしようとするようなものだ。コンピュータとプログラムのあいだにきわめて深刻な互換性の問題が生じるのは、当然ではないだろうか？　あなたのソフトウェアには、スムーズに作動するためのいくつかの大事な機能が欠けていると言えるだろう。

あなたは自分のパソコンを、ソフトウェアやアプリケーションを最新の状態にするために、折に触れてアップデートしているはずだ——特に、パソコンがうまく動かなくなったり、パソコンに不具合が生じたりしたときは。

場合によっては、自分ではどうしようもなくて、専門の業者に問題を解決してくれるよう頼まなくてはならないこともあるだろう。

不調があることを不満に思わなかったり、パソコンがおかしくなってきちんと使えないことをあっさりと受け入れたりはけっしてしないのではないだろうか？

不具合の理由は未アップデート

ときには、あなたがまだ更新をしたことがないという一点のみが不具合の理由であることもある。近いうちにアップデートが必要になるという通知をあなたが無視しつづけていたために、とうとうオペレーティングシステムが更新を強要してきたのだ。

ここでいう更新とは、過去のあなたの行動と感情を徹底的に分析するということを意味している。

しかし、更新から逃げつづけるのにも限度がある。オペレーティングシステムは「いますぐに更新しなさい」と警告を出す。そうなるともう、更新の時期を選ぶことはもはや不可能だ――あなたが抱える問題のレベルが高くなりすぎたときがこの状態に当たる。

あなたは行動を起こさなくてはならなくなる。それも、いますぐに。

そうでなければシステム全体が崩壊して、それ以上機能しなくなってしまう。そうなった例のひとつが、**「燃え尽き症候群」**だ。


そうしてあなたはようやくソフトウェアを更新する。

更新が面倒だという気持ちはよくわかる。まずはすべてのプログラムとアプリケーションを閉じなければならないし、アップデートをダウンロードして、実行しなくてはならない。その間ずっと、あなたは待たなくてはならない。進捗状況を示すプログレスバーは遅々として進まない。13%、24%、37%……。

しかし更新が終わったら、なんと、あなたのコンピュータは前よりもうまく作動するようになっている。そしてあなたは自分にこう問いかける。

「どうして何週間か前に更新しておかなかったんだろう?」

実際には、私たちが子どものころから使っていて、いまだに稼働しつづけている大昔のバージョンのプログラムはたくさんある。更新ボタンを押して、自分自身についてじっくり分析することを、私たちが拒否しているからだ。

❖ アップデートは多少時間がかかるが効果絶大

たしかに、比喩的な意味で心のソフトウェアをアップデートすることは、つまり自分の評価の基準や信念や思考パターンなどを分析するには、数分程度ではすまない場合が多い。しかし、得られる効果は目覚ましい！

一度更新を行っただけでも、ほとんどの人は違いを実感することができるだろう。だから私は、あなたがこの本を読んだあと、さまざまな状況において前よりも落ち着いた反応ができるようになってくれていることを願っている。

あなたのなかにいる石器時代の人間が口を出そうとするのはどんなときかも、いつ大脳新皮質がオフラインになるのかも、幼稚園で経験したどの出来事がいまのあなたの行動に影響を与えているのかも、そのころのあなたにはわかるようになっているはずだから。

自分をアップデートするということは、あなたにとっては、自分にとってもはや意味を持たないものを厄介払いできるということだ。

そのなかには風変りな行動パターンや、自己主張のなさや過度な自己主張や、人間関係の問題だけでなく、不安や心配や恐怖症なども含まれる。

それらはあなたにはもう必要のないものだ。あなた自身も本当はそれに気づいているはずなのだが、あらためて誰かに指摘してもらったほうが、その事実が鮮明になることもある。だから、ここでもう一度繰り返しておこう。

あなたはいまの自分に必要のないものから自由になれるのだ!

あなたは自分を変えられるし、あなた自身の最高のバージョンになることもできる。あなたを抑制したり、あなたの妨げとなったりしている、過去にできた心の制約を取り除きさえすれば。

ただし私は、あなたの人格や本質をなすすべてのものを取り換えなければならないと言いたいわけではない。目的はそれよりもむしろ、**最新のバージョンになることを妨げている、無意識のうちに自動的に起きる反応や行動パターンを変えることにある。**

いまより怒りっぽくなくなったり、不安定でなくなったり、嫉妬深くなくなったりしても、本来の自分を手放すことにはならない。今後あなたをもっとうまくサポートするにはどうすればいいかを、潜在意識に覚え込ませるだけなのだから。

あなた独自の信念

きっとあなたもこれまでに一度は、「信念」という概念に出合ったことがあるだろう。

信念とは――確信、考え方、意見などと言い換えることもできるが――あなたが信じ、正しいと考えている、意識下にある生きるうえでの規範である。

それらは過去の経験を整理し、評価することから発生し、あなたの日々の行動を決定している。信念のなかには「出しゃばらないようにしていなければ、自分は人に好かれない」や「自分は成功するに値しない」といったものもあれば、「人生で達成できないものはない」といったものもある。

信念はさまざまな方法で発生する。そのうちのひとつが、私たちに教育を与え、私たちという人間を形成する、近い関係にある人たちから受け継ぐという方法だ。

子どものうちは、それらの人たちは、両親や私たちの小さな宇宙の一部である誰かである場合がほとんどだ。

彼らは私たちに人生に対する心の準備をさせようと、自分が正しく、真実だと思っているいろいろなことを口にする。

「いつも周りに溶け込むようにしなくちゃいけませんよ」「お金を稼ぐために人間は一生懸命働くべきだ」というように。あるいはポジティブに、「行動第一！」という人もいるかもしれない。

こうした言葉を何度も聞いているうちに、あなたはそれを覚え込む。子どものころに耳にして、そのうち自分でも真実だと感じるようになった言葉は特に強力に作用する。メッセージの信頼性を検討するための意識が、子ども時代にはまだ発達していないからだ。

私たちは言われたことを無条件に信じてしまう。周りの人たちの信念は、そうしてあなたの思考に入り込む。

お金が足りないという不安

私のあるクライアントは夫とともに会社を経営していて、その会社は好調な業績をあげているため、お金はじゅうぶんすぎるほどにある。

それなのに彼女は、売上がほんの少しでも落ちるたびに慌てふためくという。そのうえ彼女はほぼすべてのものを高すぎると考えていて、無駄な支出に腹を立てることも多い

――要するに、彼女は必要もないのにお金のことを気にしすぎているのだ。

彼女が絶えず抱えている不安感は、彼女の行動を制約し、人生の質を引き下げていた。そこで彼女は私の催眠コーチングを受けにきた。


セッションのあいだに、私はこのクライアントが外国人労働者家庭の出身であることを突き止めた。「お金が常に足りない」と、少なくとも父親はそう言っていた。誰もお腹をすかせてはいなかったし、子どもが必要とするものもすべてそろっていたが、それでも、父親が口にするのはいつもお金のことだった。

「生活のことを考えて、節約するんだぞ。それから真面目にたくさん働いて、努力しなさい。じゅうぶんなお金を稼げるようになるようにな」

父親は、故国から逃げてきた経験が大きく影響していると思われる自分の考えや不安を、しつけを通して子どもたちに受け継がせていたのだ。


その結果、彼の娘のなかには「お金がじゅうぶんにあるなんてことはあり得ない。私の人生の質を決めるのは預金残高。財布のひもを締めるのよ！」という信念が形成された。つまり彼女は無意識のうちに父親の思考パターンを繰り返していたために、その領域における自分自身の人生を、不安を感じずに楽しめることがほとんどなかったのだ。気の毒に――実際には、お金の心配をする必要などまったくなかったというのに。

何度かセッションを行って過去を徹底的に検証し、彼女の記憶と感情の連結を外すことに成功すると、彼女とお金の関係も変化した。

いまでは彼女はお金の心配をすることが減り、自分にとってもっと大事なもの（家族など）に注意を向けられるようになり、お金で手に入れられる楽しみを健全に享受している。

それ以外には、あなたの脳が、経験したこととの結果として信念をつくり上げることもある。だがもちろん、あなたにその自覚はまったくない――そうでなければ、あなたは多分、その形成過程で口をはさんでいるだろう。

間違ったルール

生きていれば誰の身にも、必然的にさまざまな出来事が降りかかる。その際、あなたの脳は、これから同じ出来事や似たような出来事が起きたときにはどう対処すべきかというルールをつくる。

しかし残念ながら脳がそのときにミスをして、非合理的なルールが出来上がることもある。

家から出ると、外は冷え込んでいて、あなたは寒い思いをしたとする。この場合の適切なルールは「薄着しすぎたな。次から外に出るときはもっと暖かい服装をしよう！」だが、不適切なこんなルールができることもある。「寒いときに外に出るのはもうやめよう！」

あなたが赤道近くのどこかに住んでいるのでもなければ、こうしたルールはあなたの人生の制約となる。おまけにこのルールは、実際に起きたこととはなんの関係もない——たとえ上着を着ていなくて外で寒い思いをしたとしても、そのせいであなたがすぐに命の危険にさらされるわけではないからだ（あなたが南極の研究基地に住んでいるなら話は別だが……）。

幼稚園へのお迎えが3時間遅れたことで、こんなルールが形成されることもある。

「ママから目を離しちゃいけない。でなきゃママは二度と戻って来ないかもしれない」

（たしかに石器時代だったら、死につながりかねない出来事だったわけだが）。

そうしたルールができると、その人は大人になっても、誰かに忘れられるたびに（誕生日や約束など）、当時のような気持ちになる。見捨てられ、何かにおびやかされているように感じてしまう。

だがそう感じるまでの一連のプロセスは無意識のうちに進行するため、自分のなかのその感情はわかっても、なぜそう感じるのかはわからない。

そのため、自分の感情は外部の状況によってもたらされたものだと考え、自分の信念が原因だとは気づかないのだ。

ネガティブな信念はあなたの人生の制約となる。しかしそればかりでなく、あなた自身に制約を課すような持論や考えは、あなたの世界のとらえ方まで変えてしまう。

歪曲した視点でものを見る

クリスティアンは「俺はツキに見放されている！」と言う。そして彼は、そのつもりはなくても、自分の人生を自分の言葉どおりの「運の悪いやつのメガネ」を通して見ている。うまくいっているものをすべて、クリスティアンは見過ごしてしまう。

その原因となっているのは、「選択的知覚」である。「運の悪いやつのメガネ」は度数が合っていないため、クリスティアンのものの見方はゆがんでいるのだ。

鮮明にものをとらえることはもはやできなくなっていて、歪曲した視点でものを見て、ネガティブな経験を中心に自分の人生を読み取っている。

驚くべきことに、彼は常にネガティブな出来事を見つけることができる――なぜなら幸運つづきの人間が存在するのは漫画のなかだけで、現実の世界では、平均的な1日においてもすべてが円滑に進むことなどあり得ないからだ。

楽観的な人なら、不快な出来事があってもそれに煩《わずら》わされることはない。ガムの上に腰を下ろしてしまったとしても、いら立ったように目をむいて、それでおしまいだ。

しかしそもそも、ほかの人よりも運に恵まれている人なんているのだろうか？

――そんな人はいない。だが、ほかの人よりも多くの幸運に気づくことができる人はいる。

心の持ちようで、あなたの経験が形づくられるのだ。

選択的知覚

「選択的知覚」というのは、周囲の特定の出来事だけが認識され、それ以外のものはフェードアウトしてしまう心理現象である。

際限なく降ってくる大量の情報をどうにかして処理するために、あなたの脳は常にパターンを探しているのだ。なじみのある情報を見つけると、すでに脳に存在している類似のデータと引き合わせようとする。

「選択的知覚」は、無意識のうちに行われるそうしたパターン探しの行為のひとつだ。あなたの意見を後押しするような論理は、あなたの信念に疑問を呈するような論理よりも強く認識される。

たとえば、自分が子どもをほしがっているかどうかについて考えている女性は、たいてい、1日の間に自分の周囲にいる妊娠した女性に気づく頻度が以前より増える——その妊娠した女性たちが、その日初めて彼女の周囲にあらわれたとは考えられない場合でも。

子どもを持つことについて思案している女性の注意が、その思考によってそれ以前とは違うところに向けられるようになったからだ。無意識のうちに彼女は、自分の意思決定に役立つ論拠がないかを探しているのだ。

車を買い替えようかと悩んでいる男性にも、同じことが起きる。

彼の知覚のなかでは、道路は急にお目当てのモデルの車だらけになる。子どもを持つことについて考えている女性と、車の買い替えを考えている男性が並んで同じ通りを歩いたとしても、彼らの目に入るものはまったく異なる。

彼らの脳はパターンを——そして、自分の立場を決めるための論拠を探しているからだ。子どもを持ったり、車を買い替えたりしたいという願望ゆえに。

❖ネガティブは大きく見える

ちなみに「選択的知覚」は、ネガティブな思考をしたときにも強い効力を発揮する。

たとえば、あなたが1日の初めにこんなことを考えたとしよう。

「今日はきっと何ひとつうまくいかないわ！　雨が降って、電車を乗り過ごして、犬の糞を踏んで、会社に遅刻して、オフィスに入ってからノートパソコンを家に忘れたことに気がついたりしそう！」

そしてこのなかのひとつでも的中しようものなら、あなたはこう考える。

「思ったとおりね！　今日はゴミみたいな日だわ」

この場合もやはり、原因となっているのは「選択的知覚」である。その思考によって、あなたは考えつくかぎりの悪いことが起きるのを待ち受けているのだ。

予想に反して太陽が顔を出し、電車があなたを待っていて、犬の糞を踏まずに済んで、あなたが定刻に出社して、ノートパソコンを持ってくることを忘れなかったとしても、**ブラウスにたったひとつコーヒーの染みがついただけで、今日は最悪の日になるという自分の予想は正しかったとあなたは思ってしまうのだ。**

こんな例もある。同僚が自分に反感を持っていて、会社から追い出したがっていると信じている人は、その考えを裏づけるような同僚の行動パターン以外は目に入らなくなる。好意やほめ言葉は見過ごされるようになり、もしそれらに気づいたとしても「何か裏があるに違いない」と勘繰ったりするようになるというわけだ。

あなたは、ポジティブな発言よりもネガティブな発言のほうが耳に入りやすいということに気づいたことがあるだろうか?

これも「選択的知覚」と関係がある。ネガティブな発言はあなたが脅威にさらされる可能性を指摘するものであるため、ネガティブな発言のほうがあなたの耳に入りやすくなるのだ。

あなたという人物に対する批判は、社会の一員としてのあなたを〝脅威〟にさらしているし、悪天候の予報は、危険な状況が発生する可能性を示唆している。

近所のイタリア料理店でムール貝を食べて食中毒になった人がいるという話を聞けば、その情報はあなたの体にとって、「あのベトナム料理店はフォーがおいしい」というアドバイスよりも、生き延びるために重要度が高いデータとして認識される。

❖あなたを危険から守っているネガティブ思考

あなたの脳は常に最悪の状況に対して準備をしている。その理由はなんだろう？なぜなら、あなたのなかにある石器時代から受け継がれてきた意識は、「サーベルタイガーに一度でも気づかなかったら、一巻の終わり」ということがわかっているからだ。

したがって「これから何が起きると思う？」という問いかけは、必然的に想定可能なあらゆる種類の最悪のシナリオに行き着くことになる。

脅威を示唆している可能性のある情報が、それ以外の情報よりも目や耳に入りやすいのはそのためだ。天気がよかったり、髪型がうまくきまったり、バスに間に合ったりすることとは、生き延びることとは無関係だ。

しかし、嵐が近づいていたり、あなたが髪型のせいで人の笑いものになったり（あくまでもあなたがそう感じるということだ！）、仕事に遅れたりすると、あなたの脳はそれをあなたが脅威にさらされる可能性として認識する。あなたを死の恐怖から守っているのと同様の注意深さで、あなたの知覚はあなたを脅威から守っているのだ。

ネガティブの連鎖

クリスティアンのような「運の悪い人」にとっては、ガムの上に腰を下ろしてしまった一件は、自分の運のなさを再確認できる証拠となる。そうした出来事があると、自分は運が悪いという確信はさらに深まり、それに応じて〝不運〟はより一層彼につきまとうようになる。

雨が降りはじめたときにも、開こうとした傘が壊れてしまったときにも、彼はそれを〝不運〟と受け止める。そうしてクリスティアンは不愉快になる。

ずっとわかっていたのだ。自分には運がないと。

そしてこの認識によって「俺はツキに見放されている！」という彼の信念の火には、さらに油が注がれることになる。

あなたは、次の文をどう思うだろうか？

・私は料理ができない。
・私は運動音痴だ。
・私は不器用だ。

ひょっとしたらあなたはいま、こんな侮蔑的な文章を私はなんのために考え出したのかと訝《いぶか》しく思っているだろうか？

では、これからあなたに私の友人であるレナをご紹介しよう。少し前に、私たちは彼女のアパートの改修工事について話をした。

「でも、廊下の壁を塗ってもらう業者をまだ見つけてないのよね」と彼女は言う。

「自分で塗る気はないの？」と私は尋ねた。

レナは私の顔をじっと見た。

「無理よ」

「やり方がわからないなら、説明しようか？」

彼女は首を横に振った。

「だめ。私には無理」

「自分で塗りたくはないってこと？　でも、やりたくないからってできないっていうことにはならないよ」

声を荒らげるレナ。

「やりたくないなんて言ってないでしょ、しつこいわね！　私にはどうしても無理なのよ」

私はレナに信念が形づくられる過程と、どんなに取るに足りないことに思えても、彼女の持論は、彼女の人生において形成された、心の深いところにある確信に端を発しているのだということを説明した。

教育や、間違ったルールができるきっかけとなったなんらかの経験を通して、「私は不器用」という信念が彼女のなかに形成されたに違いない、と。

❖ 思考はコントロールできる

思考というのは、自分ではコントロールできない不変のものだと私たちは思っている。だが、その考えは間違っている！　あなたがどんなふうに考え、行動し、感じ、何を信じるかは、つくり変えることができるのだ。

部屋を塗ったり、自分で確定申告をしたり、健全な人間関係を維持したりすることが（あなたの考えによれば）できないという事実が、あなたを煩わせたり、あなたの人生の制約となっているのなら、自分の信念を疑ってかかるべきなのだ。

レナも同じだ。塗装についての情報を入手し、YouTubeの動画をいくつか見て、彼女は作業にとりかかった。その結果、壁を塗り終えるまでには時間がかかったし、プロのような仕上がりというわけにはいかなかったが、廊下を歩くたびにレナはうれしくなるという。

いまでは彼女はわかっている。塗装のプロにはなれないかもしれないが、自分にも壁を塗ることはできるのだ、と。

レナに起きた「変化のサイクル」は次のとおりだ。

・認識：信念とは何かという私の説明を聞き、自分の思い込みが自分にできることを狭める制約となっていることを理解した——そしてその思い込みが間違っている可能性があることも。
・思考：どうやって壁を塗るかという新しい知識を習得した。
・行動：刷毛《はけ》と塗料を手に取り、学んだことを実行した。
・感情：この成功体験のおかげで、自分にも壁を塗ることができるという事実に気づき、自信が持てるようになり、自分にできることはほかにもあるはずだと考えるようになった。

レナは文字どおり変化したのだ。彼女は自分のプログラムを更新したのである。

私たちの脳のプログラムはどうして更新が可能なのか、ということについては、次の段落で説明することにしよう。

あなたの神秘的な脳

少年のころ、私はサーカスに夢中だった。演技場の匂いも、ぎらぎらとした照明も、団員たちのカラフルなコスチュームも大好きだった。

なかでも一番のお気に入りは、さまざまなトリックを披露するマジシャンだった。袖口から取り出されてあたりを飛びまわる鳩。驚いている観客の耳から魔法のように出てくる金貨。ショーが終わると、ドンッと大きな音を響かせて、マジシャンが空中に姿を消してみせるのも大好きだった。

私のマジック好きを承知していた両親は、仕事でロンドンに行くたびに、ハロッズデパートでちょっとしたマジックの道具を買ってきてくれた。そうすると、私は何日ものあいだマジックの道具以外には見向きもしなかった。

そしてその数年後、私が育った城の屋根裏で、大きな旅行用トランクに入っていたマジックの古い本を見つけ、私はそれに夢中になった。本をめくりつつ、私はマジックの腕を磨きはじめた。

マジックに使う道具は、もちろん専用の道具箱に保管した。時が経つにつれ、そこにはさまざまな種類のトランプや、何枚もの銀貨や、小さな革のボールや、銅製のカップなど、多くのものが集まった。道具箱のふたを開けるたび、よろこびによる震えが私を襲った。箱のなかを見ると、誇らしい気持ちがわき上がってきた。

初めのうちは意味がわからず、ときには懐疑的な目で眺め、私に謎を仕掛けてきたそれらすべての道具を、いまでは知りつくしているのだ。

マジックをしたいときには、どんなふうにそれらを使えばいいかわかっていた。それらの道具は、機会があるごとに周囲に披露していた、私のささやかなマジックショーの一部だった。

❖脳というマジックの道具箱

もしかしたらあなたも昔、マジックの道具箱がほしいと思ったことがあるかもしれない。母親か父親に、数週間のうちに世界で最も偉大なマジシャンになれるような道具箱がほしいとねだり、場合によっては実際に道具箱を買ってもらったかもしれない――そして初めのころの私がそうだったように、その箱が与えてくれるたくさんの可能性に圧倒されたかもしれない。
なかにはいまでは、本当に偉大なマジシャンになっている人もいるかもしれない。だがおそらくは、マジックをどこかの時点で放棄して、あなたの人生においてもっと大事だと思えるそのほかの何かに関心を向けるようになった人がほとんどだろう。

私があなたに、あなたはいまでもすばらしいマジックの道具箱を持っているのだと言ったら、少しは慰めになるだろうか。

どんな人間も、そうした道具箱をひとつ持っている――あなたの脳だ。

この1・5キロほどの重さの器官のなかでは、非常に広範囲にわたる、驚くようなプロセスがいろいろと進行していて、いまにいたるまでそのほとんどがまだ解明されていない。火星に探査機が送られたり、マリアナ海溝に潜水艇が派遣されたりしているというのに、私たちの頭のなかにある、この海綿のような見た目の器官のなかで実際に何が起きているかは、いまのところ最大で5%しか理解できていないのだ。

私たちの理性や人格、ひょっとしたら心も収められているかもしれない脳というのは、そうした器官なのである。

私はあなたに、これから必要になってくる、あなた自身のマジックの道具箱についての基礎知識をいくつかお伝えしておこうと思う。

その知識があれば、特定の状況であなたに起こる感情はなぜ起こるのか、引き起こされるあなたの反応はなぜ起こるのかを理解しやすくなる。

それに、あなたが自分の行動を変えようとするときに、あなたの脳のどの領域に訴えかけるべきなのかも、わかりやすくなるだろう。

❖潜在意識の情報処理

脳は奇妙な器官だ。

重さは人間の体重の2～3％しか占めていないというのに、日々の必要カロリーの25％近くを消費する。この数字を聞けば、あなたの脳で1秒ごとにどのくらいのプロセスが進行しているか、イメージできるのではないだろうか。

しかし幸いなことに、あなたに認識できる脳の働きはほんの一部で、そのほとんどはあなたの気づかないところでひそかに行われている。

もしあなたが、脳が腸や肺や腎臓や肝臓や血液循環や免疫系に出す命令をすべて感じ取ることができていたら、1日に生み出せる意義のある思考の数は、せいぜいがひとつといったところだろう。

そのためあなたの脳で進行しているプロセスのほとんどは、無意識のうちに行われている。このことは、あなたの生命を維持するためのプロセスだけでなく、決断や感情、思考、知覚、情報処理、そのほかさまざまなプロセスにも当てはまる。

あなたが意識的に処理できる情報の数は、1秒間に5～9つ程度だ。ずいぶん多いと思われるだろうか?

だがあなたの潜在意識では、なんと230万もの情報が処理されている——それも、1秒ごとに。ものすごい数である。

情報の処理は猛スピードで行われているため、あなたがそれに気づくことはない——せいぜい、その結果のごくわずかな一部を察知できる程度で、プロセスそのものは認識できない。

当然のことながら、あなたが下す決断のうち、意識的に行われているのはわずか5%で、95%の決断は無意識のうちに行われている。

頭蓋骨のなかの脳細胞が、決断しなければならないことがあるたびにあなたの意識に判断を依頼していたら、おそらく1日が終わるころになっても、あなたは靴下を片方はくことすらできていないだろう。そんな状態では、賢明なアイディアを生み出すことはいまよりもっと困難になってしまう。

ちなみに、意識的な思考と無意識の思考の配分は、すべての人間に共通している——天才も例外ではない。

アルベルト・アインシュタインやスティーヴン・ホーキングがすばらしいアイディアを思いついたのは、猛スピードで稼働しているベルトコンベアからではない。そして彼らの体もまた、95％は無意識のプロセスの指揮下にあった。

靴下をはいたり、歯を磨いたり、咳をしたり、かゆいところを掻いたり。きっと彼らは意識的に思考できる5％を、大多数の人よりもいくらか効率的に使っていたのだろう……。

それに、アルベルト・アインシュタインは靴下をはかなかったともいわれている。もしかしたら彼は、そうすることで脳の資源を節約しようとしたのだろうか？

本格的なマジックの道具箱を使おうとするときは、必ず説明書が必要になる。説明書がなくては、最初のうちはそこに収められているトランプやサイコロやボールやロープを何に使えばいいのかよくわからない。

しかし残念ながら、あなたの脳には、あなたの頭のなかにあるものをどうすれば有意義に使えるかという説明書はついていない。

そのためあなたは、自分はなぜいまのような反応をするのか、なぜいま感じているような感情をおぼえるのか、いつも同じ考えばかり繰り返し頭に浮かぶのはなぜなのかを理解するために、あなたの人生の半分を、ともすればもっと長い時間を費やさなくてはならない。

それでも、あなたの頭蓋骨のなかにあるその器官をうまく使いこなすことはできる。確固たる意志と、少しの巧みさと、じゅうぶんな忍耐力がありさえすればの話だ。

そしていったん使い方を習得すれば、あなたもきっと気づくことになるはずだ。脳をきわめれば、多くのよろこびがもたらされるということに。

❖ 思考とは何か？

「思考」というのがなんなのか、あなたは考えてみたことがあるだろうか？

神経生物学的な観点から見れば、思考というのはあなたの脳の生産物だ。周囲との直接的な相互作用において生み出されるもので、主にあなたが自分の感覚器官を通して刺激を受け取った場合、つまり、何かを見たり、聞いたり、味わったり、感じたり、何かの匂いを嗅いだりしたときに発生する。

しかし思考は、あなた自身のなかから発生することもある――たとえば、外部から降りかかる影響が何もないような、あなたがひとりでいる場合にも。

微生物学的には、思考というのは、ニューロンとも呼ばれる脳の神経細胞間で起こるある種の相互作用と理解されている。

あなたの脳には、なんと1000億個もの神経細胞が存在している。

個々の神経細胞はケーブルのようなものでつながれていて、このケーブルを通して神経細胞は情報のやり取りを行っている。

しかし脳というコンピュータは、事前にすべての構成要素を設計して、それにもとづいてつくられているわけではない。自然に発達を遂げたものであるため、接続のなかには非常に古いものもあり、接続の仕方もかなり混沌としている。

周りの神経細胞を飛び越して、橋を架けるような形で離れた場所にある神経細胞同士を結びつけている接続もあれば、すでに機能していない接続があったり、近くにある神経細胞同士がわざわざ迂回するようなルートで結びつけられていたりもする。

脳には少し怠惰なところがあるため、ものを考えるとき、あなたの脳はまず、いまあるケーブルを利用しようとする。思考するたびにすぐに新しいケーブルをつないでいては、手間がかかりすぎるからだ。

そこで脳は、あなたが生きてきた過程で頭のなかに出来上がったケーブルを、フルに活用しようとする――目的に最もふさわしく、最も速く到達できるルートを、そしてすでになじみのあるルートを使おうとする。なぜなら、脳は効率を優先するようにできているからだ。

そのため、場合によってはほかにも目標にたどり着くための接続があることを見過ごしてしまうこともある。

脳が新しい何かを学ぶと、神経細胞のあいだには新しい接続が構築される。そしてその接続が使用される頻度によって、その接続に属する情報は強固になったり曖昧になったりする。脳には少し筋肉に似たところがある。使えば使うほど筋肉が発達していくのと同じように、考えれば考えるほど、脳の神経細胞間の接続は増えていく。

頭のなかでは絶えず新しい情報が処理されているため、あなたの脳はとても忙しい。神経細胞は電気信号を使って情報を伝達し合っているが、1秒ごとに情報のやり取りにかかわっている神経細胞の数は2つだけではない——同時に数百万もの神経細胞が情報の伝達を行っている。

1秒間に、1分間に、1時間に、あるいは一日のあいだに処理される情報量が一体どれくらいになるか、あなたは想像できるだろうか?

❖「デフラグメンテーション」で脳は変化していく

しかし、その大量のデータや情報やあなたが知覚した内容は、どこへ行ってしまうのだろう?

毎日それだけ多くの情報があなたに注がれているのなら、あなたの体のてっぺんに位置するその巨大なくるみ状の器官が、数年経ってもまだ機能しつづけていられるのはどうしてなのだろう？

その秘密は、「デフラグメンテーション」［ファイルの保存や変更を繰り返しているうちに、コンピュータのさまざまな場所に保存されるようになったデータをひとまとめに配置し直すこと］である。

あなたの脳は、定期的に改変されているのだ。あまり使われていないものはめったに足を踏み入れることのない領域に押しやって（長いあいだ話していなかった言語を忘れてしまうのはそのためだ）、使われていないケーブルは撤去して、新しい接続のための場所をつくり出している。

このプロセスは、ダーウィンの進化論になぞらえて、神経ダーウィニズム（進化論）とも呼ばれている。

つまり、**最も強いシナプス［神経細胞のあいだの結合部］だけが生き残る**というわけだ！

あなたの体を構成する細胞はどれもそうであるように、あなたの脳も何百万年もの時間をかけて進化してきた。ホモ・サピエンスの脳は、哺乳類のそのほかの動物とは対照的に、体の大きさに比べてかなり大きく、その大きさゆえに、比較的ほっそりとしていて不安定な脊柱《せきちゅう》の一部の上に乗せて歩きまわることにも適していない。

進化生物学者は今日《こんにち》にいたるまで、なぜ人間の脳は進化のある時点から大きくなりはじめたのか、私たちの仲間である猿よりもなぜ大きな脳を持つことになったのかを議論しつづけている。

脳をまともに使おうとすると、大きな脳はより多くのカロリーを消費する。狩猟採集社会が終わりを迎えたのは、マンモスを追いかけ回したり木を揺さぶって木の実を落としたりするよりも、土地を耕したほうが摂取できるカロリーが増えるためではないかと推測されている。

そして摂取カロリーが増えたことに感謝して脳はさらに成長し、大きくなったぶん、もっとお腹をすかせるようになったというわけだ。

❖ 脳の領域

脳には多くのさまざまな領域があるが、私たちがここで扱うテーマに関連があるのは、次の3つだ。

「爬虫類脳」（「脳幹」とも呼ばれている）「大脳辺縁系」そして「大脳新皮質」である。

脳のなかで最も古く、最も奥に位置しているのが、爬虫類脳とも呼ばれる「脳幹」である。

脳のこの領域がこの愛称で呼ばれているのは、担っている役割が、現代の爬虫類が持つ特性に非常によく似ているからだ。

爬虫類脳は、約5億年前に発達しはじめた部位で、心臓の鼓動や呼吸、血液循環、食物の摂取や消化などの生命の維持に必要な領域のほか、あらゆる種類の反射もコントロールしている。

普通でない出来事があると、爬虫類脳

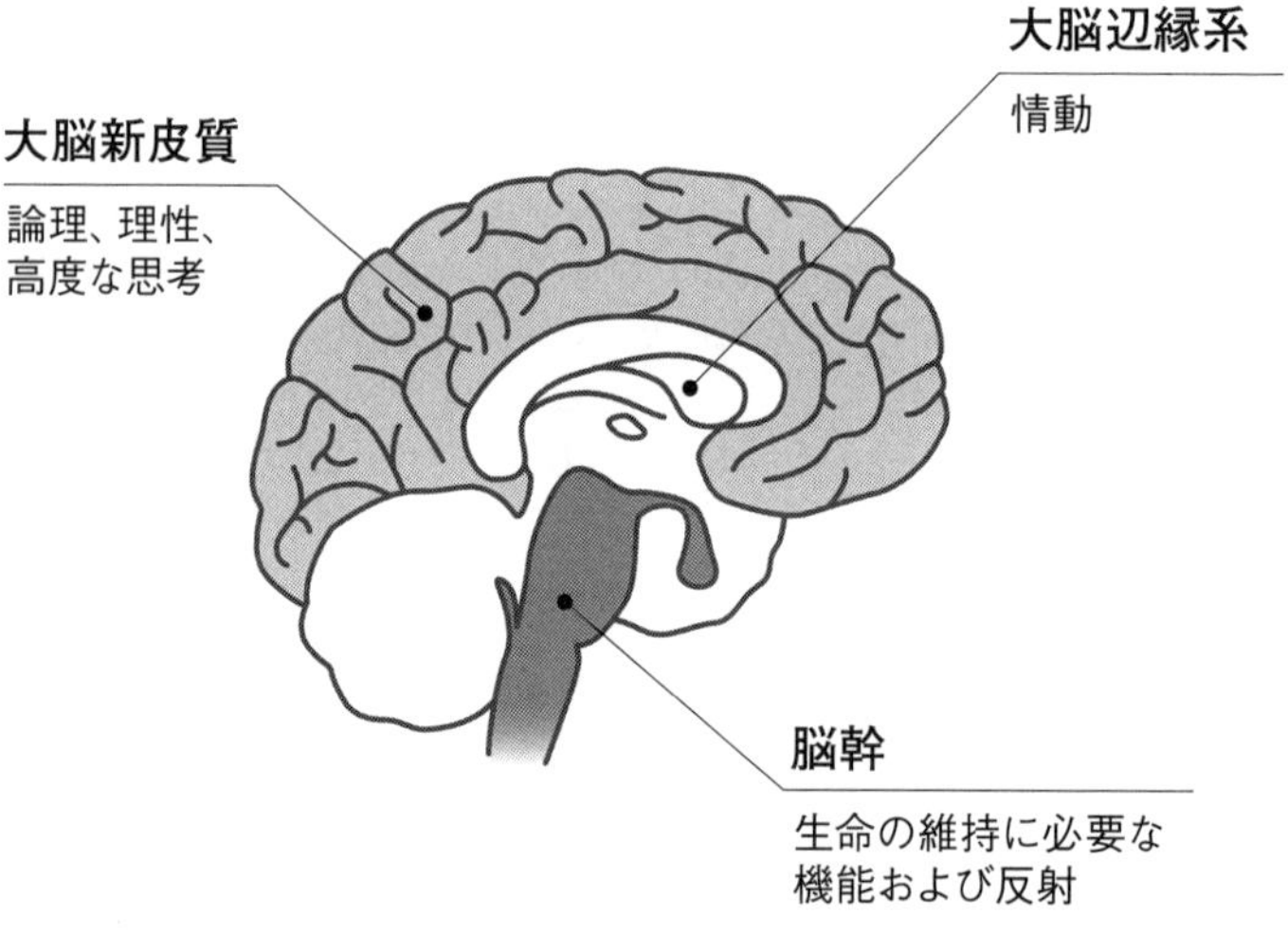

はコンマ秒以内に反応して、それを分析し、私たちのためにそれらが危険なものか安全なものかを振り分ける。

この本では、これからも爬虫類脳についてたびたび触れることになる。大昔からいまにいたるまで、あなたの行動と思考と感情に影響を与えているのは、爬虫類脳のソフトウェアだからだ。

❖ 情動を司る大脳辺縁系

私たちの感情は大脳辺縁系で発生する。脳のこの領域は、哺乳類脳とも呼ばれていて、その名のとおり、哺乳類にしか見られない特徴をコントロールしている部位だ。

そのほかの動物や昆虫とは対照的に、哺乳類は社会的な性質を持っている。哺乳類の動物は、恐怖や愛情や欲求を感じたり、子どもの心配をしたりするが、そうした特性はごく普通のヘビなどにはまったく見られない。遊戯本能や模倣による学習も哺乳類特有である。

脳のほかの領域とは解剖学的に明確に区別される爬虫類脳とは違って、大脳辺縁系というのは、同一の機能に関与するさまざまな脳の構造物の総称である。それらをすべて列挙するとかなり長くなるため、ここでその一つひとつについて触れるのは控えておくが、あなたの行動を理解するために知っておくべきなのは、大脳辺縁系は、あなたのホルモンと自律神経系をつかさどる領域だということだ。

外部からの刺激によって、情動として知覚する反応はここで生じる。

❖思考する大脳新皮質

爬虫類脳と大脳辺縁系は、そのほかのいくつかの領域とともに、脳の一番外側に位置する構造物に取り囲まれている。

その構造物は、占める場所の大きさとその位置から「皮質」と呼ばれている。この皮質のなかでも私たちにとって特に重要な部分が、大脳新皮質だ。

ここには、あなたの脳における最高レベルのコントロール中枢がある——大脳新皮質は、脳の職務の長であり、あなたという生物の企業の代表取締役社長のようなものだ。

大脳新皮質は「理性脳」とも呼ばれている。つまり、**「思考する脳」**ということだ。

人間が持つ論理的思考、計画力、決断力、長所と短所を慎重に検討する能力、適切な言葉を選び出す能力をつかさどっているのはこの部位だ。

現在の出来事を過去に起きたことと結びつけて考察したり、未来について考えたりする能力をコントロールしている部位でもある。ひとりの人間のなかでこの脳の領域がじゅうぶんな発達を遂げるには、平均20～25年の時間がかかる。

我思う、ゆえに我あり

誰もが知っていて、誰もが持っているもの――それが感情である。
しかし、そもそも感情とはなんなのだろう?
あなたの感情は、どこで発生しているのだろう?
あなたが感じているのは、正確にはなんなのだろう?
それからあなたが何かを感じているとき、脳のなかでは何が起きているのだろう?

すべてのはじまりは**「刺激」**である。ここでいう刺激とは、あなたの脳のなかでなんらかの反応を引き起こす情報のことだ。

あなたが自分の感覚器官を通して知覚したり、自分の思考によって引き起こしたりする刺激は、信号となってあなたの脳に、もっと正確に言えば、大脳辺縁系にたどり着く。

そして大脳辺縁系では、その刺激に応じた生化学的なカクテルが放出される。それらのカクテルを、ポルトガル人の神経学者、アントニオ・ダマシオは「情動」と名づけている。

つまり情動とは、何かを知覚したり、考えたりした結果として大脳辺縁系で引き起こされる化学反応ということになる。

❖情動も感情も生化学的反応

情動はあなたの血管網に放出され、あなたの大脳新皮質にたどり着く。

すでにご存じのとおり、大脳新皮質はあなたの理性や論理的思考をつかさどる脳の領域だが、記憶や思い出もこの部位の管轄下にある。

情動によって情報がもたらされると、大脳新皮質はそれらに手を加える――あなた個人の思い出や確信や評価を補足するのだ。

そうしてできたものをダマシオは「感情」と名づけている。つまり感情とは、

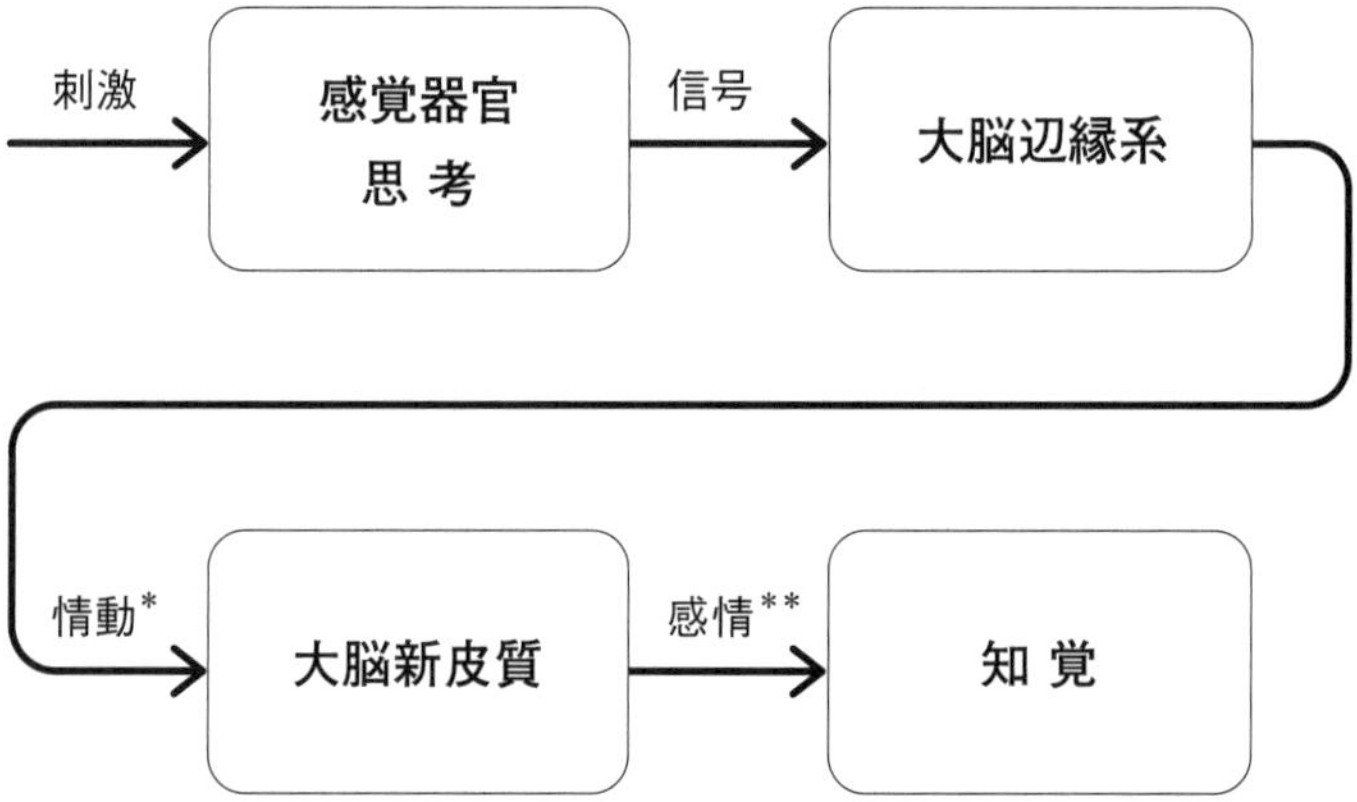

[＊情動] 刺激によって引き起こされ、大脳辺縁系で発生する生化学反応
[＊＊感情] 大脳新皮質で分析と加工を施された生化学反応

大脳新皮質によって分析と加工を施され、私たちの意識に知覚される生化学的な反応のことなのだ。

❖ 焼きたてのパンが起こす幸福感

今度は、このプロセスをたとえを使って説明しよう。

あなたは何かを知覚する――たとえば、焼きたてのパンの匂いを嗅いだとする。あなたの鼻を通してその刺激は神経網に到達し、電気信号に変換されて、あなたの脳に伝達される。大脳辺縁系で化学物質のカクテルがつくられ、情動が発生する。

情動は大脳新皮質で加工され、個人的な思い出やあなたが過去に感じたことなどが補足される。パンの匂いを嗅いであなたが思い出したのが、いつも一緒にパンを焼いていた祖母のことだったとしたら、その瞬間、情動は「幸福感」という感情に変化する。

あなたもおそらく想像できると思うが、あなたの脳は一日中、夢のなかでも刺激を受け取り、情動をつくり出している。そして、そうした長く複雑なプロセスの最後にあなたが知覚するのが感情だ。だが、あなたがそれを感じるのは大脳新皮質においてではない。なぜなら、あなたは脳で〝感じる〟わけではないからだ。

感情を知覚するのは、ホルモンや化学伝達物質が到達した器官がある体の各部位である。

怒りではらわたが煮え繰り返ったり、心が痛くなったり、悲しいときにのどに何かが詰まったような感じをおぼえたりした経験は、誰にでもあるはずだ。

人間がどんな感情をどの体の部位で感じるかをあらわす図を作成し、体のどこで何を感じるかはどの文化圏でも共通であることを証明した研究者たちもいる（注2）。たとえば、リトアニア人もパプアニューギニア人も、強い不快感をおぼえたときには口や胃でそれを感じるものなのだという。

情動と感情は精神だけでなく、体にも作用するということを、この研究結果は明確に示している。

だがこの研究結果がなくても、人前で恥ずかしい思いをしたことのある人なら、すでにその事実には気づいていたはずだ――気まずい思いをすると、人の顔は決まって赤くなるものだから。

❖ 情動は変えられないが感情は変えられる

情動には、進化的な意義がある。外部から、もしくは内部（思考）から受ける刺激を評価してそれに対する反応を導き出すことで、私たちが確実に生き延びられるようにしてくれているのだ。

たとえば、夜、暗い道を歩いているときに、あなたはあやしげな物音を聞いたとする。するとあなたの知覚は即座に情動に加工され、情動はあなたの体を反応させる。耳がよく聞こえるようになり、脈拍が速くなり、注意力もアップする。この反応は反射的に起こるものなので、私たちがそれに影響を及ぼすことはできない。

しかし生きていくうちに私たちはこの反応を「恐怖」と名前で呼ぶことを習得し、それにともなって、無意識の反応は意識できる感情に変化する。

この変化は、私たちの大脳新皮質が状況の評価を行ったときに起きる。評価の基準となるのは、私たちがそれまでに積んだ経験である。

そして後になって、その物音をたてたのは猫だったことがわかると、大脳新皮質は状況の評価をあらため、体のその他の部分に警報解除の信号を送る。危険が去ったことで、体はまたもとのリラックスした状態に戻る。

あなたに情動を変えることはできない——それは人間の装備の一部として、あなたが生まれる前にすでにインストールされていた古いプログラムだからだ。まだ洞窟に住んでいた私たちの祖先にも、このプログラムは備えつけられていた。

しかし感情は、それよりもずっと新しい部位である、大脳新皮質の働きによって発生す

る。**それはつまり、感情はあなた自身によってつくられているということでもある。**

あなたがある感情に徹底的に執着すると、あなたは生化学のカクテルを自分の血液のなかに注《つ》ぎ足しつづけることになるため、その感情が消えることはない。外部からの信号がまだ存在しているからではなく、大脳新皮質が活動しているために感情が維持されるのだ。

私たちは、感情というのは不変のものだと考えている——だが、感情は変えることができるのだ！　あなたがどう感じるかを決めるプロセスには、あなたの理性も大いに関与している。思考を変えれば、感情も変化するのである。

情動と感情が同じものではないということを習得すれば、感覚器官を通して知覚する刺激が私たちの感情を左右するのでなく、その刺激に私たちがどんな意味を与えるかで感情が決まるのだということも理解できるようになる。

私たちの感情を決めているのは私たちの評価であって、出来事ではない。今度あなたが優先道路を運転しているときに、わき道から別の車が突っ込んできて、頭に血がのぼるのを感じたときには、そのことを思い出すようにするといい。

❖ 感情はあなたの道しるべ

感情は、道案内の標識板の役割も果たしてくれる。どの思考パターンや記憶があなたに影響を及ぼしているかを突き止める手がかりになるのだ。

たとえば、あなたは誰かと議論をするたびにいつも嫌な気持ちになるのだとしたら、次にその気持ちを感じたときには、その感情をあなたにとっての道しるべだと考えて、こんなふうに自問してみてほしい。

いま自分には何が起きているのだろう？

たったいま経験したことについて、自分はどう考えているだろう？

いま起きたことをきっかけに、どんなことを思い出しただろう？

自分は、これからも議論のたびにいまのような気持ちになることを受け入れてもいいと思っているだろうか、それとも自分には、嫌な気持ちにならずにすむように変化する用意があるだろうか？

いま頭に浮かんだトラウマになっている経験の記憶を消して、もういまのように感じたり反応したりせずにすむようになるにはどうすればいいだろう？

自分の感情の責任は自分にあるということを、自分は認める気があるだろうか、それとも、不快感の責任をこれまでどおり周りに押しつけて、犠牲者の役割に浸りつづけたいだろうか？

❖ 感情は人によって違う

特定の状況ごとに情動によって引き起こされる反応はどんな人間でもほぼ同じだが、その結果どんな感情が生まれるかは、その人個人の特性に左右される。

人と人とのコミュニケーションにおいて、摩擦が絶えないのはそのためだ。やり取りをしている相手が、自分の信念や評価の基準を見通してくれることなどあり得ない。ふたりの人間がいたとして、そのふたりがたとえ同じ言語を話していたとしても、相手に送ったメッセージの意味と、相手が理解したメッセージの意味はまったく異なることもある。

何気ない行動や発言が、感情の大火災を引き起こすきっかけになる場合もあるのは、そうした理由によるものなのである。

意図していなかったにもかかわらず、誰かの感情を害してしまった経験は、あなたにもあるのではないだろうか。

相手の潜在意識にどんな経験や記憶がひそんでいるか、あなたにはわかりようがない——その人自身でさえ、それがわかっていない可能性が高いのだから！

このことからわかるように、感情というのは主観的なもので、しかもほかの人々の感情もあなた自身の感情も、事前に予測することはできない。

なぜあなたが突然不快感をおぼえたり、怒りを感じたり、悲しくなったり、失望したりするのかは、あなた自身にもまったくわからないことがほとんどだ。

そのため多くの場合、自分の不快な感情を、その感情が生じるきっかけとなった出来事と関連があると見なしてしまう――実際にその出来事から不快な感情を生じさせたのは、あなたの信念なのだが。

不快な気分になっているとき、あなたの脳では何が起きているのかを、そしていま感じているのは、あなたの望む感情ではないということを意識するようにならなければ、自分のなかにある評価を認識し、理解し、場合によってはそれに手を加えることができるようにはならないだろう。

私も時折、うっかり信念の罠にはまってしまうことがある。

私もひとりの人間だし、頻繁に行うようにしている自己反省の最中に、さまざまな感情がよみがえってくることもある。

そしてそのなかで、自分が誤解していたことや理解し損ねていたこと、実際よりも大げさにとらえていたことがあったことに気づくのだ。

私の信念を、またもや評価の過程に介入させてしまったがために。だが実際にその介入が起きているときに、自分の妨げになっていたり制約になっていたりする信念を見つけ出し、距離を置いてそれを批判的に考察したり、あわよくばそれを取り除いたりするのは至難の業だ。

しかしそれでも私には、この不可能に思えることをなんとか可能にしたいという思いがある。

❖そんなつもりで言ったんじゃない

このジレンマから解放されるために、私はこうした〝自己催眠〟の是非を確かめる証拠を入手するための質問をすることを自分に習慣づけた。

相手の発言の意味をきちんと理解できたかどうか自信がないのに、自分の脳がさまざまな、たいていの場合は不快な感情の提案をしてきているのに気づいたときは、意識的に一時停止の標識を掲げて、相手にこう尋ねるのだ。

「いまのはどういう意味で言ったの？　ぼくはこんなふうに受け取って、だからいまこんな気持ちになってるんだけど、ぼくの感じ方は正しいかな？」

ほとんどの場合、相手はこんなふうに言う。

「えっ？　いや……そんなつもりで言ったわけじゃないんだけどな。きみは誤解してるよ」

つまり、この場合私が手にしたのは、**自分の感じ方が正しいという証拠ではなく、自分が誤解していた証拠ということになる。**

私が〝自己催眠〟によって生じさせた感情は、それでもまだ感じられるかもしれない。だがそのことは不思議でもなんでもない。放出された化学物質はまだ血液中に残っているし――それに感情というのは、私の大脳辺縁系でバーテンダーが私のために混ぜ合わせた特別なカクテルにほかならないのだから。

けれども入手した証拠のおかげで、私の頭のなかで上映されていた映画は相手の意図とは無関係であることがはっきりしたため、私は自分の感情の責任をとり、次のカクテルが注文されずに、自分の血液中の化学物質がゆっくりと分解されていく様子を眺めている。

要するに、**それ以上最初の自分の解釈に固執するのをやめるのだ。**

最初の解釈のままだったら、バーテンダーのもとには次から次へとおかわりの注文が入るだけでなく、そのうちもっとアルコール度数の強いカクテルをつくってくれるよう頼むことにもなっていただろう。

責任は私にある――ということは、あなたにも責任はあるということだ。

誰かがあなたに「そんなつもりで言ったんじゃないのに！」と言ったときには、あなたは自分の感情を手放すべきなのだ。

しばらく経てばその感情は解消され、あなたはまた平静さを取り戻すことができるようになるだろう。

❖ 不快さから逃れるコツ

ちなみに、その状況で何度か腕立てふせをすると、化学物質の分解が速まり、あなたはもっと速やかに気分を変えられるようになる。

それから、不快な感情を排除するためのもうひとつのコツは、少し時間をとって、状況を落ち着かせることだ。部屋を出たり車から出たりして、少なくとも5分ほど、気分転換をはかるといい。

深呼吸をしよう。そうすれば、感情を再びコントロールできるようになるし、体に時間を与えて、血液中のカクテルを追い払うこともできる。

気分転換は、どんな状況でもできる。飛行機に乗っているときでさえ、立ち上がったり、トイレに行ったり、何度か屈伸をしたりすれば、頭をすっきりさせて、体内の化学物質が消えた状態でまた席に戻ってくることができる。不快さから解放されるためには次のように対応するといい。

① あなた自身や相手を、それぞれの頭のなかで上映されている映画から解放しよう。

あなたやあなたの相手がいま感情に振り回されているのは、その映画が原因だ。落ち着いた声で、少し時間を置いてからいまの行き違いについてもう一度話をしたいと相手に告げよう。

② 相手や自分自身を許そう。

「いまのあなたの反応は私のせいじゃないし、私のいまの反応もあなたのせいじゃない。でもいまはまともに話ができる状態じゃないから、少し時間をとって頭を冷やしましょう」と言ってみる。

周囲の人々との行き違いを建設的に解消できるようになったら、あなたは人生において一歩大きく前進したことになる。問題や誤解は、必ずしもそれらが起きたときにすぐに解決しなければならないわけではないということを、あなたはもうわかっているからだ――それどころか、即座に解決しようとしても、おそらくは失敗に終わる場合もあるということも。

感情がたかぶっているときや、自尊心が傷ついているときには特に、冷静さや客観性を持ち込んだほうが行き違いは解消しやすい。

意見の相違をうまく解決するたびに、あなたは自分に自信が持てるようになり、人と人とのいさかいに対してどんどん落ち着いた対応ができるようになっていくはずだ。

❖変化のサイクル

私がいまあなたにお伝えしたこの新しい情報をもとに、あなたは次のような「変化のサイクル」を始めることができる。

①**認識**：私の感情は、無意識に私が持っている信念から生じている。だから私は必ずしも自分の感情にしたがって行動する必要はない。次はそのことを意識して、これまでよりも抑えた反応ができるようにしよう。

②**思考**：次は自分の感情にしたがうのでなく、何か別のことを試してみよう。

③**行動**：いま私はとても感情的になっている。でもそのことをきちんと意識しているし、自分の感情に反した行動をとることはできるはずだ。本当は○○をしたいと思っているが、今回はまず、相手と話し合ってみよう。

④**感情**：すごい。これまでよりも早く仲直りができた。これからは、同じようなことがあってもうまく対処できそうな気がする。

これからもたびたび、あなたを挑発しようとしたり、傷つけようとしたりする人に出会うことはあるだろう。

しかしそうした人たちのなかに、自分がどう感じているのか、何を望んでいるのか、周りで起きる出来事に対してどう対処したいと思っているのかを意識している人は、ほぼいないに違いない。

私はあなたに、そういう人たちを相手に水をワインに変えるような奇跡を

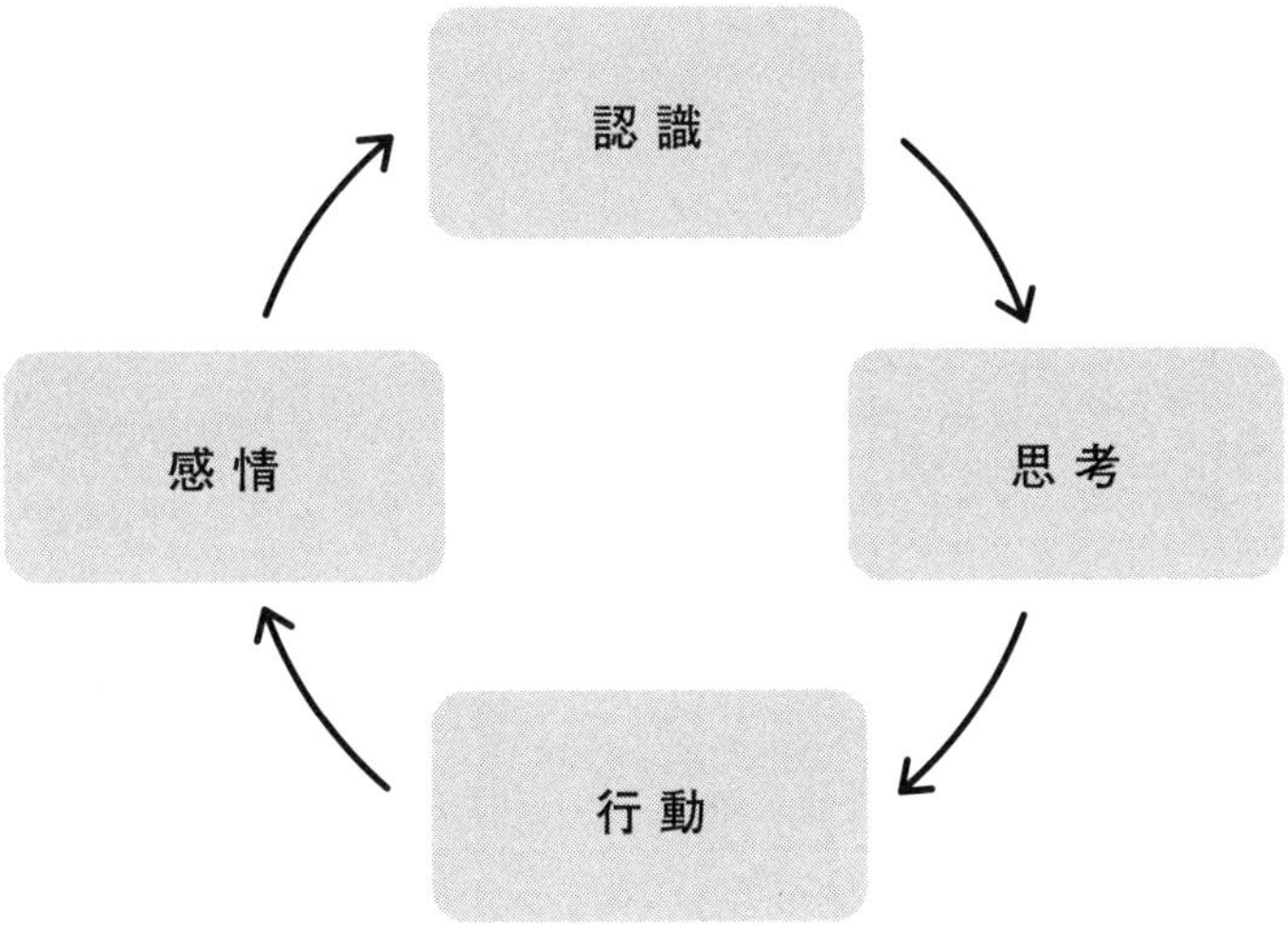

起こしたり、相手を許して常に頬を差し出したりすることを期待しているわけではない——しかしいまのあなたなら、これまでとは違った感じ方をするために、どんな行動をとればいいかがわかるはずだ。

❖ 感情がわかれば自分の変え方がわかる

感情がどんなふうに発生するかは、これでもうおわかりいただけただろう——感情は、思考プロセスや信念の影響を受けて形成される。そのため、あなたの感情は「自分の何を変えればいいのか」という問いの答えを見つけるための重要な道しるべになる。

私はよく、こんなことを尋ねられる。

「自分の何を変えればいいのかは、どうすればわかるんでしょう？　どうやってそれを見つけ出せばいいんでしょう？」

あなたがこの本をプレゼントとして贈られていて、自分ではけっしてこの本を買おうと思わなかっただろうというのなら、あなたには当然その質問をする権利がある。

おそらくあなたはこんなふうに思っているだろうから。

「なんできみはぼくにこの本をくれるんだ？　ぼくには問題なんか何もないっていうのに！」

もちろんそうだろう！　だがもしかしたら、あなたはもっと多くの状況でいまよりも落ち着いた対応ができるようになればいいのに、と思っていないだろうか？

対人関係においてだけでなく、もっとたくさんの状況で。

感情は、あなたがそうできるようになるために変化すべき点を示してくれる、優秀な道しるべだ。

あなたがいまよりも快適な気分で過ごせるようになるためには、どのプログラムをアップデートすればいいかを突き止める手助けをしてくれる。

感情はあなたに「手直しが必要なのはここだ！」と教えてくれるのだ。

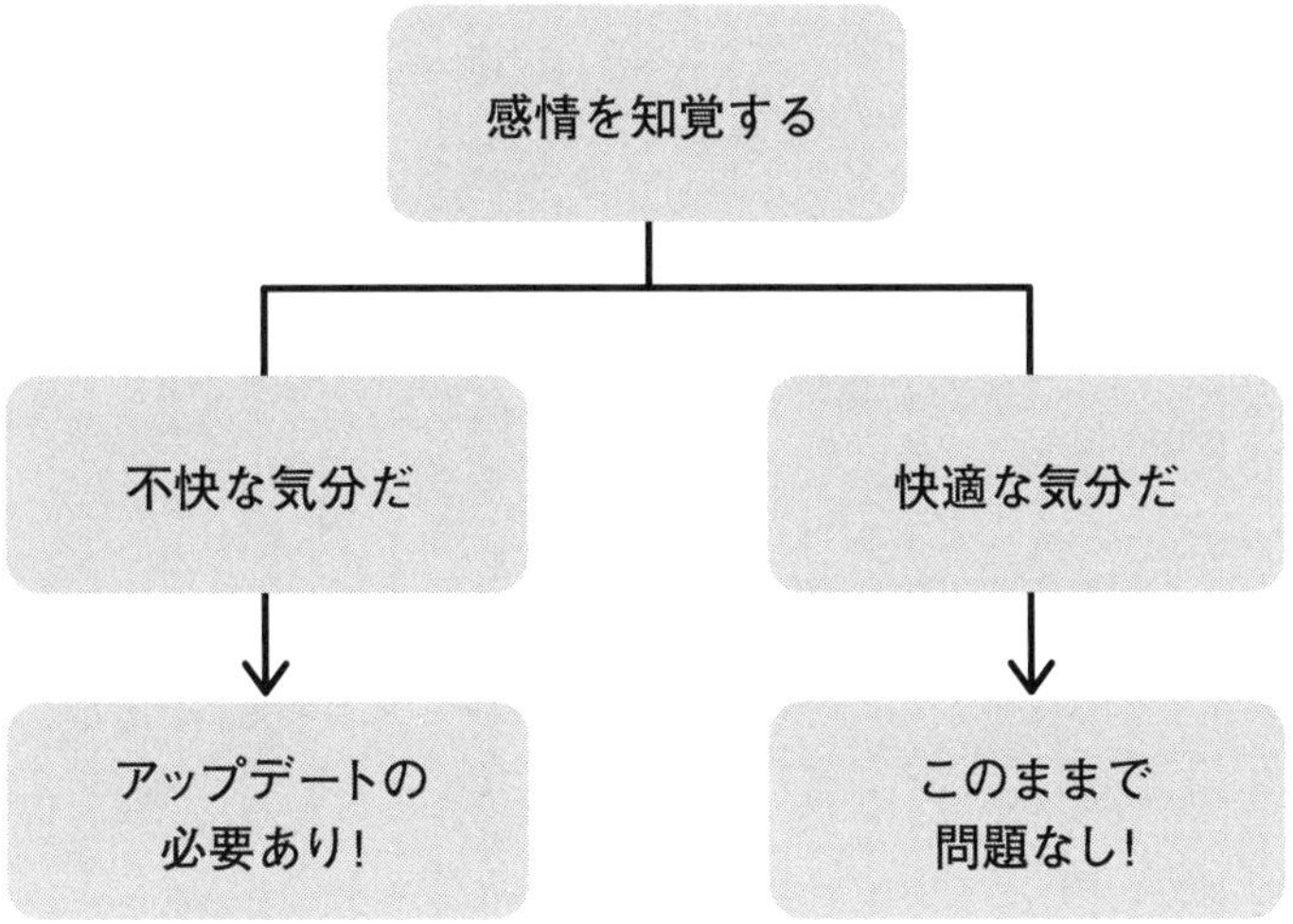

❖ いやな気持ちにならない方法

あなたが今後はこんな気持ちになりたくないと思うことがあれば、その感情が生じた原因を探るといい。好奇心と探究心を発揮して、不快感の原因を突き止め、その発生過程を更新するのだ。そのためにはどんな方法が適しているかは、のちに説明していく。

さしあたりいまのところは、次のことを頭に入れておいてほしい――**あなたの人生を形づくるのはあなた自身であって、あなたの感情ではない。**

あなたの感情は、あなたの一部として感じられるが、普遍的な真実をあらわすものではけっしてないし、不快な感情をおぼえたときにそれに耐える必要もない。

私はよく、こんな言葉を耳にする。

「自分の直感にしたがうことにするよ」あるいは「あの人は私の言うことをまともに取り合ってくれていない。なんとなくわかるの」

だが、あなたの感情はあなたの過去の影響を受けて形成されるものだということがわかっていれば、あなたはこうした感情に疑問を持つことができるようになる。

もしかしたらあなたが感じたことは、過去の経験によってねじ曲げられた、主観的な解釈にすぎないかもしれない。すべてはあなたの頭のなかで生み出されたものなのだ――たとえそれらが、そのほかのどんなことよりも〝真実〟で〝本当のこと〟のように感じられたとしても。

※感情は自分の責任

仮に、あなたがひどいやきもち焼きだったとしても、あなたが嫉妬を感じるのはほかの誰の責任でもない。嫉妬はあなたのなかで生じているのだ。**その感情をどうするかを決められるのはあなたひとりだ。**

あなたは自分の嫉妬を正当な感情と見なし、あなたの問題をパートナーの問題にしてしまうだろうか？

嫉妬心を抑えつけ、つらい思いに耐えるだろうか？

それとも、嫉妬はあなたの問題であることを認めて、セラピーを受けるか、なんらかの自助ツールを使って問題の解決をはかるだろうか？

あなたがもう嫉妬に苛《さいな》まれるのは嫌だと思うのなら、あなたにはそれを変えることができるのだ——あなたを変えられるのは、あなたをおいてほかにない。

決めるのはあなただ。

「鉄は熱いうちに打て」

「精神を鍛えるなら若いうちに」

という意味のこのことわざは、いまの自分を変えようとしない人や、自分が変化できることを知らない人たちの信念になっている。たいていの人は後者だ。

ほとんどの人は、自分が変われば、人生の質は大きく向上するということがわかっていない。そうでなければ、これだけ連日、蜘蛛恐怖症の人や、エレベーターや歯医者が怖い人や、飛行機に乗れない人に私が会えるわけがない。

どうして彼らはそれらに対して対策を講じようとしないのだろう？

恐怖心から解放されるにはどうすればいいか、そのためには誰に助けを求めればいいかを、どうして突き止めようとしないのだろう？

すべてが順調に運べば、たった一度の催眠セラピーのセッションでその恐怖を解消できるかもしれないというのに！

❖ 恐怖は脳の配線ミス

なぜなら、「その恐怖（もしくはそれ以外の、あなたの制約となっている何か）は、ただのプログラムで、あなたの頭のなかで起きた配線ミスにすぎず、書き換えることが可能なのだ」と説明してくれる人が誰もいなかったからだ。

つまり彼らには、**自分は自分が感じている恐怖に影響を及ぼすことができるという認識が欠けているのだ。**そのため、「自分はこうだから」と人生の制約となる恐怖症を受け入れ、人生のほうをその制約に合わせているのである。

当然のことながら、そんな人生は快適とはいえないし、あなたの自由は著しく制限される。

親愛なる読者のみなさん、あなたがもしこれらの恐怖症や類似の恐怖症に悩まされているのなら、私の言っていることに心当たりがあるはずだ。しかし、そんなあなたに朗報がある。

あなたはそうした制約から自由になれる！

あなたの脳には適応能力がある！　すでに記したとおり、脳の神経細胞間の接続は、石に刻み込まれた図表とはわけが違う。

それらは長い時間をかけて踏み固められているだけだ。頻繁に使えば使うほど、接続は強固なものになる。そうしてあなたは、自分はいままでずっとそうだったと思い込んでしまうのだ——かんしゃく持ちだったり、臆病だったり、嫉妬深かったり、運動嫌いだったり、だらしなかったり、無精だったり。

しかし、その思い込みは間違っている。そんなふうに接続したのはあなたの脳で、あなたはそれに応じたふるまいをすることに慣れてしまっただけなのだ。それらの行動パターンに違和感がなく、自分の特性のように感じられるのはそのためだ。あなたはそれらの行動パターンは自分の人格の一部だと考えてしまう。

しかし、そう〝感じられる〟からといって、あなたがずっとそのままでいなくてはならないということではけっしてない。

その特性から解放されたいと思っても、本来のあなたの性質にそむくことになるわけでもない。

脳は変化しつづける

自転車に乗ったり、車の運転をしたりするときのことを考えてみるといい。字を書いたり、靴ひもを結んだりするときのことも。それらのことをするときに、どうすればいいかをいちいち考えたりはしないはずだ。

それなのに、あなたは自分がそれらの能力を持って生まれてきたとは思っていない。

同様に、あなたの特性や信念は生まれつき持っていたものではない。これまでずっと自分のなかに存在していた自分の一部のように、あなたが感じているだけだ。

長年の習慣をやめることが新しい何かを習得するより難しいのは、実際にはそうではないのに、その習慣がすでに自分の一部のように感じられるからだ。

新しい情報を受け取ると、あなたの脳には新しい神経細胞の接続ができる。その接続を使わずにいると、そのうちそれはまた除去される。

走行する人のいない道路は必要ない。ただし、20年の長きにわたって使われた道路でも、その後、そこを運転する人がいなくなれば、脳はしばらくのちにそれを取り除く。脳はできるだけ効率のいい働き方をしようとするため、どう見ても必要のないものは、一番奥にあるアーカイブに移すか、完全にデータを消去してしまうのだ。

そうしたもののなかには、過去の習慣や昔学んだラテン語の単語だけでなく、読書用メガネや玄関の鍵を最後に置いた場所も含まれる。

あなたには失恋の経験があるだろうか？　当時のつらさを、あなたはいまでも思い出すことができるだろうか？

その相手のことを考えると、あなたはいまでも当時のような気持ちになるだろうか？

――おそらく、どちらの答えもノーだろう。

あのときのつらさを、もう思い出せないのはどうしてだろう？

あの失恋のつらさを、どうしてあなたはもう感じないのだろう？

その理由は、神経の可塑性《かそせい》にある——つまり、あなたの脳の適応能力だ。脳は絶え間なく変化しつづけている。私たちが成年に達したあとも、脳は一生、変化しつづける——幸いなことに。

最低最悪の失恋をして、どれだけつらい思いをしたとしても、その痛みがいつかまた消えていくのは、脳が持つこの性質のおかげである。

❖恋愛は麻薬

さて、本題はここからだ。失恋による心の痛みを、生化学レベルでヘロイン依存症患者が急に薬を断ったときの状態と比較した研究者たちがいる。

恋愛は、麻薬を使ったときと同じような作用を及ぼすという。恋愛中のあなたはハイになり、あなたの体は例外的な状態になって、エンドルフィンとドーパミンを狂ったように放出する。そして定期的に新しい信号を出すことを（恋愛の場合は恋する気持ちを持ちつづけることで、麻薬の場合はその物質に依存した状態をつづけることで）怠ると、禁断症状が起こる。

あなたの体は次の〝トリップ〟を切望し、あなたは幸福感の供給源のことしか考えられなくなる。一方、失恋するとあなたの脳の「報酬センター」は、幸福感をもたらす信号をもはや受け取ることができなくなるため、ドーパミンの放出はストップする。その結果、あなたは苦しみ、心身ともにつらい思いをしなくてはならなくなる。

禁断療法の最中は、自分が失ったもの以外のことは考えられなくなる。しかもそこに心身のつらさまで加わるため、なかには不安状態や不眠に陥る人や、心臓領域に実際の痛みを感じる人もいる。

それどころか失恋は、病の原因になることもある。「傷心症候群」、もしくは「たこつぼ型心筋症」と呼ばれる病気で、心筋に深刻な機能障害をきたす珍しい疾患だ。たいていは、心身に過度な負担がかかることで引き起こされる。

幸いなことに、ほとんどの人は失恋をしてもそのつらさを乗り越えられる。体内のホルモンレベルはしばらく経つと低下しはじめ、そのうちそれらの影響はまったく感じることができなくなる。

これで、身体的な禁断療法はおしまいだ——だが、脳の変化はそれほど早く起こらない。脳には、失恋の傷を癒すことを困難にする、もうひとつの要因があるからだ。恋愛中に構築された、神経細胞の接続である。

神経細胞レベルにおける人と人との関係は、フィールドアスレチックをイメージするとわかりやすい。

同じ経験を共有すればするほど、互いの結びつきが強くなればなるほど、脳のなかにあるロープや吊り橋の強度は上がる。カップルは〝互いに成長する〟ものだと言われることが多いが、神経細胞レベルではまさにそのとおりのことが起きている。

経験したことは思い出になり、思い出は神経細胞をつなぐ道になる。そしてそれらの道を活性化することが、危機が訪れたときに、別れを回避してふたりを結びつけるためのかすがいになる。

こういう言い方をすると、恐ろしく無粋に聞こえることはわかっているが、基本的に恋愛というのは、神経細胞の接続と、ホルモンと、慣れの相互作用にほかならない。そう、**慣れ**である。

私たちは、現実の生活では、慣れることなどあり得ないと思えるような相手に対しても、互いに慣れるものなのだ。そして慣れや習慣というのは、あなたもご存じのとおり、繰り返し何度も通り、あなたの脳のなかで踏み固められた道そのものだ。

パートナーとの関係においても同じことが当てはまる。関係が長くつづけばつづくほど、フィールドアスレチックのなかの接続は増え、あなたの頭のなかにできた道も踏み固められていく。

恋をしている状態から脱却しつつある人は、時間の経過とともにそれらの神経細胞の接続を取り除いていき、そのうち相手に対する親密な感情や愛情は感じなくなる。

それに対して、思いがけず別れを告げられたり別れることになったりした人は、多くの場合、より激しい心の痛みに苛まれる。

相手のことや失くした恋のことを考えては、何度も何度も神経細胞の接続を活性化させてしまう――しかし、パートナーがもうそばにいないことや、関係が破綻してしまったことを確かめたところで、あなたの「報酬センター」は反応しない。あなたを幸せな気分にしてくれるホルモンが放出されることもない。

そのため、あなたはまたもや自分が失ってしまったものを意識させられる。つまり、接続はまだある状態のまま、幸福感だけが消滅してしまうのだ。

あなたはそれを、心の痛みや失恋のつらさとして知覚するのである。

❖ 時間が解決する

「時はすべての傷を癒してくれる」と一般的には言われているが、そのことは脳にも当てはまる。**時間が経つにつれ、脳は恋愛中につくられた神経細胞の接続を除去**していくからだ。脳は変化する。

あなたはいずれ恋をしている状態から脱却する。もしかしたら初めのうちはそのことに違和感をおぼえるかもしれないし、落ち着かない気持ちになることもあるかもしれない。

あなたはまたひとりに戻るのだ。今後はまた、あなたひとりが「報酬センター」のホルモンの放出を担うのである。


最初はそのことに不安をおぼえても、脳はだんだんと適応していく。うっとりするような幸福感が欠けた状態にも、恋愛中に構築された神経細胞の接続がないことにも。

失恋の痛みは消え、あなたはパートナーのいない生活を受け入れる――そうすると、どうやらそれまでは冬眠していたらしいあなたの大脳新皮質がまた口をはさむようになる。

「いま思えばあの人に対してはいろいろと不満もあったな。歯磨き粉のチューブのふたは一度も閉めたためしがなかったし、髪の毛だってあちこちに落ちていたし……。それにあの人の親友のことも嫌いだったし！」


失恋をして心の痛みを感じるのは、まったく普通のことだ。失恋をすれば、誰もが――正確に言えば、愛情を知覚できる人なら誰もが――つらい思いをする。心の痛みをどのくらいで克服できるかは、人によってまちまちである。数週間で立ち直る人もいれば、恋愛中に踏み固めた道が何年間も消えない人もいる。

パートナーとのあいだにもめごとが絶えなかった人は、ずっと幸福に酔いしれていた人よりも、恋愛中につくられた神経細胞の接続の数は少ないかもしれない――けれども、場合によってはまったく逆のことが起こることもある。ご存じのように、摩擦は熱を生じさせるからだ。

はっきりしているのは、パートナーとの関係が3週間しかつづかなかった人よりも、20年つづいたあとに関係に終止符を打った人のほうが、パートナーとの思い出は多いということくらいだろうか。心が修復されるまでにどのくらいの時間がかかるかを算出できる法則は、存在しないのだ。


あるいは、あなたもすでにご存じのとおり、あなたの脳の生化学レベルでの禁断療法が終わり、パートナーと築いたフィールドアスレチックが撤去されるまでにどのくらいの時間がかかるかがわかる法則、と言い換えてもいい。

そのうえ、失恋の傷の癒え方に影響する要因はまだほかにもある。

その関係が終わりを迎えつつあることは明らかだったか?

あなたは心の準備をすることができたか?

それとも、あなたにとってその失恋は予想外の出来事だったか？

パートナーとつき合っているあいだ、あなたはどこへ行くにも何をするにもその人と一緒だったか？

それともあなたには常に、パートナーとは別の、自分の生活があったのか？

それから最大の影響要因は――たったひとつの真実の愛を失ったという思いに、あなたがいつまで固執しつづけるか？

あなたはこれから先も、過去にこだわりつづけるのか？

それとも未来に目を向けるのか？


あなたが前のパートナーを意識し、思い出を振り返る期間が長ければ長いほど、神経細胞の接続が除去されるまでにかかる時間も長くなる。なぜなら車の通行量が多い道路を、脳は取り壊そうとしないからだ。固く踏みならされた道を何度も通ることをやめないかぎり、あなたの脳は接続の除去に取りかかることはできない。

失恋のつらさから抜け出すルールはただひとつ――終わった恋は頭から解き放とう！

❖ あらゆることから立ち直ることは可能

たとえあなたの心が、考えられるかぎりの最悪の方法で傷つけられたとしても、完全に打ちのめされて、次の朝どうやって起き上がればいいのかすらわからなくても、失恋の痛みが消えるまでにどのくらい時間を要するかは、あなた自身にかかっている。


あなたは積極的に過去を振り切ろうとするだろうか？

自分の犯した間違いや、前のパートナーの犯した間違いを許せるだろうか？

それとも別れの責任を相手に押しつけて、ずっとうらみに思いつづけるだろうか？

あなたは終わった恋を美化するだろうか――それともその恋には負の側面もあったことを認めるだろうか？

終わった恋のことをあなたはどのくらいの頻度で思い出すだろうか？


神経細胞の接続を活性化して、失恋の痛みに火をつけるかどうかは、あなたひとりの決断にかかっているのだ。


私がこれだけ長々と失恋のつらさについて説明してきたのはなぜだろう？

なぜなら失恋のつらさや、プロローグに登場したザラの高所恐怖症や、そのほかのありとあらゆる不快な感情は、私たちが脳と呼んでいる頭のなかのハードディスクと深い関係があるからだ。

失恋の例でわかったように、私たちの脳は、あなたが楽に生きられるように変化し、学び、そのときそのときの状況に適応することができる。つらい出来事を忘れ、痛みを解消し、依存状態や慣れから脱却することもできる。

そしてそんなふうに失恋のつらさから解き放たれることができるなら、あなたの制約となっているそのほかのすべての行動パターンからも自由になれるはずだと、思えないだろうか？

❖ 起こることはコントロールできないが脳はコントロールできる

人生において、時折トラウマになるような出来事が降りかかるのを防ぐことはできない。その経験をあなたの脳がどう処理するかも、あなたには部分的にしかコントロールできない。

しかし、経験したことをどう処理するかという脳の戦略には影響を及ぼせなくても、経験したことに対してあなたがどう反応するかに関しては、たくさんの選択肢がある。

要は、失恋のつらさや恐怖症を引き起こすトラウマを防ぐのは難しいが、心の痛みや恐怖症にいつまで苦しめられるかをコントロールすることはできるということだ。

ただし、そうするためにはあなた自身が動かなくてはならない。あなたの脳に、これからはそれらの出来事をどう処理すべきかという別の戦略を示さなくてはならない。

それを示すための方法はじゅうぶんにある。

あなたの〝脳がもたらす運命〟に無気力に身をゆだねるのをやめて、積極的に働きかければいいだけだ。


もし、10年経っても前のパートナーのことが忘れられずにいると誰かに打ち明けられたとしたら、あなたはその人になんと言うだろうか？

もしかしたらあなたは、なぜその人がいまだに過去を振り切れないでいるのか、理解できないかもしれない。

しかし同時に、もしかしたらあなた自身も、自分の一部だと信じている何かに固執しているかもしれない。信念や、習慣や、行動パターンなどに。

脳は取り換えられないが考え方は変えられる

だから私はあなたを、あなた自身をもっとよく知るための旅にご招待しようと思う。

好奇心を持って、宝さがしに出かけよう。そしてあなたの制約となっている特性や行動パターンのうち、どれを変えたり、解消したりすればいいかを突き止めよう。

あなたは、頭のなかにあるプロセッサとハードディスクをまるごと取り換えることはできない。幸いなことに、医学もそこまでは進歩していない。

だが、ソフトウェアをアップデートして、あなたの思考を通してハードウェアを変化させることならできる。

あなたの頭のなかにあるハードウェアは、すべての内容が不変のこととして彫り込まれている石板ではない。コンピュータのハードウェアとまったく同じように、使われていないプログラムは消去でき、うまく作動していないプログラムは書き換えることができるのだ。

この本に、『潜在意識をアップデート』というコンピュータにちなんだタイトルがつけられているのはそのためだ。

脳が持つ可塑性のおかげで、私たちには、自分が生きやすくなるように脳を変えることができるという認識ができれば、あなたはすぐにでも、刻々と起きている脳の変化のプロセスに大脳新皮質を通して介入することができる。

そのために潜在意識が必要としているのは、私たちの積極的なサポートだけだ。

第2章

催眠で潜在意識をアップデート

現実はあなたがつくり出している

催眠とは何か？

もしかしたらあなたもそうかもしれない。催眠を目の当たりにしたり、催眠について読んだり聞いたり、催眠という言葉から連想をふくらませたりするときに、ほとんどの人の頭にとっさに浮かぶのは、人間が舞台の上で奇妙なことやこっけいなことをしている催眠術ショーの様子だ。

そのイメージは人々を不安にさせる。一体誰が、大勢の人の前で自分の体のコントロールを失って、他人の意のままに動かされたいと思うだろう？

そのイメージは本当に正しいのかどうか、催眠は本当に私たちを意志のない人間にしてしまうのかどうかを、これから突き止めていくことにしよう。

❖ 催眠にはさまざまな使われ方がある

トランプを目にしたときにあなたの頭に浮かぶのは、「これで『ババ抜き』ができるな」ということだけだろうか？

トランプがあれば、『ブリッジ』や『ポーカー』『七並べ』などさまざまな他のゲームもできるのではないだろうか？

また、トランプでゲームをするだけではなく、トランプタワーを作ることもできるのではないだろうか？

トランプを使って私たちマジシャンが披露する、すばらしいマジックはどうだろう？占い師ならあなたの運命について何かを告げるのにトランプを使うし、大道芸人の手にかかれば、トランプを手裏剣のように投げてろうそくの頭を切り落とすことができる。

何が言いたいかというと、催眠には、トランプと同じように舞台でのショーに使われる以外にも、多くのさまざまな用途があるということだ。

医療の世界でも催眠が使われているし、痛みを和らげるための治療にも用いられている。病気の治癒過程にポジティブな影響を与えることもでき、催眠療法では非常に短い時間で信じられないような成果を得られることもある。

それなのに、ほとんどの人は催眠とかかわるのを避けたがる。かんばしいとはいえないその評判のせいである。

あなたは催眠を経験したことはあるだろうか？

もしないのなら、あなたは催眠を経験することに不安があるだろうか？

もし不安があるのなら、あなたはなぜそう感じるのだろう？

推測や、ともすると単なる思い込みをもとに、自分が一度も試したことのないものとのかかわりを避けようとする人は多い。

私たちは往々にして、自分がまだ一度も経験したことのない何かに関しても、意見を持っていると考えてしまいがちだ。しかしその意見というのは、周囲の人たちの考え方や世間の価値観や、メディアの影響を受けてできあがったものにすぎない。

私はあなたに、催眠のことをちゃんと知ってほしいのだ。催眠に、もっと興味を持ってもらえるように。そしてあなたの日常にある催眠を意識して、あなたはもうすでに、ひっきりなしに自分で自分自身に催眠をかけているのだということを理解してもらえるようになるように。

「催眠にかかっているときには具体的に何が起きているのか」ということや、「催眠というのは呼吸と同じくらい頻繁に行われているプロセスである」こと、「あなたが催眠から逃れることはほぼ不可能である」ことを詳しく説明する前に、ここでもう一度、精神と体の結びつきについて思い出してほしい。

第1章の「我思う、ゆえに我あり」の項で説明したとおり、感情というのは思考とあなたの評価によって引き起こされる。

だがその過程で引き起こされるのは感情だけではない。同時に身体的な反応も発生する。その両方をまとめて私たちは「感覚」と呼んでいる。

❖脳は、想像と現実を区別しない

もう一度、例を挙げておこう。

きっとあなたにも、映画館で悲しい映画を見たときに心を揺さぶられて、のどに何かが詰まったような感じをおぼえたり、涙を流したりした経験があるのではないだろうか。

あるいは、トラウマになっている過去の出来事を思い出して、お腹あたりに嫌な感じをおぼえたり、心拍数が上がったり、手が湿ってきたりしたことはないだろうか。

それから初めてのデートを前にそわそわしているときの、お腹のなかで蝶が飛びまわっているようなあの幸福感！　私たちの頭のなかでしか起きていない出来事だったとしても、体は反応するのだ。

映画館で見ている映画は現実ではない。トラウマになっている出来事はすでに過去のことだ。そしてデートはまだ始まってすらいない。

それなのに、このどれもが実際に経験しているように感じられる。どうしてそのようなことが起きるのだろう？

あなたの脳は、想像と現実を区別しない。あなたが何かを本当に経験したとしても、その経験があなたの想像にすぎなくても、脳にとっては同じなのだ。どちらの場合も脳の同じ領域が活性化され、同じ知覚がもたらされるというわけだ。

具体的には、知覚はどのようにしてもたらされるのだろう?

もしかしたらあなたはホルモンが何かをすでにご存じかもしれない。ホルモンというのは体内で形成される伝達物質で、あなたの体の器官同士のコミュニケーションを仲介している。私たちはつい忘れてしまいがちだが、脳も体の器官のひとつだ。脳はホルモンと化学物質を使って、あなたの体の残りの部分と交流している。ホルモンは絶えず放出されている。ポジティブな状況ではドーパミン、セロトニン、エンドルフィンといった、いわゆる「幸せホルモン」が放出されるが、アドレナリンやコルチゾールといった、私たちが「ストレス」と呼んでいる状態を引き起こすホルモンが放出されることもある。

ホルモンは私たちの体を、私たちの脳がそのときの状況にふさわしいと判断した状態に移行させる。脅威に直面したときには逃走の準備を整え、よいことが起きたときにはよろこびを、誰かといさかいを起こしたときには怒りを生じさせる。

その際、私たちの脳が追求している目標はたったひとつ——自らが確実に生き延びることである。

だが、ホルモンはあなたが何かを実際に経験したときだけに放出されるわけではなく、何かを想像しただけでも放出される。私たちが映画に心を大きく動かされるのはそのためである。

あなたの脳は、映画の状況が現実だと考えるため、レオナルド・ディカプリオは本当に凍てつく大西洋で凍死したわけではないとはっきりわかっていたとしても、あなたは落胆し、涙さえ流すこともある。

催眠術は映画と似ている

映画監督は映像と音であなたの想像力を操作して、あなたに物語を知覚的に体験させる。そうしてあなたは映画を見ながら泣いたり、笑ったり、息をのんだり、怖がったりするのだ。

だがこのプロセスはもちろん、映画に想像力を操られることをあなたが受け入れなければ起こらない。この場合でいえば、映画のチケットを買う行為がそれに当たる。

チケットを買うのと同時に、あなたは催眠のプロセスを体験することを決めていると言えるだろう。映画監督が、効果音や映像を通してあなたの知覚をコントロールし、あなたのなかに感覚を生じさせることを認めているのだ。

そうしてあなたは完全に映画の世界に入り込む。つまり、ときどき映画を見に行く習慣のある人や家で映画を見る習慣のある人は、全員、基本的に催眠を受け入れる用意があるということだ。

映画を知覚的に体験することを拒み、上映中ずっと「あの男はただ芝居をしているだけで、本当に溺死しているわけじゃないし、音楽だって観客の涙腺をゆるめるための効果音にすぎない！」と考えている人は、当然のことながら、映画を体験しているのではなく、ただ単に映像を眺めているだけだ。

そういう人は、よろこびも悲しみも恐怖も感じない。気持ちをコントロールされることに抵抗があるのなら、その人にはもちろん、それを拒否する権利がある。

そういう人に対しては、催眠術師は、この場合でいえば映画監督は、どんな手段を駆使しても感動を起こすことはできない。

チケットを買ったことによってすでに自分の知覚をコントロールされることに、そしてそのことによって感覚もまたコントロールされることに同意しているそのほかの観客たちとは対照的である。

同様のことは、催眠術ショーで舞台に上がる人たちにも当てはまる。彼らはショーを楽しみたいと思っているため、自ら進んで催眠を体験しようと名乗りを上げるのだ。ショーを楽しむつもりのない人には、催眠は効果を発揮しない。

思考は体に影響を及ぼす

つまり思考には、あなたの体の機能に影響を及ぼす力があるということだ。

このことはスピリチュアルな概念ではなく、生化学的な事実である。催眠術師も、そのことはよく承知している。

映画監督と同じように、催眠術師も催眠をかけられる人の想像力を操作して、身体的な反応を引き出し、彼らを特定の体験に導いているのだ。

催眠とは――人間の心身の状態を変えることを目標として、思考と想像力を操作することである。

催眠が効果を発揮するプロセスに関しては、次の「現実のサイクル」を見てほしい（注3）。

この図に、見覚えがあるのではないだろうか？　「変化のサイクル」（31ページ）に別の概念を当てはめたものだ。

動機：まずあなたは、催眠にかかるために必要な動機を持たねばならない。どういう状況でどんな目的を持って自分は催眠にかけられるのか、ということがわかっていればじゅうぶんだ。それであなたは催眠のプロセスを受け入れたことになる。催眠とはダンスのようなもので、ふたりのうちのどちらかがリードをし、もうひとりはそれについていく。あなたがリードに応じなければダンスは成立せず、あなたが催

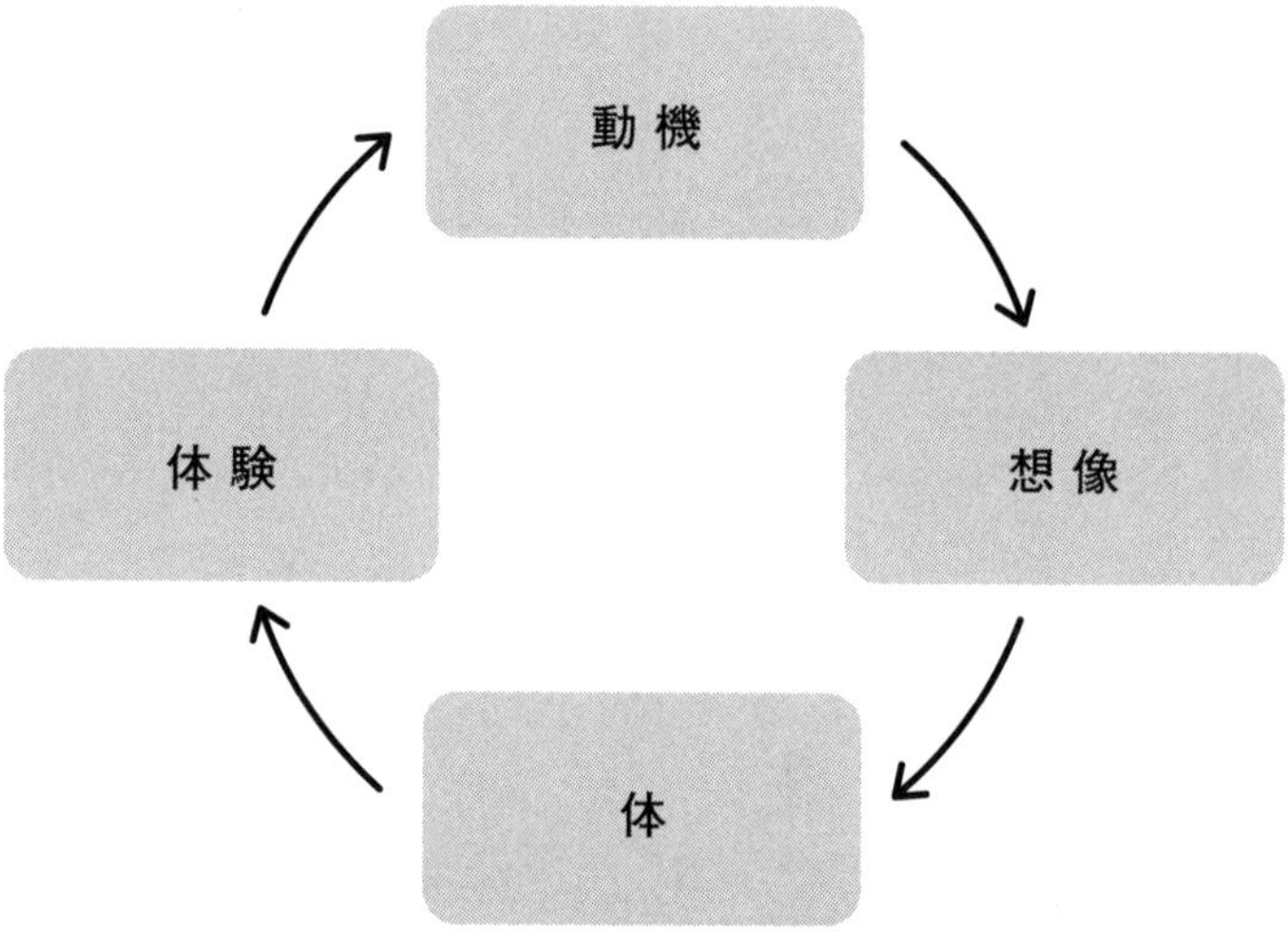

眠にかかることはない。

想像：次に、催眠をかける側が言葉であなたの想像力を刺激して、映画であなたの想像力をコントロールする映画監督のように、あなたの頭のなかにイメージを発生させる。集中してそのイメージを思い浮かべると、あなたの体もそれに反応するようになる。

体：自分の体が反応しているのを感じたら、つまり、反応が起きているのを自覚できたら、それを快適に感じた場合はこのサイクルをもう一巡する。映画の出来が悪いなどの理由で、自分に起きている反応を不快に感じた場合は、このサイクルから出て、催眠を中断する。

体験：催眠をかける側があなたにこのサイクルを回らせる回数が多ければ多いほど、あなたの体験は強烈になる。そのうち、すべては自分の頭のなかで始まったことにすぎないということを、つまり、自分が考え出したものだということを忘れてしまい、あなたは新しい現実に没入する。新しい思考も、新しい行動も、新しい感覚も、そこに属するものはすべてあなたにとって現実となる。その際、脳のなかで何が起きているかは、次項で説明する予定だ。

❖想像力が現実を変える

催眠術ショーでは「現実のサイクル」を使って、映画のようにどんな状況でもつくり出すことができる。どんな気持ちになることもできるし、どんな香りを嗅ぐことも、どんなものや人の幻覚を見ることもできる。

あなたが感覚器官を通して知覚するものは、どんなものでも生み出せる。そして現実と想像の境界は曖昧になっていく。

その様子を見ると、たいていの人は催眠に薄気味悪さをおぼえるようだが、私はそのことをとても残念に思う。なぜならそういう催眠を恐れる気持ちが邪魔をして、それどころか一部の人は催眠に拒絶感までおぼえてしまうために、あることを認識できずにいるからだ――私たちの精神には、どれほどの力が秘められているのかということを。

彼らは誰がその幻覚を操作しているかだけに注意を向けて、当の催眠術師がその力をどんなふうに悪用できるかという、考えられるかぎりのありとあらゆる恐怖のシナリオを思い浮かべる。

だが幻覚を生み出しているのは誰なのか、そもそも幻覚を見ることを可能にしたのは誰なのかという点は完全に見過ごされてしまう。自分の精神を使ってその幻覚の世界を生み出しているのは、催眠をかけられている側だというのに。その人は自分自身の想像力で、その人個人の現実を変えているのだ。

私が強調したいのはまさにそこである。それこそが、催眠の持つ力なのだ。

❖ 外部からの影響で心の状態を変える

私たちは自分個人の現実に、自らの力で影響を及ぼすことができる。いまの現実に満足していないなら、私たちにはそれを変える力があるのだ。催眠術師の助けは必ずしも必要なわけではない。

催眠術師は私たちに、現実を変えられる可能性があることを気づかせてくれるだけだ。私たちがそれまで知らなかった、現実を変えるための方法を示してくれるだけである。そして実際に催眠を体験すれば、その後は自分で知識を深めることにも抵抗はなくなるはずだ。そうなれば、自己催眠という選択肢も生まれてくる。

だから私は、あなたがいつの日か催眠に興味を向けてくれることを願ってやまない。催眠の持つ力を、あなたにも実感してもらえるように。

それから念のためにつけ加えておくと、ずっと催眠にかかったままということはあり得ない。突然、火災報知器が鳴り出して、周囲の人が一斉に「逃げろ！」と叫んだとしたら、あなたは自分でつくり出した新しい現実から瞬時に自力で抜け出すことができる。

映画の世界からあなたがすぐに抜け出すことができるのと同じように。それとも、クエンティン・タランティーノには、周りの人が全員逃げ出しているなかでもあなたを椅子にしばりつけておくような力があると思うだろうか？

もちろんそんなことはない。

これまでのたとえと説明で、エンターテインメント界の出しものとして披露される催眠術だけが催眠ではないということを理解してもらえるといいのだが。

催眠というのはそれよりもむしろ、外部からの影響によって私たちの心の状態を変え、それによって私たちの現実をも変化させていくプロセスをあらわす言葉なのだ。

想像力を操作する

このプロセスを始めることができるのは、催眠術師や映画監督だけではない。私たちが自分の感覚器官を通して知覚するもので、しかも私たちの想像力を特定の方向へ操作するものなら、どんなものでも催眠のプロセスを始めることができる。

私たちが夢中になって読みふけるよくできた本も、私たちを魅了する講演も、私たちに

あなたは自分自身にとっての催眠術師なのだ――毎日、24時間を通してずっと。

周りの人々や出来事や、自分自身の思考までもが私たちの体験を形づくっていることがわかったいま、おのずと明白になるのは――催眠は、常にいたるところにあるということだ。

しかも1日のうちに私たちが催眠にかかる頻度は、私たちが考えているよりもはるかに高い。

この本を通して、私はあなたに、外部の状況や周囲の人たちからの催眠にかかってしまうのはどんなときかという見きわめができるようになってほしいと思っている。

そして何よりも――あなたがネガティブな自己催眠をかけてしまうのはどんなときで、どんなふうにそれが起こるのかを見きわめられるようになってもらいたい。

ネガティブな自己催眠にその都度気づけるようになれば、それを中断させて「現実のサイクル」に介入し、進むべき別の方向を示すことができるようになる。

どうすればそれができるかも、これからもちろん説明していくつもりだ。

催眠現象——カタレプシー

催眠現象とは、一般的には、催眠術ショーで実演されているような、普通でない知覚や感覚のことを指すと理解されている。催眠現象は見る人を大いに感嘆させるが、多くの人は薄気味悪さもおぼえてしまう。

だが実際には、催眠術師はあなたの頭のなかで日に何度も起きているプロセスをただ可視化しているだけなのだということがわかれば、その知識を活かして、あなたの現実を意識的に形づくることができるようになる。

この本で私は、いくつかの例を挙げながら、催眠現象からあなたの人生にプラスになるどんなことを学べるかということもお伝えしていきたいと思っている。

❖あなたが感じていることはあなたがつくり出しているだけ

催眠状態にあることがはっきりとわかる、非常に興味深い例のひとつが、「カタレプシー」、筋肉の硬直である。催眠術師が暗示をかけると、催眠をかけられている人は、腕が鉄の棒のように硬直したり、椅子にはりついたままになってしまったり、水の入ったコップを持ち上げることができなくなってしまったりする。

それを見ている人たちは、その現象は外部の刺激によって引き起こされたものだと、つまり、催眠術師の暗示のせいで起きているのだと考える。

しかし本当は、筋肉をこわばらせて、暗示の対象となった体の部位を動かなくしているのは、催眠をかけられている人自身なのだ。催眠術師に魔法をかけられたと思い込んだことによって、その人はその「現実」にとらえられてしまっているのである。実際、注意を催眠術師の言葉から逸らして自分自身のほうに向け、筋肉をリラックスさせて思い込みを解き放つだけで、何もかもがもとどおりになる。

このことから、あなたの人生にプラスになるどんなことが学べるだろう？

自分の人生がいまのような状態にある原因や、いま自分が感じている感覚を生じさせている原因は自分以外の外部にあると思っていると、あなたは本来自分が持っているはずの決定権や自分が負うべき責任を、周りに譲り渡してしまうことになる。

起きた出来事はただの外部からの刺激にすぎず、それにどう反応するかはあなた自身が決めることなのだという認識を持とう。

気持ちが落ち込むような考えに固執して、それを掘り下げていくと、体もそれに応じた反応をするようになる。だがその考えを解き放てば、体は緊張を解き、あなたはまた動き出せるようになるはずだ。

顕在意識と潜在意識、ボスはどっち?

第1章で見てきたとおり、私たちが意識できる脳の働きはほんのわずかにすぎない。脳の働きの大部分に当たる95%は、潜在意識において行われている。私たちが認識できる意識の部分は顕在意識と呼ばれているが、顕在意識と潜在意識というのは、脳にある個別のふたつの領域ではない。あなたの脳のいくつかの部位を、ふたつの領域に集約した呼び名である。

あなたの顕在意識は、論理と理性と意志力と創造力をつかさどっている。ものごとを予測し、計画し、慎重に吟味するときに働いているのは顕在意識だ。コンピュータでいえば、

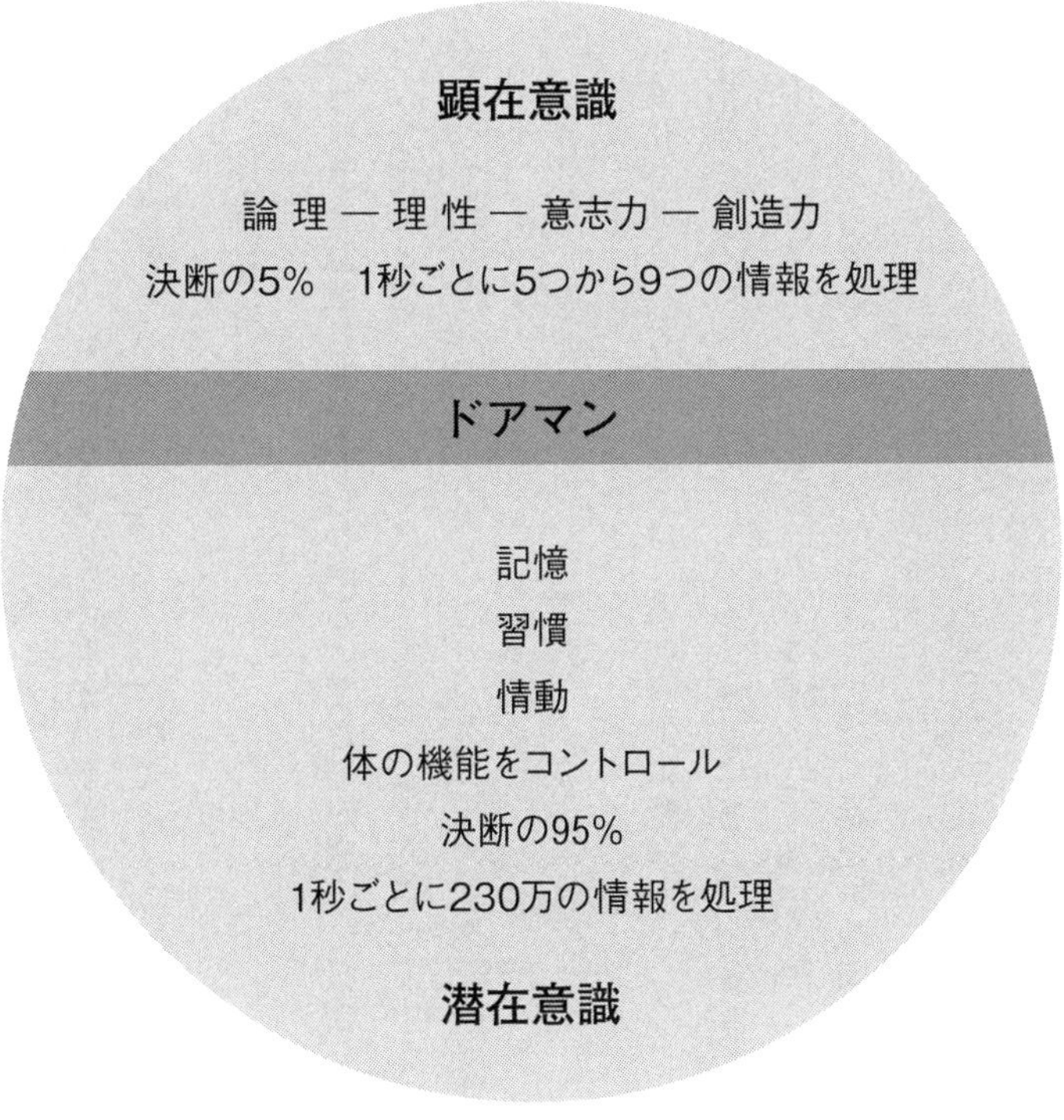
顕在意識
論 理 — 理 性 — 意志力 — 創造力
決断の5%　1秒ごとに5つから9つの情報を処理
ドアマン
記憶
習慣
情動
体の機能をコントロール
決断の95%
1秒ごとに230万の情報を処理
潜在意識

RAM［オペレーティングシステムがそのとき開いているプログラムを一時的に保存し、処理する場所］のような役割を担っている。私たちが意識的に行うことはすべてここで処理されていて、私たちの決断の5％はここで下されている。

❖ 潜在意識はハードディスク

脳の働きの大部分は潜在意識において行われる。私たちが過去に経験したことや、その経験を私たちがどんな情動と結びつけたかはすべてここに保存されているのだ。私たちの持つ習慣や能力がすべて保存されているのもここで、コンピュータでいえばハードディスクに該当する。

私たちが何かを変化させようとするときは、潜在意識に働きかけなくてはならない。新しいプログラムを構築できるのも、古いプログラムを書き換えたり完全に消去したりできるのも、潜在意識においてだからだ。そこで何かを変化させると、私たちの生活ぶりには必ずなんらかの作用があらわれる。しかも潜在意識には、私たちの知覚を瞬時にがらりと変える力もある。

催眠術ショーで観客を驚かせているように、誰かにそこにいないユニコーンの幻覚を見させることも、熟した甘いりんごを食べるようにレモンを食べさせることも、よい香りを放つ花束の匂いを嗅ぐように隣の椅子にすわっている人の匂いを嗅がせることもできる。

❖ 潜在意識を守るドアマン

変化が起きるとその影響は広範囲に及ぶため、潜在意識は批判的な精神の持ち主によって保護されている。脳にはドアマンのような役割を果たしている、潜在意識を守るための担当部局があるのだ。ドアマンは、その〝クラブ〟に本当にふさわしい客以外はなかに入ってこられないように目を光らせている。

誰かにその人のためになる変化を起こそうとするときに、その人を催眠にかけるのは、催眠状態にあるときにはドアマンが潜在意識への道を開いてくれるからだ。催眠状態にある人の脳で何が起きているかは、ＭＲＩで、もしくは脳波測定を行えば、画像として具体的に表示させることができる。

私たちの脳は、さまざまな周波数の電気信号を発している。この周波数の揺れを測定して記録したものが脳波だ。脳の働きが活発になればなるほど、つまり、神経細胞間のコミュニケーションが活発になればなるほど、出される脳波も強くなる。

私たちは、１日のほとんどの時間をベータ波の意識状態で過ごしている。注意力と知力の働きは平均程度からやや高めの、通常の覚醒時の意識状態だ。ストレスレベルが上がったり、命がおびやかされたように感じたりすると、脳波はベータ波のなかでも周波数の高い領域に移行する。

❖脳の周波数

軽くリラックスし、低めの周波数の脳波が出ている状態は、アルファ波状態と呼ばれる。白昼夢に浸っているときや眠りに落ちる少し前に陥る状態で、あなたの注意力は内側に向くようになり、リラックスした気持ちになる。

あなたがもの思いにふけっているときや心地よい達成感を味わっているとき、視線が何かに吸い寄せられているときやあなたの自動操縦装置がオンになっているとき、すでに身についている単純な動作をしているときにも（編み物や壁のペンキ塗りやジョギング、水泳など）、あなたはアルファ波状態にある。

瞑想中や浅く眠っているとき、催眠にかかっているときは、脳はシータ波状態にある。この状態をあなたは、少なくとも日に2回は自然な方法で経験している。眠りかけで、深いリラックス状態に入りつつあるとき（デルタ波の段階である、深い睡眠に落ちる直前）と、朝、目覚めた直後だ。

もしかしたらあなたはこの段階を「夢うつつの状態」としてすでにご存じかもしれない。

つまり催眠状態というのは、催眠術師の導きがなくては陥ることのできない状態ではないのだ。

催眠を用いると、この深くリラックスした状態にごく短時間のうちに到達することができる。催眠に少し気味の悪さをおぼえる人が多いのはそのためだ。

しかし催眠にかかっているときは、心からリラックスできる。自力でこの状態に到達できる場合もあるが、催眠を使ったほうが時間は短縮できる。

私はときどきこんな質問をする人に出会うことがある。

「でも、もし私を催眠状態から戻せなくなったら、どうなるんです？　私はずっと催眠にかかりっぱなしになるんですか？」

自宅のノートパソコンで、私がゲストとして呼ばれていたトークショーの動画を見たという女性から、こんな話を聞いたこともある。

その番組で私は、画面の向こうの視聴者に、ちょっとした催眠トレーニングに参加するよう呼びかけていた。興味を持った彼女はそれを試してみようと思ったらしいのだが、そこでこんな恐ろしい考えが浮かんだのだそうだ――。

周波数	脳波	状態
>38Hz	ガンマ波	•最高のパフォーマンス　•神秘体験
13-38Hz	ベータ波	•恐れ　•動揺　•ストレス
		•外部への注意力がアップ　•頭のさえた状態
		•外部への注意力が緩む　•明晰な思考、創造力
	ドアマン	
8-13Hz	アルファ波	•軽いリラックス状態　•白昼夢 •注意力は内向きになる　•眠りかけの状態
4-8Hz	シータ波	•瞑想　•催眠　•夢　•軽い睡眠状態（レム睡眠）
<3Hz	デルタ波	•深い睡眠状態

突然、番組の配信が中断したらどうしよう？
インターネットの調子が悪くなったりしたらどうしよう？
そうしたら自分は一生パソコンの前にすわったままで、誰も催眠から解き放ってくれないのだろうか？

同じようなことを考えたことがある人は、安心してほしい。舞台の上やテレビ画面のなかの催眠術師が突然ばたりと倒れて死んでしまったとしても、あなたは自力で催眠状態から抜け出すことができる。

眠りに落ちるときや目覚めるときと同じように。このこともまた、映画館で映画を見ているときに置き換えて考えてみるといい。

映画が佳境に差しかかってから20分ほど経ったところで、上映がいきなり中断してしまったとする。あなたはその後どれくらい椅子にすわったままでいるだろうか？　5分？10分？　それとも一生？　そのとおり、もちろんすぐに席を立つはずだ！

催眠術師があなたに話しかけるのをやめた時点で、自然とあなたの顕在意識が介入してきて、映画のチケットの払い戻しを求めるように指示を出してくれるのだ。

❖潜在意識を解き放つ

「催眠《ヒュプノーゼ》」という言葉は、古代ギリシア語で「眠り」を意味する「ヒュプノス」に由来している。しかしいまでは、催眠状態にある人が眠っているわけではないということはあなたもご存じだろう。もし眠っているのなら、その人はデルタ波状態にあるはずだ。

あなたの「批判的な精神の持ち主」、つまりあなたのドアマンは、控えめになっていて活発に働いてはいないが、それでも、完全に動きを止めているわけではない。一歩下がって、遠くから全体を眺めているだけだ。何かドアマンの気に入らないことが起きると――たとえば何かがあなた自身のモラルに反するなど――、ドアマンはすぐにまた持ち場に戻って、あなたがその暗示を実行することを妨げてくれる。

研究者たちが突き止めたところによると、催眠状態にあるときは、あなたの行動をコントロールする脳の部位と、あなたの行動を評価する脳の領域の接続がダウンしているらしい。催眠にかけられている人が、なんの疑問も持たずにこっけいなことや奇妙なことをしてしまうのはそのためだ。

つまり、夢を見ているときと同じような状態なのである――夢を見ているときあなたは、自分の行動を評価せず、自分が飛べるということをあっさりと受け入れているはずだ。さらに外部からの刺激を知覚し、評価する脳の領域の働きも低下する。

催眠状態にあるとき、人は、外部からくるものがまったく気にならないほど自分の世界に没入しているということだ。自分の内側の世界のほうが、外よりも現実的に感じられるのである。

子どもたちはいつも催眠状態にある

2歳から7歳までのあいだ、人間の脳はほぼずっとシータ波状態にある。脳波の周波数はきわめて低く、ドアマンはまだ形成されていない。子どもが現実と想像の世界を混同するのはそのためである。誰でも一度は、子どもがあなたのために焼いてくれた目に見えないケーキを食べたことがあるのではないだろうか。舞台の上で催眠をかけられた大人がユニコーンを見るように、その子どもはケーキの幻覚を見ているのだ。どちらの場合も、脳波はシータ波状態にある。

そのうえ小さな子どもには、自分の世話をしてくれる人の発言や行動が信念として深く根づきやすい。彼らには「批判的な精神の持ち主」が欠けているからだ。

トラウマになるような経験が子ども時代に起こりやすいのも、同じ理由である。小さな子どもはまだ、外部の影響から心を守ることができない。

「もうお兄ちゃんなんだから泣かないの！」

「私が話しているときには口を閉じなさい！」

「それはあなたには無理！」

といった情報や発言は、潜在意識にじかにしみ込み、何度も繰り返されると、大人になっても私たちに影響を与えつづけるプログラムになる。

6歳から12歳までのあいだに、子どもは想像の領域であるアルファ波状態に移行する。この段階にある子どもは、彼らの空想や創造性や想像力をフル活用して、「もしも○○だったら」と考えたり、宇宙飛行士やお姫さまになることを夢見たりする。この時期になっても、子どもはまだ少し影響されやすい状態にある。なぜならすでに言及したドアマンが、ようやく形成されたばかりだからだ。情報が徐々に整理され、評価できるようになるには、平均すると5年、だいたい12歳ごろまでかかる。

❖子どもの心に潜在意識の入口へのドアマンはいない

もしあなたに、その年ごろの子どもがいるのなら、「子どもがたいていは催眠状態にあって、外部からの影響を非常に受けやすい」ということを頭に入れておいたほうがいい。

あなたの言動はすべて、彼らの潜在意識のなかに入り込む。受け取った情報を吟味してくれる「評価担当部局」は存在していないからだ。そのため人生のこの時期においては、特に、子どもの潜在意識にポジティブな暗示をプログラムすることと、子どもにとってプラスにならない評価の基準を与えないようにすることが重要となる。

あなた自身の懸念や恐れ、ネガティブな信念を子どもに引き継がせても、彼らのためにはならない――それらは子どもを、批判的な人間や怖がりな人間、悲観的な人間にしてしまうだけだ。

だから私は、子どもにどんな手本を示すかを意識しながら生活することをおすすめしたい。なぜなら子どもは、よく知られているように、観察を通しても学ぶものだからだ。さて、あなたは自分のどんな欠点を子どもに受け継がせたいだろうか？

少し前、レストランにいたときのことだ。私は母親が3歳くらいの男の子に話しかける言葉に耳を傾けていた。

「マリウス！　ママは心配で頭がどうにかなっちゃいそうだわ！　テーブルの下から出てきなさい。絶対頭をぶつけるから」

私はマリウスの脳がこの言葉をどんなふうに受け取るかを考えた。

「ママが元気でいられるかどうかはぼくにかかってるんだ。だってぼくが頭をぶつけたら、ママは具合が悪くなっちゃうんだから。ぼくはそそっかしくて、ママは賢いから、ぼくが頭をぶつけちゃうってことがきっとわかってるんだ」

そしてしばらくすると、小さな女の子がやってきて、彼にこう尋ねた。

「私もあのパワーショベルで遊んでいい？」

するとマリウスがそれに答える前に、母親が言った。

「それはマリウスに聞いてみなくちゃね。でも、あのパワーショベルは貸してくれないんじゃないかしら。プレゼントしてもらったばかりのものだから」

その後、マリウスはどうしたと思う……？

❖ 催眠状態が潜在意識を解放する

大人になると、ほとんどの場合、あなたの理性があなたはどうふるまえばいいかを決定する。子どもじみていたり馬鹿げていたりするような落ち着きのない行動は避け、合理的できちんとしたふるまいをするように指示を出してくれる。

しかし催眠にかかっているときはそうではない。あなたは大いなる解放感を味わえる。普段はあなたの理性によって課せられている境界線を、催眠状態にあるときは軽々と飛び越えることができるのだ。

その結果、あなたは覚醒時には想像もできなかったような問題の解決法をひねり出せたり、驚くような体験ができたりする。新しいアイディアや視点の影響を大いに受けて脳の構造を変化させ、人生の質を上げることもできるかもしれない。

催眠療法ではまさにそのとおりのことが行われている。

イベントで披露する催眠の実演によっても、そうした効果をもたらすことはできる。私は催眠セミナーの参加者から、こんな感想をもらったことがある。

「私は全然自分に自信がなくて、大勢の人の前に出ると居心地の悪さを感じるんですが、あなたに催眠をかけられているあいだはまったくそんなことはありませんでした。ものすごく落ち着いていられたし、新しいことを試してみるのが楽しくて仕方ありませんでした。最後に参加者全員の前でマドンナのヒット曲を歌ったとき、一番驚いていたのは私自身だと思います。すばらしい気持ちでした。あんなに大きな解放感を味わえるなんて」

医療分野における催眠でも、やはり同じように思考と想像力を操作する。催眠術ショーで行われていることにくらべれば、その効果は外からは見えづらいかもしれないが、それでも、催眠状態にあるときは奇跡のような大きな変化を起こすことができる。心に深く根づいたトラウマや恐怖症や不安感といった心身のトラブルを改善したり、うまくいけばそれらを解消できたりするのだ。

催眠にかかっているときこそ、あなたの潜在意識が脳をコントロールし、あなたの人生に影響を及ぼしているプログラムを更新することができる。シータ波状態にあるときだけはドアマンが道を開いてくれて、潜在意識への働きかけが可能になるからだ。

ちなみに私は現在、催眠コーチとして働いていて、医療としての催眠療法に従事しているわけではないので、診断したり、病気の治療をしたりすることはできない。私の手法は、実効性のあるメンタルコーチングのひとつと見なされていて、医師の指示にもとづいて行われるあらゆる種類のセラピーの後押しをするものだ。

そのため私のクライアントは、恐怖症を克服したい人や自尊心を高めたい人、制約となっている思考や、ネガティブな行動パターンや習慣（喫煙の習慣や食習慣の改善など）を解消したい人に限られている。

あなたが自分の潜在意識をネガティブな影響から絶対に守りたいと思うなら、軽い催眠状態に陥りやすく、情報がフィルターを通さずに直接自分自身に届きやすいのは、日常のどんな状況においてなのかを考えてみるといい。

ヒントは、映画とテレビだ。

作り話も潜在意識に影響する

すでに何度も用いてきたたとえだが、ここでもやはり、このたとえを使って説明することにしよう——映画館にいるとき、あなたは催眠状態にある。チケット売り場で映画のチケットを購入すると、あなたのドアマンは自分の役職を放棄する。あなたは映画の世界を受け入れ、それを見ているあいだは、すべてはただの芝居にすぎないということを忘れてしまう。そうでなければ映画はフルに効果を発揮できない。

では、ここで質問だ。あなたが見ているのは、どんな映画だろう？　ポジティブで、あなたにインスピレーションを与えてくれるような映画だろうか？　それとも、暴力的で破壊的で、あなたを不安にさせるような映画だろうか？

ひょっとしたらいま、あなたはこんなふうに考えているかもしれない。

「そうは言っても、自分はフィクションと現実をちゃんと区別できるから、映画が自分の人生に影響を及ぼすとは思えないけど」——しかし、残念ながらそれは間違っている。あなたの顕在意識はその映画がフィクションだとわかっていても、潜在意識はそうではない。

1975年に映画『ジョーズ』が公開され、私たちに不安の種が植えつけられた。思いきって海に入ろうとする人はほとんどいなくなり、海辺の地域の観光収入は落ち込んでしまった。誰もが突然、海のなかで自分を狙っているかもしれない何かを恐れるようになったのだ。もしかしたらその何かは自分にかみついてくるかもしれない。そして足をばたつかせながら叫んでいるうちに、水が赤く染まっていくのかもしれない。

公開からすでに40年以上経つというのに、いまだにこの映画は私たちのトラウマになっている。それとも、あなたはなんの不安もなく広々とした暗い海に飛び込むことができるだろうか？

だがそれならば、フィクションとはいえ人間がこれ以上ないほど残虐な方法で拷問される、『ソウ（SAW）』［残酷なシーンの多いアメリカのサイコスリラー映画］を第1作から第5作まで一気に見る人たちはどうなってしまうのだろう？

この惑星で暮らす私たちの未来を不確かなものにする災害映画や、飛行機の墜落を題材にした物語は、私たちにどんな影響を及ぼすのだろう？

そうした映画を1本見るあいだ、私たちの体はどれくらいのストレスにさらされるのだろうか？

　もしかしたらあなたは、罠に足を踏み入れつつある主人公を見てぞくぞくするような恐怖を味わうのが好きなのかもしれない。予想外の展開にぎょっとさせられることを楽しんでいるのかもしれない。

　しかしそうした壮大な見世物を楽しんだあと、あなたの精神は映画の強烈な印象から立ち直るために時間を要しているという事実から、いつまで目を背けるつもりなのだろう？

　映画が私たちにもたらす影響はすでに述べたとおりだ。この種の映画も、見る人に与える強烈な印象と、ショッキングな映像、音楽、これらすべてが引き起こす作用によって、私たちは催眠状態に引き入れられる。場合によっては、私たちにトラウマを残すこともある。普段ならドアマンが腕組みをして立っていて、あなたが受けた刺激を分析し、「ここには入ってきちゃだめだ！」と口を出すはずだ。

　ところが、自分の知覚を操られることを受け入れたとたん、ドアマンのスイッチは切れて、あなたの潜在意識は完全に無防備な状態になる。

　あなたの飛行機恐怖症は、ハリウッド映画が原因かもしれない。

顕在意識と潜在意識の鍛え方
――催眠状態VS繰り返し

顕在意識と潜在意識は互いに隔てられているため、学習の仕方はそれぞれに異なっている。

顕在意識は、本を読んだり、講演を聴いたり、「なるほど」と思う瞬間を経験したりすることで学習する。

あなたは新しい知識を習得し、それがあなたにとってどんな意味を持つかを認知レベルで理解する。たとえば、18時以降に食事をとると太りやすい理由や、飛行機恐怖症が防衛反応の機能障害である理由、瞑想をするとあなたのストレスレベルは著しく低下するといった知識だ。

新しい知識はビジョンをもたらしてくれる。自分はどんな人間になれる可能性があるのか、いまよりも優れたバージョンのその自分になるにはどうすればいいのか。こうした自覚を持つことには大きな意味がある。それを意識しなければ、新しい行動を定着させることはできないからだ。

だが意識するだけでは、まだあなたの潜在意識のプログラムには作用を及ぼせない。

❖ 現在のあなたの問題を解決するには

いま抱えている問題を解決するには、その人がなぜ特定の行動パターンを繰り返してしまうのかという原因を突き止めればいいと思われることは多い（たとえば子ども時代のトラウマなど）。しかし残念ながら、それだけでは問題の解決にはつながらない。原因を理解することで意識が研ぎすまされ、どこを手直しすればいいのか、どの思い出やプログラムを更新する必要があるのかがわかるようになるだけだ。

あなたが喫煙者である理由が、かつてあるグループの一員として受け入れてもらうには煙草を吸うことが不可欠で、そのグループに属していることがあなたの自信にもつながったからだということがわかったところで、けっして、煙草を吸いたいという欲求が低下するわけではない。

潜在意識に作用を及ぼすには、積極的にあなたが得た新しい知識を使わなくてはならない。ただし、その知識を獲得するために、自己啓発本を20冊も読む必要はない。2、3冊の良質な本から学んだ知識と手法をあなたの日常に実際に取り入れれば、あなたは自分の目標に大きく近づくことができる。

行動の95％をコントロールしているプログラムは潜在意識のなかにある。あなたの習慣や信念、思考の大部分はそこにある。それらのプログラムを変えたり、新しいプログラムを構築したりしようとする場合には、**まずは潜在意識の学習の仕方を理解しなくてはならない。**

① 催眠状態における学習

すでにご存じのとおり、催眠状態にあるときは、ドアマンが潜在意識への道を開いてくれる。そのため催眠にかかっているときは、新しいプログラムをしっかりと定着させることができ、古いプログラムを書き換えることもできる。

私たちは1日に2回、自然に催眠状態であるシータ波状態になる。

目覚めた直後と眠りに落ちる直前だ。私たちの潜在意識はこのとき、非常に影響を受けやすい状態にある。このあとにつづく、アルファ波状態のときも同様だ。だから、この時間帯に問題や悪いニュースを脳に取り入れると、私たちの健康に思わしくない影響を及ぼすことになる。

目覚めた直後にインスタグラムをチェックする行為は、あなたにどんな作用を及ぼすだろうか？　起きてすぐにソーシャルメディアを使うと、気づかないうちに、あなたにプログラムが組み込まれる。

――ほかの人々の成功を目にしたあなたは自分と彼らを比較して、まず間違いなくこんなふうに考える。「こういうインフルエンサーの人生は自分の人生とは似ても似つかないな」。そして、あなたのなかに生じた挫折感が潜在意識へ届くのをドアマンは防ぐことができない。あっさりとそれを通過させてしまうため、あなたがおぼえた感情は、ともすると信念や自己卑下という形であなたのなかに根を下ろしてしまうことになる――。

だとしたら、目覚めた直後に仕事のEメールを読んで、ストレスを感じた場合にはどうなるのだろう？　ベッドから出てすぐにゴシップ記事満載の新聞を読みながら朝食をとることは、あなたにどんな影響を及ぼすのだろう？

催眠状態にあるときや周波数の低い脳波が出ているときは、オペレーティングシステムである脳のプログラミングが可能なときだと考えるようにしよう。

その状態を自分にプラスになるように利用するのだ。**自信を高めるための暗示や、意欲的になれるような暗示を寝る前に聞いて、その後潜在意識にダウンロードされるように準備をしておくといい。**そうしたポジティブな暗示は、専用のアプリを使って聞いてもいいし、自分で考えた文言をスマートフォンに録音して、それを再生してもいい。

潜在意識に届きやすくするにはどんな言葉を使えばいいかは、第8章の「催眠状態でアップデート——自己催眠はこうして行う」で詳しく説明する予定だ。

② 繰り返しによる学習

脳はエネルギーを節約し、効率的に働こうとする。脳ができるだけ多くのものを潜在意識に移そうとするのはそのためだ。この性質をうまく利用すれば、私たちは潜在意識に学習をさせることができるようになる。

新しい行動の仕方や思考プロセスをできるだけ頻繁に繰り返して習慣化すれば、それらは潜在意識に行き着くことになる。だがもちろん、この移行は一朝一夕には起こらない。あなたが文字をしっかりと使いこなせるようになるまでに、何度書く練習を繰り返さなければならなかったかを思い出してみるといい。

あるいは、いちいち考えなくても車の運転ができるようになるまでに、どのくらいの時間を要したかを考えてみてほしい。**新しい行動も、何度も何度も繰り返さなくては習慣として根づかない。**たった5回のトレーニングセッションをこなしただけでは、引き締まった腹筋は手に入らないのと同じだ。意欲的に取り組みをつづけよう。そうすれば、努力は必ず報われる。

練習すれば達人になれる

潜在意識の学習方法がふたとおりあるということは、私たちが変化するための方法もふたとおりあるということだ。何度も繰り返すことで変化する方法と、催眠のプロセスを通して変わる方法である。この本を通して私はあなたに、この両方のプロセスに興味を持ってもらいたいと思っている。そして、実際に次のことを試してみてほしい。

・この本で獲得した知識を活用し、習慣になるまで繰り返すこと。
・自己催眠を通して、新しい信念や行動戦略を潜在意識に実装すること。

あなたが新しい何かを学んだときに、脳のなかで何が起きるかはすでにご存じだろう。まず、神経細胞のあいだには接続が構築される。そしてあなたがその接続を使う頻度が高ければ高いほど、接続は強固なものになる。

繰り返しが非常に重要な意味を持つのはそのためだ。新しい行動や能力や記憶を定着させ、強化していけば、それらはもはや逐一考えなくても機能する、潜在意識のなかのプログラムに変化する。

人間が学習していく過程は、1963年にカナダの心理学者、アルバート・バンデューラが作成したモデルを見るとわかりやすい。

このモデルでは、**学習が行われるのは顕在意識においてだけでなく、大部分は潜在意識において行われている**ことがはっきりと示されている。

私が主催する催眠セミナーでは、参加者の意欲を高め、最初の心理的なハードルを越えてもらうために、常にこのモデルについて説明することにしている。人間が学習していく過程は、頂上へ向けて

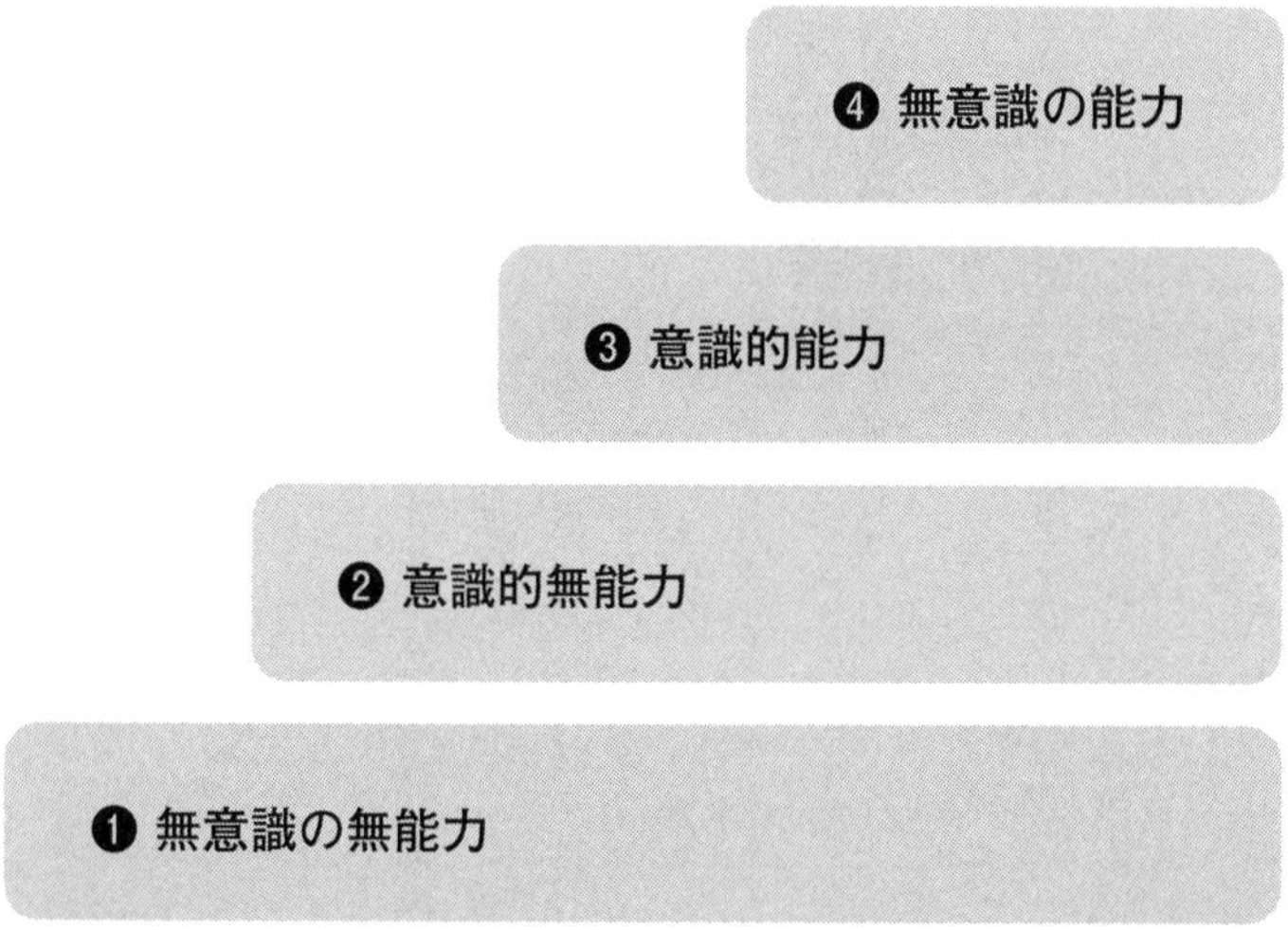

階段を一段一段のぼっていくようなものだと考えるとイメージがつかみやすい。

レベル❶：無意識の無能力（それができないことに気づいていない状態）

この段階では、あなたはまだ何かができないことに気づいていない――たとえば、催眠をかけることがそうだ。生まれて初めて、私や私の同業者が誰かに催眠をかけているところを目にするまで、あなたは自分が催眠をかけることができないということに気づかない。当然だ。それまで人が人に催眠をかけられるということを、聞いたこともなかったのだから。

レベル❷：意識的無能力（それができないことに気づいている状態）

あなたは見よう見まねで、誰かに催眠をかけてみようとする。ところが思うようにはいかず、自分には催眠をかけることができないと自覚する。

レベル❸：意識的能力（それができることに気づいている状態）

あなたは自分も催眠をかけられるようになりたいと思い、私の催眠セミナーに申し込む。私は基礎的なことを教え、あなたは練習に取りかかる。学んだことを何度も繰り返し練習し、ようやく誰かに催眠をかけられるようになる。

だがその際、あなたはまだ催眠の手順や言葉の選び方にじゅうぶんな注意を払わなくてはならない。

レベル❹：無意識の能力（それが自然にできる状態）

あなたはたくさんの人に催眠をかけ、逐一考えなくてもすべての手順をこなせるようになる。自然に、直感的に体が動くため、催眠をかけながら髪をとかすこともできる。

このモデルはどんなジャンルの学習にも当てはまる。英語の現在完了形と過去形の違いを学ぶときにも、タンゴのステップを覚えるときにも、自転車に乗る練習をするときにも、私たちは同じ学習の過程をたどる。何度も練習を繰り返せば、あなたはそのうち考えなくてもそれらのことが自然にできるようになる。

言うまでもなく、一番ハードルが高いのはレベル❷と❸のあいだだ。ほとんどの人はここであきらめてしまう。自分に能力がないことがわかっているうえに、なかなか次の段階に進めないことを腹立たしくも感じるからだ。しかし、よいことをするには時間がかかるものなのだ！　生まれついての達人はいない。あなたが学びたいことがなんであれ、必要なだけ時間をかけて、4つの段階を確実にのぼっていけばいい。

子どものとき、私たちは学習のプロセスを自分自身を評価することなく、のびのびと好奇心旺盛に、意欲的にこなしていく。あなたは歩けるようになるまでに、尻もちをついてはまた立ち上がることを何度繰り返しただろう？

失敗しても、自分を卑下することはなかったはずだ。起きたことを振り返って評価するための意識は、そのころはまだ形成されていなかったからだ。しかし大人は、新しく学んだ知識や能力は、即座に完璧に使いこなせると考えてしまいがちである。だからそれができなかったとき、人は劣等感を抱いてしまう。

新しい習慣を身につけるには21日、それとも8カ月必要？

健康的な食事、禁煙、働きすぎないこと、スポーツをすること、節約を心がけること、ストレスを抱え込みすぎないこと……新しい習慣を日常生活に取り入れるまでにかかる期間は21日。一般的にはそう言われている。

同じ問題を抱える人が集まる自助グループが発行している冊子から実用書にいたるまで、これだけいろいろなところにそう書かれてきたのだから、きっとそれは真実なのだろうし、新しい習慣は21日で身につくのだろう。

しかし、それは本当なのだろうか？

たった3週間のうちに脳のプログラムを書き換えることができるのだろうか？古いネガティブな行動パターンを取り除き、新しいポジティブな習慣を定着させることができるのだろうか？

真実とは思えないほど出来すぎた話は、ほとんどの場合、真実ではない。この21日理論の場合も、残念ながら重要な点が忘れられている。正確に言えば、――「少なくとも」というたったひとつの言葉が欠けているのだ。

アメリカの形成外科医であり、著述家でもあったマクスウェル・マルツは、医師としての経験から得た所見を初めて本にまとめた際、まさにこのことについて述べている。

自分のクリニックで彼は、美容整形を受けた患者は、新しい外見に慣れるまでに、平均すると少なくとも21日かかることに気がついた。足や腕を切断した人が幻肢痛《げんしつう》を感じるのも少なくとも21日間で、さらに自分自身の経験を通しても、マルツはこの「21日の法則」の正しさを確かめた。新しい行動パターンや習慣を身につけるまでに彼が要した期間が、やはり少なくとも21日だったのだ。

1960年に、マルツはこう記している。

「……このケースや、そのほかの数多くのケースでも同じ現象が認められることから、見慣れたそれまでのイメージを消し去って、新しいイメージを形成するには、少なくとも21日かかることがわかる」（注4）

「少なくとも」

現代の伝言ゲームが、一見なんでもなさそうな重要なこの言葉を聞きもらしてさえいなければ、当初はやる気にあふれていた大勢の人たちが、彼らの人生を21日でがらりと変えられると吹き込まれることはなかっただろう。そしてその結果、大きな挫折感を味わったり、大いに自信を喪失したりすることもなかったに違いない。

新しい行動パターンを身につけたり、古い習慣を排除したりするには、脳のなかに新しい道を定着させなくてはならない。具体的に言えば、新しくできた神経細胞間の道を意識的に何度も通って、それを普通の道として潜在意識に受け入れさせ、古い道は、脳がそのうちそれを撤去しはじめるまで放っておかなくてはならないのだ。これだけのプロセスが、21日間で起こると一般的には思われている――だが、それは間違いだ。

2009年に行われたある調査（注5）で、新しい行動パターンが自然にできるようになるまでには、21日ではなく、**平均66日かかるということが明らかになっている。**正確にどのくらいの期間が必要かは、その人の生活環境や、どんな習慣を身につけたいかによって決まってくるが、この調査で被験者たちが新しい行動パターンを習得するのに要した期間は、18日から254日までのばらつきがあった。

だからあなたが新しい習慣を潜在意識に刻み込もうとするときは、2カ月から8カ月程度の期間を見込んでおいたほうが無難だろう。そうすれば、あなたが失望することは避けられるはずだ。

それから念のためにつけ加えておくと、**古い習慣を排除することよりも、新しい習慣を身につけることのほうが間違いなく簡単だ。**だから、走り慣れた古い道をただ捨てることを目指すのでなく、新しい行動パターンになじむことで古い道を使わずにすむようにしたほうが、時間はずっと節約できるし、たいていの場合それほど大きな苦労もせずにすむ。

興味深いことに、研究者たちは、新しい行動をとる機会をたまに逸することがあっても、習慣を形成するプロセスには本質的には影響を及ぼさないということも突き止めている。つまり、新しい行動をとるのを時折うっかり忘れてしまっても特に問題はないということだ。よい習慣を構築していく過程では、ひとつの妥協も許されないというわけではないのだ。

脳を変化させるには、ある程度時間が必要である。脳はとにかく、ことあるごとに古い道を使いたがる。何かをしようと心に決めても、私たちはそのうちまたそれを忘れてしまう。あなたにも、何日かうまく自分をコントロールできたあとでこんなふうに思った経験があるのではないだろうか。

「よし、うまくいってるぞ。これからは食べる量を半分にできるな／毎日20分散歩に出る習慣ができたぞ／子どもたちと話す時間を増やすことができた。自分を変えるのは思ったより簡単だったな！　どうしてもっと早くこうしなかったんだろう？」

そうしてあなたは注意を怠るようになる。しかし、4日や1週間、はたまた半月うまくいったからといって、その後もやすやすと決意を守りつづけることができるというわけではない。

たとえばクリスティアンは、自分を他人と比較する癖を直したいと思っているとする。どうしても自分を卑下してしまうことになるからだ。

そこでクリスティアンは、これからは周りと自分をくらべるのはやめようと心に決める。最初の数時間はうまくいったが、そのうち、日常のあわただしさのなかで自分の決意を忘れてしまう。

彼の脳は再びなじみのある道を使いたがるが、クリスティアンはそれを止めることができない。クリスティアンがようやくそのことに気づくのは、自分が同僚のふさふさとした髪をまたしてもうらやましげに見ているのを自覚したときだ。

だから、自分の決めた目標を思い起こすきっかけになるものを必ず用意しておくようにしよう。

トレーニング１ 目標を思い起こすきっかけをつくる

あなたが身につけたいと思う新しい行動や信念を次のように短い言葉にまとめ、特定の方法を使って定期的に思い起こすようにしよう。

言葉の内容は、

「感謝の気持ちを忘れない！」
「私は私のままでいい。このままでじゅうぶん魅力的だ！」
「深呼吸をしよう！」など、あなたが心に留めておきたいと思うことならどんなものでもかまわない。

思い起こす方法は、

・日に何度か鳴るように、スマートフォンのアラームをセットしておく。
・手の甲に目標を書いておく。
・ポストイットに目標を書いて、家のあちこちに貼っておく。
・リマインダーアプリを利用する。などだ。

自分の目標を、専用のトレーニングを通して楽しみながら思い起こすという方法もある。「自分をつくり変えるチャレンジ」というトレーニングで、私もこれまでに何度も実践している。

そのうちの1回では、「自分にはどうしようもないことについて不平を言わないこと」、そして「自分の身に起きたネガティブな出来事をほかの人に話さないこと」を目標に掲げて行った。

ひとつの出来事に対して味わったストレスがその後何度もよみがえってくるのが嫌で、それを避けるために自分の何かを変えようと思い立ったのだ。

このトレーニングのおかげで私は楽しみながら目標を達成することができたし、人と話すきっかけにもなって、自分の計画を誰かに話す機会も持てたため、そのたびに目標達成の決意を新たにすることができた。

トレーニング2

自分をつくり変えるチャレンジ

悪い習慣を取り除くことや、新しい習慣を身につけること、特定の状況でいまとは違った反応をすることなど、あなたの目標を定めよう。

ブレスレットをひとつ手に入れよう。あなたの気に入るもので、人に話しかけられるきっかけにもなるような、ある程度目立つものを選ぶといい。

ブレスレットにあなたの目標を〝搭載〟するための、ちょっとした儀式をすることからトレーニングを始めよう。この儀式には重要な意味がある。それを行うことで、「これから何か起ころうとしているぞ。この人はどうやら本気らしい！　本当に何かを実現したがっている！」と潜在意識に気づかせることができるからだ。

①あなたがやめたいと思っていることや達成したいと思っていることなど、あなたの目標を設定する。目標を文章化するときには、ポジティブでわかりやすい表現を使うことを心がけるようにする。

②ブレスレットを両手で持ち、あなたの決めた目標を声に出して、あるいは頭のなかで唱える。目を閉じて、次の言葉でトレーニング開始の儀式を終える。「それを私は自分に約束します。いま言ったとおりのことを実行します」

③ブレスレットを手首につける。

④もとの習慣に戻ってしまっていることや、やめたいと思っていたことを再びしていることに気づいたときは、ブレスレットを外して別の手首につけ替える。これは、あなたのトレーニングが振り出しに戻ったことを意味している。トレーニングを開始してからどれだけ日数が経っていようと、「自分をつくり変えるチャレンジ」はまた一からやり直しになる。

⑤あなたがブレスレットを少なくとも21日間同じ手首につけていられたときは、そのことを誇りに思っていい。あなたのチャレンジは成功だ。おめでとう！

大事なのは、あなたが「自分をつくり変えるチャレンジ」を最初からやり直すことになっても、それを罰だと思わないことだ。スポーツをしているときのように、勝利に向かう過程で乗り越えなくてはならない課題のようなものだと考えるといい。

あなたの目標としていることを21日間つづけて実行するのに、最初の試みで成功しようが、成功までに5カ月かかろうが、基本的には同じことだ。目標達成までに時間がかかっても、あせることはない。あなたもご存じのように、目標によってはは達成までに8カ月かかることもあり得るのだ。どれだけかかろうと、ブレスレットはあなたを正しい方向に導いてくれる。最初の21日が過ぎたあと、新しい習慣をもっと確実なものにしたいと思ったら、もちろんチャレンジを延長することもできる。

❖ブレスレットが周りも変える

あなたがそのブレスレットをつけていれば、周囲の人たちをやる気にさせることもできる。

私がつけているスポーツトレーナーのローマン（……私があえてこんなぜいたくをしているのは、自分ひとりでは絶対にスポーツをしないことがわかっているからだ——この〝スポーツ・リマインダー〟は私にとってはそれだけのお金を払う価値があるのだ）は、私のブレスレットを見て、なんのためにそれをつけているのかを知りたがった。私が自分の決めた目標について話すと、彼は熱心にそれに耳を傾けた。

「きみの人生には、何か変えたいと思うことはある？」私は彼に尋ねた。

「いくつかありますよ」ローマンは認めた。

「最初に思いつくのは、甘いものを食べる量を減らしたいってことかな」

「どのくらい甘いものを食べるの?」

ローマンの体がぴくっと動いた。私のトレーナーとしての立場で私にそのことについて話すのは、かなりばつが悪そうだった。

「かなりの量ですよ。スーパーでお菓子が並んでいる棚の前を通ると必ず何かを買わずにはいられないし、チョコレートは毎日食べてるし、ぼくがパーティーに行けば、ケーキやお菓子が置いてあるテーブルは危険にさらされることになるし。それに、祖母が焼いてくれるケーキはぼくにとってはふるさとみたいなものなんです」

私はにんまりした。幸いなことに、私が持っていたブレスレットはひとつだけではなかった。クライアントのために使おうと、私はひと箱ぶんのブレスレットをまとめてつくってもらっていたのだ。私はローマンにそのひとつを渡して、こう言った。

「そうか。じゃあ、これで自分をつくり変えるといいよ!」

だがローマンは躊躇した。

「でも、実を言うとぼくはブレスレットをつけるのはあまり好きじゃないんです」

「どうするかは自分で決めたらいいよ、コーチ」私はほほ笑みながらそう答えた。

すると彼はそれを挑発と受け取ったらしく、ブレスレットを手首につけた。

そのとき以来、ローマンは一度も甘いものに手を出していない! ケーキは一度だけ、祖母を訪ねたときに食べたそうだが、気分が悪くなったため、祖母が焼いてくれるケーキも今後は食べるのをやめようと思ったらしい。夏にアイスを食べることは何度か自分に許したそうだが、それはもちろん特別な日に限ってのことだ。

このケースの特異なところは、変化の過程でローマンが苦痛を感じなかったことだ。彼は無理やり甘いものをあきらめたわけではなく、苦しい思いもせずに即座にやすやすとそれを実行してみせた。いまではこの新しい習慣は、すっかり彼の生活に根づいているという。

この本を書くために、私はそれから半年後にローマンに状況を尋ねてみた。すると、彼はこんなことを話してくれた。「自分でもものすごく驚きましたよ。それまでも糖分やチョコレートを断とうとしたことは何回もあったけど、いつもうまくいかなかったんです。糖分をとるのを我慢したあとは、その反動で前の2倍甘いものを食べたりしてましたからね。でもいまはもう、甘いものを食べたいとはまったく思いません。彼女がぼくの家に来るときにチョコレートを持ってきても、手つかずのまま何カ月も置きっぱなしになります。食べようという気にならないんですよ。すばらしいのは、いまでは甘いものをいつ食べるかを自分で選べるってことです。だから食べたときにはそれを楽しむこともできます。前のように甘いものが食べたいという衝動にかられることもないし、糖分への依存もありません。最高ですよ！」

誰もがブレスレットをつけてすぐに、短期間でこのような変化が起こせるわけではない。そのことはもちろん私にもわかっているし、私はそのようなことを期待しているわけではない。ただローマンのケースで、私はあらためてはっきりと認識させられたことがある。変化すべきときが来て、アップデートの通知が赤く点滅していたら、ちょっと軽くひと押しするだけでも変化は起きるのだ。私の経験から言わせてもらえば、変わりたいと思っている人はたくさんいるが、自分を変えるために具体的な決断を下す人はほとんどいない。だがときには、変化したいという気持ちが、まずは私たちのなかで熟さなければならない場合もあるのだ。そうして自分を変えるという決断が、教会の祭壇の前で言う「イエス」と同じくらい当たり前のことに感じられるようになったら、それを実行に移すのは非常にたやすい。

❖ 本人の意志なくしては変わらない

変化のプロセスを起こすには、本人の決意が不可欠だ。禁煙セラピーを受けるために私のもとへ来た人が、パートナーのために煙草をやめたいと言ったり、誰かがセラピー代を払ってくれるというから来たと言ったりしたときは、私はすぐにお引き取り願うことにしている。彼ら自身が煙草をやめたいと思っていて、自ら禁煙を決意したのでなければ、まずうまくいかないからだ。

あなたがこれまでにやめたいと思ったり、身につけたいと思ったりした習慣にはどんなものがあったか、思い返してみよう。そしてもしそれがうまくいかなかったのなら、あなたは本当に心からそれを実現したいと思っていたかどうかを考えてみるといい。言い訳の余地をつくらず、祭壇の前で言う「イエス」と同じくらい、120％変化を起こす決意をしていたかどうかを！

変わるには労力がいる――あなたの脳は変わることができるとはいえ、自ら率先して変化を起こしてくれるわけではない。私だってあなたと同じくらいそのことは煩わしく思っている。だがすでになじみのある何かから離れようとするときは、必ず労力を要するものなのだ。おまけにそれにはリスクもついてくる。「これは知らないな。ひょっとしたら危ないかもしれない。よく知っているほうを選ぶことにしよう！」――この傾向は、見たことのない食べものにも、新しい思考にも当てはまる。だからあなたの脳細胞は、すでに愛着のあるものなら、どんなものにもしがみつこうとするのだ。あなたをいらつかせていて、あなたができれば変えたいと思っているようなものにも。

もう一度、おさらいをしておこう。新しく習得した知識はすべて、神経細胞間のシナプス（接続）という形をとってあなたの頭のなかで具現化される。あなたもすでにご存じのように、その接続は、初めはとてもかぼそく、使われる回数が増えるにつれて、強く安定したものになっていく。そのうち、その接続を使うことに慣れると、いちいち意識しなくても自然に通る道に変化する。

逆のことをしようとする場合も同様だ。あなたが望まない接続を撤去したいと思っても、それらはすぐにはなくならない。あなたの脳は古い道を通りたがる——これまで生き延びるために使ってきた、なじみのある道だからだ。そして、目標にいまよりも早く、よい方法でたどり着くための代替路をつくるのにもまた時間がかかる。そのためにはまず、あなたの新しい行動を潜在意識に刻み込まなくてはならない。

少し前に、私は毎日瞑想をすることを習慣にしようと決意した。歯を磨くことと同じくらい、瞑想を日々の当たり前の一部にしたかったのだ。だが私には、そのためには少し工夫をこらさなくてはならないこともわかっていた。私の潜在意識もあなたの潜在意識と同じくらい抜け目がないため、何を始めようとするときにも、古い道を使うためのもっともらしい言い訳をたくさん出してくるからだ。目標に到達するために、私はどんなことをしたのだろう？

❖ 私が目標達成のために行ったこと

グループになったほうがやる気が上がることはわかっていたため、私は自分と同じ目標を持つ友人を3人探し出し、ともに毎日の瞑想に取りかかった。でも行動を起こすのは各自ばらばらにした。そして週に一度電話会議を開いて、それぞれ自分が行った瞑想について話をし、この習慣を維持できるよう互いに励まし合う。要は、依存症を克服するための自助グループのような手法をとったのだ。

さらに、決意を守れなかった日にはどうするかという罰則も各自設けた。罰則は、それをすることに大きな心理的抵抗を感じる何かでなくてはならず、グリーンピースなどの団体に寄付をする、というような比較的容易にこなせることは罰として認められなかった。そこで、私はちょっと変わったことを罰に選んだ。瞑想をしなかった日には、30ユーロを窓から投げ捨てることにしたのだ。あなたの読み間違いではない。私は文字どおり、お金を窓から投げ捨てた。瞑想をする気になれない日には、自分は本当に30ユーロを無駄にしてでも瞑想をさぼりたいのかどうかを考えた。結果として、私たちはグループで4カ月瞑想をつづけ、私はその間、6回お金を支払った。だが、それだけの価値はあったと思っている。それからは、毎日瞑想することが格段に容易に感じられるようになったからだ。

あなたが「自分をつくり変えるチャレンジ」をさらにパワーアップさせたい場合には、あなたと同じように自分を変えたいと思っている誰かを見つけて、一緒に罰則を設けるようにするといい。私の友人のユリアは瞑想をさぼるたびに自宅の掃除をし、彼女のご主人によろこばれたそうだ。

第3章

あなたのマインドセットを変える法

考え方を変え人生を変える

受け入れるか、変えるか、あるいはそこから離れるか

あなたは「受け入れるか、変えるか、あるいはそこから離れるか（Love it, change it, or leave it）」という言葉を、どこかで目にしたことがあるだろうか？

もしかしたらあなたはこの言葉を、ピンタレストやインスタグラムで見て知っているかもしれない。ハガキに印刷されているのを見たことがあるかもしれない。耳当たりはいいが、ありきたりな言葉の羅列だな――そう思われるだろうか？

だがこの言葉を真摯《しんし》に受け止め、言わんとしていることを体得し、忠実であろうとする人は、困難な状況にもうまく対処できるようになる。それは断言してもいい。

あなたが抱えている問題がなんであれ――仕事のことでも恋人とのことでも健康のことでも――あなたには常に次の3つの選択肢がある。いまの状況を受け入れるか（love it）、変えるか（change it）、あるいはそこから離れるか（leave it）。

——Love it, change it, or leave it

いまあなたを悩ませている問題をひとつ、頭に思い浮かべてみよう。仕事に関する心配ごとでも、恋人との関係がぎくしゃくしていることでも、体型に関する悩みでも、あなたが患っている病気のことでも、どんなことでもかまわない。そして自分自身にこう問いかけてみてほしい。

「その問題に関して、自分に何か変えられることはあるだろうか？」

❖ 状況を受け入れる

あなたの答えが「変えられることは何もない」だった場合は、いまの状況を受け入れ、その問題をどうにかしたいという葛藤に終止符を打とう。ネガティブな感情や自己破壊的な考えをすべて解き放つのだ。

誰のせいでそうなったのか、どうしてよりにもよって自分がそんな目にあっているのか、いまの状況に陥るのを防ぐことができたかどうかなどを自問しつづけるのはやめたほうがいい。ストレスホルモンがさらに放出されて、あなたの体に害を及ぼすだけだ。過去は振り切ろう。すでに終わったことだ。

いまの状況にあるのはあなたのせいではないかもしれないが、それに対してどのような

対処をするか、それをどのように受け止めるかを決めるのはあなただ。

この先、「現実のサイクル」をどのように回していくかは、すべてあなたひとりにかかっている。「どうして」と自分に問いかけても（『どうして自分がこんな目にあわなければならないのだろう？』）、心の痛みが増すだけだ。

あなたの注意はそれよりも、「どうすれば」という問いかけに向けるようにしよう（『この状況でもっと楽になるにはどうすればいいだろう？　どうすればこの状況を受け入れられるだろう？』）。

そのほかに、こんな問いかけをするのも役に立つ。

「自分の状況は本当にそれほど耐え難いものなのだろうか——自分は大げさに反応しすぎていないか？」

「この問題に、ポジティブな側面はあるだろうか？」

「1年後、自分はこの問題についてどう考えているだろう？」

「このことからどんなことが学べるだろう？」

「この状況を受け入れたら、自分はいまよりももっと幸せで、よい人間になれるだろうか？」

映画監督になったつもりであなた自身の願望を映画にし、あなたの心の中で上映しよう。あなたはどんな気持ちになりたいだろうか？

あなた自身といまの状況を、あなたはどんなふうに評価したいだろうか？　決断しよう。あなたの精神と想像力を使って、あなたの潜在意識がこれまでに提案してきた現実とは別の現実をつくり上げよう。

❖ 状況を変える

このままでは状況が改善される見込みはないが、自分に変えることのできる何かがあり、状況を受け入れることが適切だとは思えない場合は――よろこんでほしい！

自分で変えられる何かがあるということは、あなたはどんなネガティブな感情からも自己破壊的な思考からも、解き放たれるということだ。あなたには、自分の未来のためにできることがある。肝心なのはそれだけだ。

「どうして」と自分に問いかけても（『どうして自分はこんな問題を抱えることになったのだろう？』）、心の痛みが増すだけだ。

あなたの注意はそれよりも、「これからどうするか」に向けるようにしよう（『自分はこれからどうしたいと思っているだろう、それを実現するにはどうしたらいいだろう？』）。

重要なのは、状況を変えることを決断し、それに積極的に取り組むことだ！

変化を起こすには、こんな問いかけをするのも役に立つ。

「この状況を受け入れるために、自分に変えられることは何かあるだろうか？もしあるなら、どうすれば状況を変えることができるだろう？」

「この状況を受け入れるために、自分の何かを変えることはできるだろうか？もし自分に変わる余地があるのなら、その変化を起こすにはどうすればいいだろう？」

「人生を形づくるのは自分自身だ」という意識が持てるようになれば、今後は問題を抱えたときに、それを先の見えない状態としてではなく、挑戦しがいのある課題としてとらえることができるようになるはずだ。与えられた人生を甘んじて受け入れる必要はないという自信を持つこともできるようになるだろう。いつでも自分の人生を別の方向に向かわせることができ、予想外の出来事が起こったときにどんな反応を示すかも、あなた自身の意志で選び取ることができるのだ。

❖ いまの状況から離れる

あなたがどれだけ努力しても状況は変わらず、状況を受け入れるために自分の何かを変えることもできないことがわかったとき、残されるのは3つ目の選択肢だけだ。その状況から離れよう！

長期にわたって受け入れつづけることが不可能なことや、あなたに変えることができないものは、すべて見限ってかまわない。自分を抑えたり、曲げたりしなければならない相手と恋人関係をつづけていても、あなたは幸せになることはできない。不快に思うことがあっても常にそれを我慢しなければならないような相手との関係や、あなたの一方的な努力によってのみ成り立っている人間関係は、友人関係ではない。

そして自分をごまかさなくてはできないような仕事や、過度な妥協を強いられる仕事は、つづけていく価値がない。たいていの人にとっては、新しい状況に身を置くのはとても勇気のいることだというのはわかっているが、私たちが前進するための真の一歩は、新しいことを受け入れたり、自分が快適に感じる領域から出たりしなくては踏み出せないのだ。なぜなら私たちの誰もが望んでいるのは、基本的には、不満のあるいまの状況から離れて、身軽になってその後の人生を歩むことだからだ。

このＬＣＬの原則（Love it, Change it, or Leave it）を使えば、あなたは受け身だった自分の役割を、積極的な働きかけができる立場へと変化させることができる。あなたの幸せを、あなたの価値観にしたがって自分でコントロールできるようになる。それを実現するための方法を見つける際には、「change it」のプロセスが役に立つだろう。状況を変えることを、結局はさまざまな理由からあきらめざるを得なかったとしても、あなたは「状況を変える」という選択肢が存在することを知り、それを知っていれば、いまの状況はなすすべもなく強制された結果ではないという気持ちを強くすることもできる。「love it」が自分自身で選び取った結果であれば、状況を受け入れることに対する抵抗感もそれほど大きくはないはずだ。

アメリカの神学者だったラインホルド・ニーバーが唱えたという「平安の祈り」でも、同じようなことが述べられている。その祈りは、こんな言葉から始まっている（注6）。

神よ、変えることのできないものについては、それを受け入れる平静さを、変えることのできるものについては、それを変える勇気を、そしてそのどちらかを見きわめられるだけの賢明さを私にお与えください。

——Love it, change it, or leave it.

「きっかけ・評価・体験」モデル

第1章で記したとおり、不快な感情は道しるべの役割を果たしてくれる。それらはあなたの人生のどこを変える必要があるかを示してくれるのだ。心地よい感情をおぼえるときも、不快な感情をおぼえるときも、私たちがなんらかの感情をおぼえるときには、必ずそれを引き起こすきっかけとなる出来事がある。ということは、私たちがもう二度と感じたくないと思う感情があるときは、そのきっかけを排除すれば、一気にことは解決できる。

——違うだろうか？ しかし、そう考えることこそ、実は大きな誤解なのだ。

あなたが不快感をおぼえたり、自分で思っていたよりも感情的な反応をしてしまったり、ひどく腹を立てたり、がっかりしたりするきっかけになるのはなんだろう？

たいていは外部の状況や、あなたの周りにいる人たちではないだろうか。

・ケーキをこがしてしまった。↓　絶望的な気持ちになる。
・上司に注意された。↓　不当な扱いを受けた。職を失うかもしれない。
・口座にお金が残っていない。↓　将来が不安だ。
・病気を患っている。↓　いじけた気分になる。

こんなふうに感じてしまうのも、そのきっかけとなった出来事にあなたが自分の感情の責任を押しつけてしまうのも、ごく人間的な反応である。しかし、上司にどなりつけられたから失業の心配をするというのは、あまりにも理屈に合わない。

❖起こったこととあなたの感情にはつながりがない

きっかけとなった出来事と、引き起こされた感情のあいだにはなんの関連性もないからだ。私たちは、自分の感情は自身に起きた出来事のせいで引き起こされると考えがちだが、実際にはこのふたつのあいだに直接的なつながりはない。

きっかけとなる出来事と生じる感情の関連のなさをもっと明確にするために、子どもの思考を例にとって考察してみよう。

ある子どもが母親に嘘をつく。すると、その少しあとにその子は転んでしまう。子どもは、自分が嘘をついたから転んだのだと思い、転んだことを自分が受けて当然の罰だと受け止める。

あなたにはこの子どもの思考が理解できるだろうか？

嘘をつくことと転ぶことのあいだに、関連性はあると思うだろうか？

おそらくそうは思わないだろう。

にもかかわらず、私たちは、大人になってもたびたびこうした非合理的な思考をしてしまう。

あなたがどんなふうに考えようと、実際には、ケーキが炭になったからといって恋人に振られるわけではないし、上司が厳しいからといって解雇されるわけでもないし、論理的に考えれば、口座がマイナスになっているからといって、すぐに路上生活を始めなければならないわけでもない。
　それなのに、私たちはこうした恐怖のシナリオにどんどんのめり込んでしまう。

　通常、不快な感情や反応は、私たちが感覚器官を通して知覚したものをきっかけに引き起こされる。つまり、あなたが聞くもの、見るもの、味わうもの、触れるもの、嗅ぐ匂いはすべて、感情的反応を生じさせ、あなたの体験に影響を及ぼす可能性があるというこ

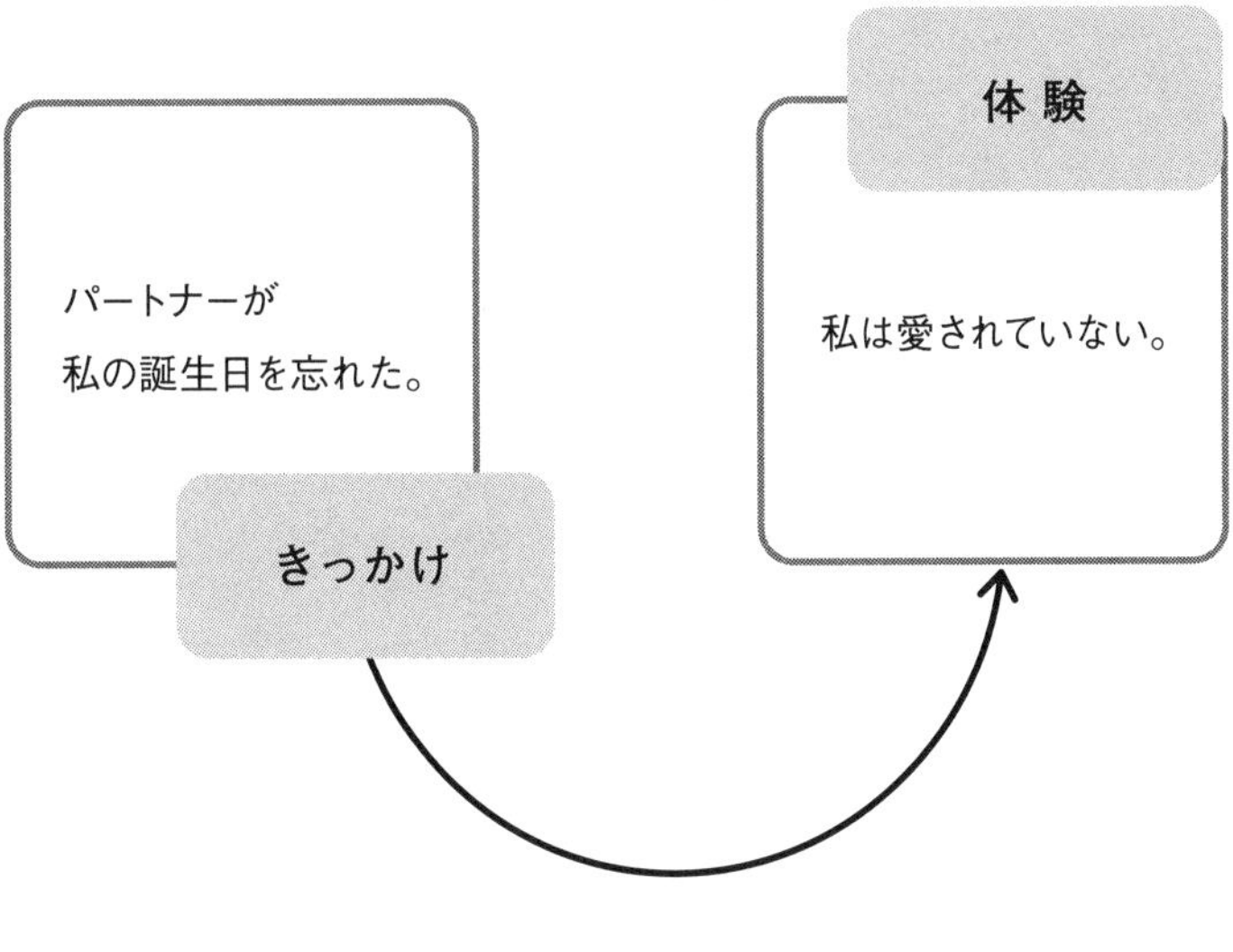

とだ。

❖きっかけとなった体験に無駄な反応をしない

あなたの脳は、引き起こされた感情をその少し前に体験した「きっかけ」と結びつける――転んだのは嘘をついた罰だと思い込んだ子どもがしたのと同じように。

自分には基本的に影響を及ぼすことのできない、きっかけとなった出来事（ケーキや上司や病気など）に自分の感情の責任を押しつけると、あなたは自動的に犠牲者の役割にまわることになる。

引き起こされた感情や思考に振り回されて、本来あなたが持っているはずの決定権を放棄しなければならなくなるのだ。

なぜならあなたの反応は、きっかけとなった出来事によって引き起こされているのではなく、あなたがその出来事をどう評価するかによって引き起こされるものだからだ。

あなたの頭のなかで思考が勝手に動き出し、負のスパイラルを描いているのだ。

「上司はいままでは自分のことを無能だと思っているに違いないから、自分は仕事を失って、低評価の勤務証明書［ドイツで離職時に発行してもらう、本人の職務能力などが記載された書類。再就職時には前職の勤務証明書の提出が求められる］しかもらえなくて……」などなど。

トレーニング3 きっかけと反応の関連性

あなたが不快な感情をおぼえた最近の出来事を思い出そう。

そして1分間、そのときの状況を分析してみてほしい。きっかけとなったのは具体的にどんな出来事だったのか、あなたはそれに対してどんな反応をし、どんなふうに感じたかを書き留めよう。

それができたら、同じ出来事に対してあなたとは違う反応をする人が世界にたったひとりでもいるかどうか考えてみてほしい。

もしいるとしたら、その場合はど

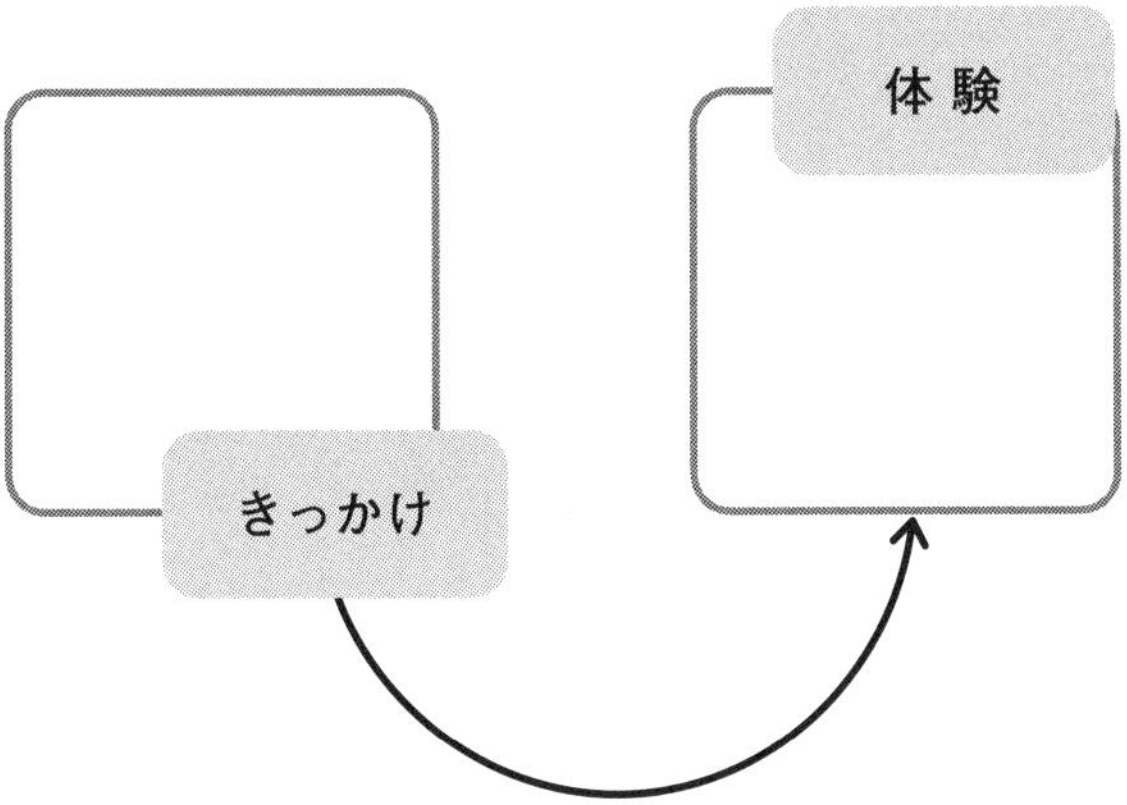

んな反応が考えられるだろうか。

思い浮かんだ反応のパターンを書き出そう。

クリスティアンを例にとって考えてみよう。仕事に向かっていたクリスティアンは、乗ろうとした地下鉄を目の前で逃してしまう。クリスティアンは自己嫌悪に陥る。家を出るのが遅れるのはよくあることで、彼はいつも時間配分を間違えてしまうからだ。

同じホームには、地下鉄に乗り損ねた出勤途中の人がもうひとりいる。その人の頭には、いまどんな考えが浮かんでいるだろうか？

・いまの仕事が嫌でたまらず、職場にいる時間を少しでも短くしたいと思っているため、地下鉄を逃したことをよろこんでいる。
・体調を崩していて、そもそも気分が悪かったため、家に戻ってベッドに横になるよい口実ができたと思っている。
・次の電車が来るまでの時間を利用して、コーヒーと新聞を買おうと考えている。
・天気がいいため、散歩がてら職場まで歩いて行こうと思っている。
・どうせ遅刻するなら、同僚のためにケーキを買いに行こうと考えている。
・めったに連絡をとっていない母親に電話しようと思っている。

◈ 感情はあなたの評価が引き起こす

この例を見れば明らかなように、あなたが不快な感情を抱くのは、その少し前に起きた出来事が原因ではないのだ！

その出来事に対するあなたの評価がそうした感情を引き起こしているのである。

地下鉄が1本、目の前で発車してしまったからといって、その出来事自体にあなたを自己嫌悪に陥らせる力があるわけではない。

それができるのは、私たちが無意識に持っている信念や、無意識のうちに下している評価だけだ。

そうでなければ、自分のパートナーが誰かに色目を使ってもまったく気にならない人がいる一方で、恋人がほかの女性とすれ違って振り返っただけで息苦しいほどの嫉妬に苛まれる人もいることの説明がつかない。あなたが恋人との関係に不安を抱いたとしても、その感情は「恋人がほかの女性とすれ違って振り返った」という出来事のみによって引き起こされるわけではないのだ。

どんな感情が生じるかは、その出来事とつながりのあるどんな信念をあなたが持っているかによって決まるのである。

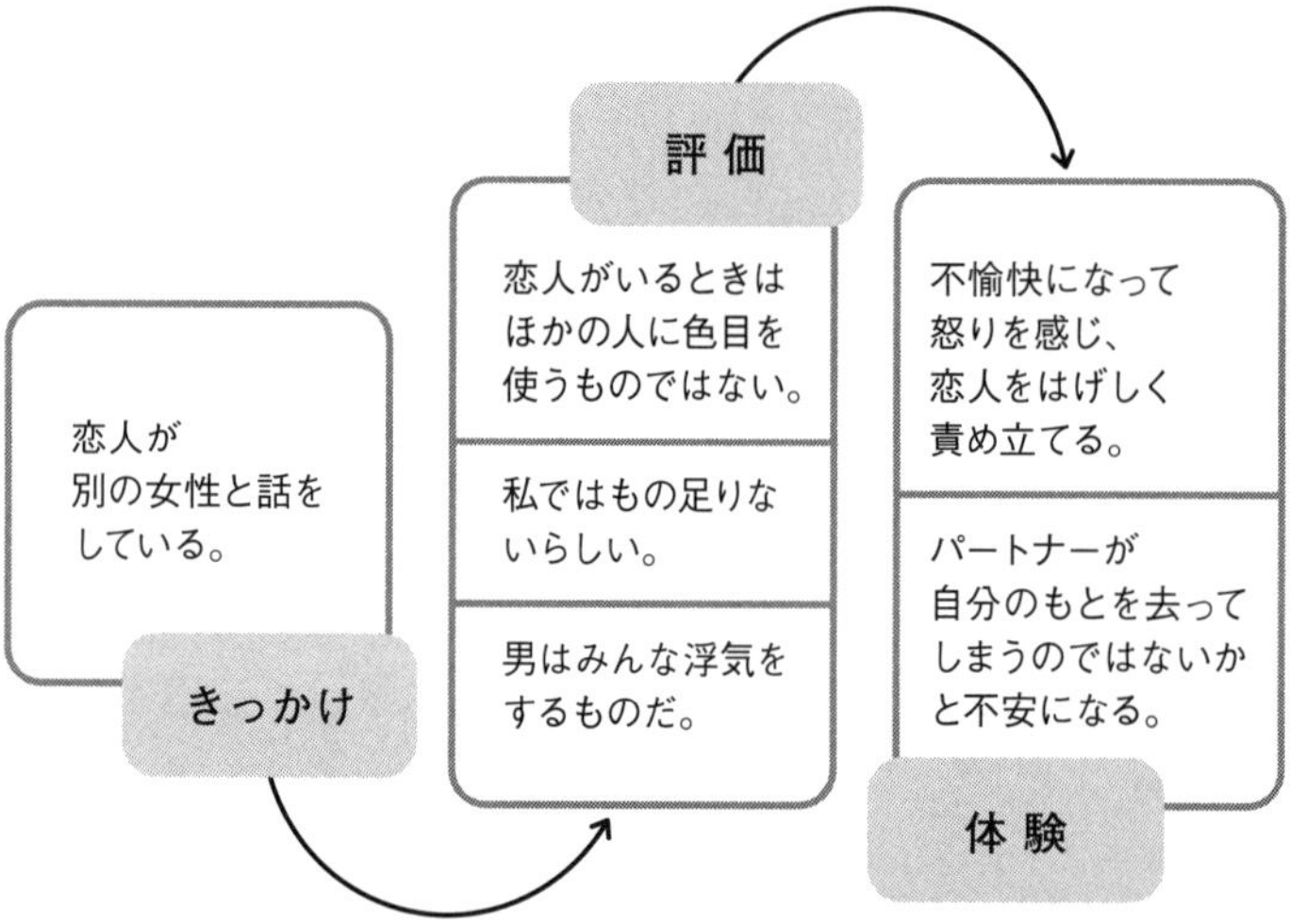
評 価
恋人がいるときはほかの人に色目を使うものではない。
私ではもの足りないらしい。
男はみんな浮気をするものだ。
恋人が別の女性と話をしている。
きっかけ
不愉快になって怒りを感じ、恋人をはげしく責め立てる。
パートナーが自分のもとを去ってしまうのではないかと不安になる。
体 験

情動は、起きた出来事をあなたがどうとらえるかという認知的評価を介さなければ感情として体験できない。だがこの評価の段階ではたびたびミスが起こる。起きた出来事がまったく関係のない過去の出来事と結びつけられたり、過去に生じた反応が誇張した形で再現されたりするのだ。

❖悪事を起こすあなたの評価を突き止める

自分の感情に振り回されるのでなく、どうふるまうかを自らの責任においてコントロールしたいと思うなら、まずはどんな評価があなたのなかで悪事を働いているかを突き止める必要がある。**不快な、あるいは不適切な感情的反応を引き起こす信念を排除しなければ、あなたのなかに生じる感情を変えることはできない。**

評価の由来は、必ずあなたの過去にある。その発生源としては、たとえば次のようなものが考えられる。

①周囲から受け継いだ信念（文化や家族、友人、メディア……）
②起きた出来事に対する無意識の、あるいは意識的な解釈から形成された信念（トラウマなど）
③意識的に形成した信念（大学での勉強や哲学などを通して）

私の知人であるマリーは、約束した相手が彼女を待たせたり、時間どおりに来なかったりすることがどうしても許せなかった。何人かの友人とは、それが原因で大喧嘩をしたこともある。彼らがマリーを10分待たせたことが、彼女にとっては失礼きわまりない行為に思えたからだ。

私は彼女に、きっかけと評価と体験の因果関係について説明し、誰かが遅刻したときに自分がおろそかにされたように感じたり不快に思ったりするのは、ひとえに遅刻に対する自分の評価のせいなのだと指摘した。

マリーは歯ぎしりせんばかりにくやしがりながらもそれを認めた。おそらくは私の言うとおりなのだろう、と。

そこで私は、子どものころの体験について教えてほしいと彼女に頼んだ。彼女の両親は、時間を守るということをどんなふうに考えていたのだろうか？

❖ マリーが遅刻に厳しいわけ

「とにかくひどかったわね」と彼女は言った。

「うちの両親は時間を守ったためしがなかったわ。いつも遅れて駅や空港に着いて、電車や飛行機に乗り損ねたことが何度もあったもの。それなのに父は毎回大さわぎして、延々と係の人に議論をふっかけるの。自分たちを飛行機に乗せないとは何ごとだ、ってね。そのたびに私はどれほど恥ずかしい思いをしたことか！　だって飛行機に乗れなかったのは遅刻してきた私たちのせいなんだから」

それで謎が解けた。マリーは待ち合わせ相手の遅刻と、子どものころに感じた決まり悪さや恥ずかしさを結びつけていたのだ。

「自分が待ち合わせに遅れそうになったときにはどんな気持ちになる？」

彼女はうめき声をあげた。

「最悪の気分になるわよ！　2分でも遅れそうならすぐにメッセージを送るし、そのあとはずっと時計ばっかり見てるわ。とにかく嫌な気持ちになるから、遅刻は絶対にしないようにしているの。あんな思いをするくらいなら5分早く着いたほうがましだもの」

私はさらに問いつづけた。

「待たされたり、相手を待つはめになったりしたときはどんな気持ちになる？」

「なんて失礼なんだろうと思うわね。だって私がずっと相手を待ってるあいだ、その人は私の時間を無駄にしたことになるのよ。私のほうは相手を待たせないようにちゃんと家を出てるっていうのに」

マリーが必要以上に時間に厳しく、どんな事情があろうとおかまいなしに遅刻にアレルギー反応を起こす無理解な女性になってしまったのは、子どものころの体験が引き金になっているのは明らかだった。

「相手が遅れて来ても、もっと落ち着いていられるようになりたいと思う?」

マリーはため息をついた。

「ええ。本当に、あんなにカッカするのは自分でも嫌なのよ。相手を待たせるのは失礼だとは思うけどね」

「遅刻が失礼だっていうのは、きみの潜在意識の評価なんだ——きみが意識的に下している評価じゃなくてね。きみが変えたいと思うなら、変えることはできるよ。これからは、10分遅れてきた相手に怒りを爆発させるかどうかは、きみ自身で決められるようになる」

その結果、マリーは次のように決意した。彼女はこれからも時間に正確でいたいが、それがストレスのもとになるのは望まない。待ち合わせ相手にも寛容になって、彼らが遅刻してきたとしても、今後は彼らに対して腹を立てたくない。

私たちはもう一度、彼女が小さかったころに味わった感覚や知覚について吟味した。そして私は彼女にこう説明した。

「子どものとき、きみが両親のせいでストレスにさらされるたびに不快な感情をおぼえたのは当然の反応だ。

きみの潜在意識はいまでも、あのときのような不快な状況にまた陥らずにすむように、全力を尽くしてるんだよ。きみを守ろうとしてるんだ。だから遅刻に対しては過敏に反応してしまう。

『遅れちゃだめだ、時間に遅れたらまたあの不快な思いを味わうことになるぞ！』ってね。そして相手が遅刻してきたときには、自分のなかで引き起こされた感情に振り回されてしまう。

子どものころ、両親のことで不快な思いをしていたときとまったく同じようにね」

❖ 潜在意識はあなたを守ろうとしている

マリーはとまどったような笑みを浮かべた。

「あなたの言うとおりだわ。ばかみたいよね？」

「全然そんなことないよ。潜在意識は、きみが子どもだったころの古いソフトウェアを使ってきみを守ろうとしてるだけなんだから。

『遅刻をしたら不快な思いをするから、誰であろうと遅刻は許されない。遅れて来るのは失礼な人たちだ』という信念ができてるだけだ。

きみの潜在意識にはアップデートが必要なんだよ」

遅刻に対して過剰な反応をしてしまうのは、過去にできた信念が原因だ。しかし、いまではその信念は必要ない。

その認識を持ったことによって、マリーはようやく「変化のサイクル」のスタート地点に立った。過去に形成された評価に固執し、「時間に遅れてくるのは全員、礼を欠いた人たちだ」という見解に疑問を抱かなければ、自分の態度をあらためようとはしない。常に周りの人々を変えようとしたり、周囲の状況に自分のなかに生じた感情の責任を負わせたりしようとする。

マリーのケースでは、彼女が自分の非合理的な思考パターンに気づけるように私が手助けをした。だが、**こうした思考パターンを自分ひとりで突き止めるのは難しいときもある。それよりも、取り除きたい感情を選び出すほうがずっと簡単だ。**

あなたもご存じのように、感情は道しるべの役割を果たしてくれるが、それはこの場合も同様である。

あなたの感情は、特定の状況であなたが過剰な反応をしてしまう理由や、ネガティブな気持ちになる理由を見つけ出す手がかりになる。

下の図は、特定の感情とそれらを引き起こす可能性のある典型的な要因をあらわしたものだ。あなたの感情が、どんな評価にもとづいて引き起こされたものかを突き止めるのに役に立つだろう――そうして信念を見つけ出したら、あなたはそれを変化させるという次の段階に進むことができる。

怒　り	独自の権利や価値観を侵害された
悲しみ／落　胆	実際の喪失体験（物あるいは人）
不　安	将来をおびやかされた
罪悪感	誰かの権利や価値観を侵害した
羞　恥	自分と誰かをネガティブに比較した

トレーニング4

不快な感情を評価する

189ページのトレーニング3で、過去にあなたが不快な感情をおぼえた体験を挙げてもらった。今度はそれを前の図を参考にしながら明確に定義しよう。

その状況の何をあなたは不快に感じたのか、具体的にどんな感情が生じたのかを、分析してみてほしい。

たとえば、不快な感情をおぼえたのは、「自分の目には親友が自分よりもよい母親に見えたからで、自分と誰かをネガティブに比較したために羞恥を感じてしまったのだ」というように。

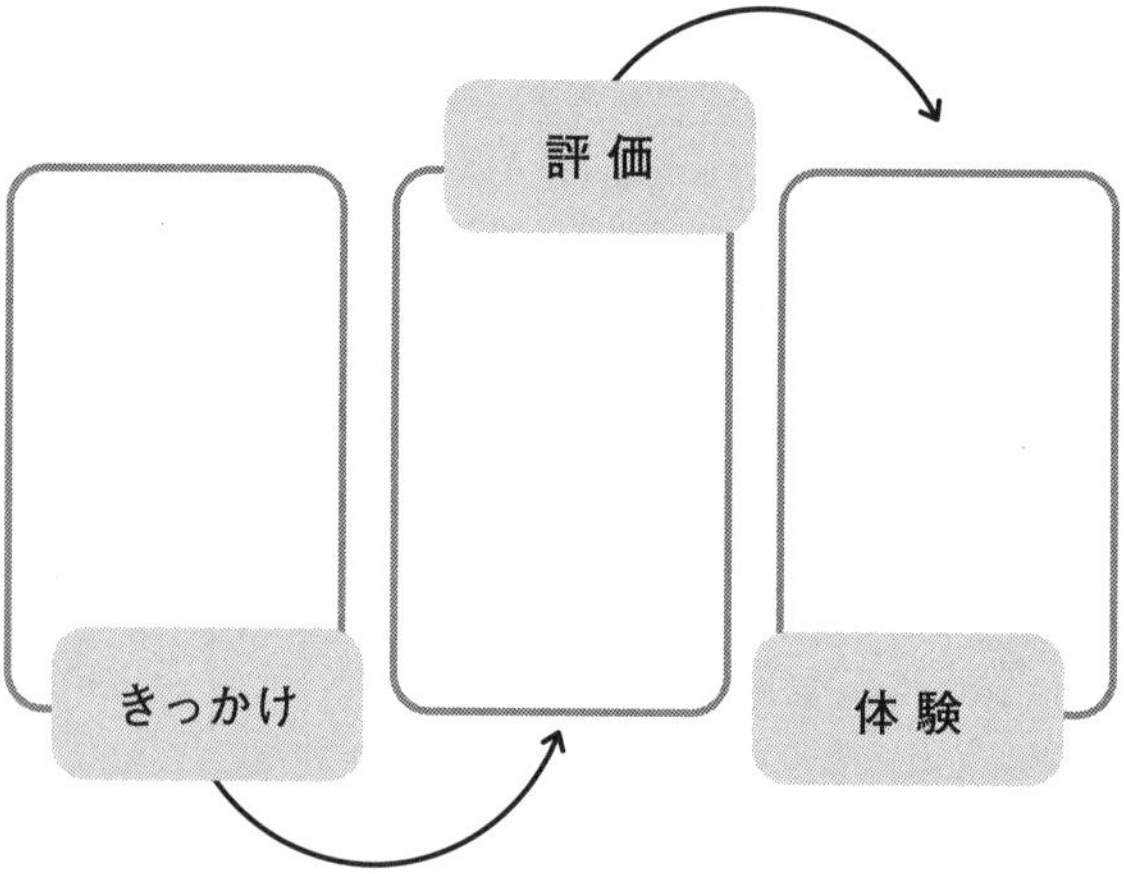

その感情が生じたときに、あなたが考えたことを書き出そう。

信念を見つけ出すのは、「かくれんぼ」のようになることもある。なぜならこの厄介な相手はあなたの脳に精通していて、よほど注意して見ないかぎり、やすやすと逃げおおせてしまうからだ。

やつらは、大脳のなかの通路をあなたよりも熟知している。アップデートに取りかかるためには、まず信念を探しに行かなくてはならない。

トレーニング5

「きっかけ・評価・感情」を記録する

これから数週間のあいだ、不快な感情をおぼえたときを記録しよう!

財布のなかにそのためのメモ用紙を入れておいてもいいし、スマートフォンのメモ機能を利用して記録をとってもいい。集めた情報は、次のような表にまとめよう。

何が起きた？ **（きっかけ）**	私の信念は？ **（評価）**	どう感じて いるか？ **（感情）**
会議で同僚が 私の功績を 自分の功績の ように話した。	私は高く 評価されて いない。	悲しいし、 腹が 立っている。
母親に電話を しなかったら、 母親から 責められた。	出来のいい 子どもは 両親に定期的 に電話をする ものだ。	罪の意識を 感じる。
・・・	・・・	・・・

あなたは日々さまざまな衝突を経験している。そのなかには、ほとんど気づかないようなたわいもない衝突もあれば、あなたに襲いかかってくるような文字どおりの衝突もある。それらに気づいたら、すぐに書き留めよう。あなたの神経にさわったものは、どんな些細なことでもひとつ残らず書いておこう。

たとえば、前にいた人がドアを押さえて待っていてくれずに、鼻先でドアがバタンと閉まってしまった、というようなことでもいい。その瞬間にあなたの頭に浮かんだのが「どうもありがとう！　なんて親切なのかしら」という嫌みだったとしたら、その背後にあるあなたの信念は「人間は互いに思いやらなくてはならない」だと探り当てることができる。

自分に影響を及ぼしている信念や非合理的な思考パターンや評価を突き止めたら、それらをアップデートしよう。

そのためには、見つけた非合理的な思考パターンを批判的に分析し、疑問視すればいい。そうすれば、それらの影響を弱めることができる。

私たちには信念を過大評価しすぎるきらいがあるが、実際には信念というのは、批判的な視点から検証を行うだけで、効力を失ってしまうものなのだ。

あなたが書き留めた信念をひととおり眺めてみよう。

何度も繰り返しあらわれているものはあるだろうか？

過去に経験した同じような衝突を思い出させるものはあるだろうか？

その信念のうち、あなたにとって意味のあるものはどれだろう？

あなたをたびたび不快な気持ちにさせているのはどれだろう？

その信念は有意義だろうか――あなたが穏やかで満ち足りた人生を送るのに役立っているだろうか？

それとも、それらは常に問題の種になっているだろうか？

トレーニング6
非合理的な思考を検証する

次の3つの質問を使って非合理的な思考パターンを分析し、その作用を弱めよう。

① 自分が経験したことの何が問題なのだろう？
② 不快な感情をおぼえるきっかけとなった出来事が、自分には耐え難いことだ

ったという証拠はどこにあるのだろう？
③　自分の評価が正しいという証拠はあるだろうか？

❖遅刻に厳しいマリーの答え

この問いに対するマリーの答えとしては、次のようなものが考えられる。

①　ときどき相手を待たなければならないことがあっても、問題は何もない。そのことによって私の権利が侵害されるわけではない。自分が何分か遅刻したところで、そのことが相手の権利を侵害することにつながるわけでもない。この両方の状況で生じる感情は、私の過去に由来している。その感情は、いまではもう私には必要ない。

②　自分が遅刻することや、相手を待たなければならないことに、自分が耐えられないという証拠はない。もちろん私は耐えることができる。その際に不快な感情はおぼえるかもしれないが、私はそういった状況にきちんと対処できるはずだ。

③　誰かを待たなければならなくても、その人が私を尊重していないという証拠にはならない。遅刻しても、私がその人を尊重していないという証拠にはならない。

マリーは自分の信念が非合理的であることに気づき、それに対する検証を行った。彼女はいまでは自分の評価の責任をとって、状況にもっとうまく対処できるようになった。これからは、以前のように感情に振り回されることもなくなるだろう。

さらに私はマリーに、もとのパターンに戻ってしまいそうになったときには必ず使うようにと、第4章で紹介する「迅速なＥＦＴ」の手法も指南した。そのおかげで彼女はもとのパターンからいつでも引き返すことができたし、潜在意識に今後は古い道を使わないようにと教え込むこともできた。

❖「べき」をやめる

それ以来、遅刻や人を待つことを嫌悪していたマリーの人生はどのように変わったのだろう？

いま彼女は、相手を待つことになったときには、自分の感情的反応を観察するようにしているらしい。

もはや感情に翻弄されることはなく、それを本気にすることもない。自分の信念に固執しつづけたりもしない。そのため、相手が遅刻してもそれを自分に対する攻撃と受け取ることもなく、人生が授けてくれたちょっとしたおまけの時間だと思って楽しんでいる。本を読んだり、店のなかを見て回ったり、食前酒を注文したり。彼女がネガティブな感情をおぼえる必要はない。

なぜなら彼女には、「相手が遅れてきても、私を尊重していないわけではない。それでも私は愛されている」ということがわかっているからだ。それにどのみち、彼女にその状況を変えることはできない。だからマリーはいま、労力の無駄遣いをするのはやめにして、その時間を楽しむようにしているという（注7）。

「絶対的思考（注8）」

信念についてはすでにたくさんのことを述べてきたが、なかには非常に個人的で、あなたひとりにしか適用されない信念もある。

たとえば「全員が元気でいられるかどうかは自分の肩にかかっている」や「自分は役立

たずだ」といったものがそうだ。

だが、信念は別の装いであらわれる場合も多い。常識や道徳や法律や宗教や人間同士が共存していくための基本的なルール――つまり、私たちがうまくやっていけるように調整する役割を担っていると言われるすべてのもの――という形をとっていることもあるし、そのほかに、その人が普遍的なルールだと思い込んでいるきわめて個人的な信念というのもある。

いわば、「絶対的思考」もしくは「独断的思考」だ。

この種の信念は、「〇〇しなければならない」「〇〇すべきだ」「〇〇してはならない」といった決まり文句が使われていることから見きわめることができる。たとえば、次のようなものがそれに当たる。

・私たちは互いに公平でなくてはならない。
・個人の欲求を、ほかの人の欲求よりも優先させるべきではない。
・自分のことだけを考えてはならない。

大昔の話だが、私は食事のテーブルに肘《ひじ》を置くのがどうしても許せないという女性とデートをしたことがある。彼女は食事の場で私がとっていたポーズが気に入らなかったようで、私を見てこう言った。

「テーブルに肘を置かないでもらえるかしら」

私は少しカチンときたが、こんなふうに答えた。

「ああ、ごめん！　でも、どうして？」

「食事をしているときにあなたがテーブルに肘を置くのは、私に対して失礼だし、それを見ると食欲がなくなっちゃうの！」

「本当に？　どうしてテーブルに肘を置くことが失礼で、きみが食欲をなくす原因になるんだい？」

「とにかく、テーブルには肘を置いちゃいけないのよ！」

なるほど！　絶対的思考の典型的な例だ。どうやらそのことを定めた上位の法律でもあるらしい。だが誰もが守らなくてはならないはずのその法律は、一体どこに記されているのだろう？　そんなものは彼女個人にとってのものごとの是非を定めた独自の法典にしか書かれていない。たしかに私たちの文化では、テーブルに肘を置くなと子どものころに教えられるが、おそらく私のデート相手はそれを非常に強烈にたたき込まれたに違いない。しかし、それは彼女のただの個人的な見解でしかない。

私はよほど彼女に、その黄金律を検証してみれば彼女はいまよりもずっと穏やかに過ごせるようになるはずだと説明しようかと思った。

だが絶対的思考を解消するのは至難の業だし、そうするためにはまず本人が自分の評価システムに疑問を抱く必要がある。最初のデートでそこまでするのは、いささか行き過ぎというものだろう……。

❖ 独断的思考への反論

おぼえておこう。信念というのは、いわば自信のようなものだ。なかでも絶対的思考は信念の王様級だ――「人の頼みを断ってはならない」――「恋人なら私を駅まで迎えに来るべきだ」――「同僚は私の功績をもっと高く評価すべきだ」。これらはすべて、一切の反論を認めない、どんな議論も無効にするための宣言にほかならない。しかしもちろん、私はこれらに応戦することができる。

・「人の頼みを断ってはならないというのは誰が言ったのだろう、あなたが人の頼みを断ったらどんなことが起きるというのだろう?」

・「あなたの恋人があなたを駅まで迎えに来なくてはならないというのは、どこに記されているのだろう、もし彼が迎えに来なかったら、あなたはどんな気持ちになるのだろう?」

・「あなたは何を根拠に、同僚があなたの功績をもっと高く評価すべきだと思うのだろう、もし同僚があなたを評価しなかったら、あなたにはどんな影響が及ぶというのだろう？」

ひとりの友人が私に、少し前にベルリン郊外のウェルネスホテルで経験した不愉快な出来事について教えてくれた。

さしあたり、彼のことはここではトムと呼ぶことにしよう。絶対的思考がどんなものかを理解したいま、あなたは中立な立場の観察者として、この出来事から彼の持つ絶対的思考をきっと容易に見きわめることができるはずだ。

ホテルでのトムの不愉快体験

ある土曜日、トムは妻と一緒にそのホテルを訪れ、湖の見える芝生に並べられているデッキチェアでくつろごうとしていた。ところが、ふたりがデッキチェアに腰を下ろした直後、少し離れたところにある木々のあいだにハンモックが３つ張られているのがトムの目に入った。

「あっちを見てごらんよ！」彼は妻に言った。

「ぼくはハンモックに寝転がるほうがいいな」

彼女は目をすぼめた。

「でも、使われていないハンモックも、場所取りしてあるわよ。どっちにもタオルが置いてあるし、バッグもひとつ置いてあるもの」

トムは額にしわを寄せた。彼の頭のなかで、すぐにさまざまな思考がジェットコースターのように駆けめぐりはじめた。デッキチェアや椅子やハンモックにタオルを置いて場所取りをすることを、トムは常々あつかましい行為だと考えていたからだ！

「やつらは何を考えてるんだ？　あれじゃあ、自分たちがいないあいだ誰もハンモックを使えないに決まってるじゃないか。なんでそんな勝手なことができるんだ？　ここはいろいろな人が共同で使う場所なんだぞ。ここを使う人がみんなあんなことをしたら……」

トムの頭のなかでは個人的な映画がフル稼働していた。

「そんなにカッカしなくてもいいじゃない」

彼の妻はそう言って、かけていたサングラスを引き上げた。

「私だってあれはどうかと思うけど、だからってあなたにはどうすることもできないでしょう？」

それでも彼の視線はどうしてもハンモックのほうに引き寄せられてしまう。彼の思考も同様だ。トムは場所取りをしている人たちに言ってやりたいことを、次から次へと頭に思い浮かべた。

1時間後、ようやくひと組のカップルがハンモックのほうに歩いてきた。トムは彼らのほうをじっと見ていた。だが彼らは何かを探すようにバッグのなかをかき回したあと、またどこかへ姿を消してしまった。どこに行ったのかは知らないが、トムにはもう我慢の限界だった。

「やつら、またどこかへ消えたぞ！」

彼は唖然《あぜん》として言った。

「ハンモックを使おうともしなかった！」

彼の妻はデッキチェアから体を起こして、もう一度目をすぼめた。

「それはずうずうしいわね」

「あいつらはもう1時間もハンモックを使っていない。ぼくはあっちに移るよ！　もう待つのはたくさんだ」

トムは立ち上がって、ハンモックのほうに勢いよく歩いて行った。そして目的の場所に着くと、左側のハンモックにあったタオルを右側のハンモックに移し、空いたほうにごろりと横になった――ようやくリラックスできたと思った。しかし当然のことながら、うまくリラックスできない。あのカップルのことがずっと頭から離れないからだ。心臓はばくばくしていて、怒りもまだ消えていなかった。

彼の当初の目的は、すでに果たされているはずなのに。そのうえ頭のなかでは、空想上の対決場面が何度も何度も繰り返されていた。あのふたりが戻って来たら何と言ってやろうかと考え、そしてそれを言うときには落ち着きと冷静さを失わないようにしようと決意した。攻撃的になったり、醜態をさらしたりせずに、彼らにハンモックを独占して使う権利はないのだということを、感情を交えずに言い聞かせてやるのだ。

❖ あるべき姿を示してより不愉快になる

20分ほどすると、例のカップルが芝生を横切ってハンモックのほうに歩いてくるのが見えた。トムは目を閉じて深呼吸をし、自分に言い聞かせた。落ち着いて冷静に、落ち着いて冷静に……。

「ご親切にタオルを動かしてくれてどうもありがとう！」男のほうが皮肉な口調で言った。落ち着いて冷静に。落ち着いて冷静に。

「どういたしまして」

一瞬、沈黙が落ちた。それから男が口を開いた。

「あんたはいつも他人のタオルをこうやって勝手に動かすのか？」

トムは目を開け、男のほうに頭を向けた。そして落ち着きと冷静さを失わないように気をつけながらこう言った。

「場所取りをしたまま、1時間以上もハンモックが使われてなかったんでね」

男は腹立たしげに言った。

「だからなんだっていうんだ？」

その瞬間、「落ち着いて冷静に」という当初のもくろみは吹き飛んだ。脈拍が増え、1時間以上にわたって鳴りをひそめていた怒りがあっという間に再燃した。トムはハンモックの上で可能なかぎり体を起こしてすわり、怒声をあげた。

「ここは誰もがデッキチェアにタオルを置いて場所取りする海辺のリゾートとはわけが違うんだ！　ほかにもハンモックを使いたい人がいるかもしれないだろう！　ここにハンモックは3つしかないんだぞ。見ればわかるだろう！」

「へえ！」男は言い返した。

「じゃああんたはタオルで場所取りしてあるのを見るたびに、そこに行ってタオルをどかしてまわってるのか？」

「タオルで場所取りするのは迷惑行為なんだよ！」

「こんなことで腹を立ててるあんたのほうがよっぽど迷惑なやつだ！」

ふたりはいなくなり、トムはハンモックにとどまった。しかし残念ながら、彼はもうまったくリラックスすることができなかった。彼のストレスレベルは、2キロほど走らなければ興奮がおさまりそうにないほどまでに上がっていたからだ。トムはハンモックに寝転んだまま、憎しみをつのらせた。さっきの男だけでなく人類全体をも呪い、人間がみなあのカップルのようにふるまうようになったら世も末だと心のなかで悪態をついた。

それからしばらくして、彼はどしどし歩きながら妻のところに戻った。幸いなことに、彼女の隣のデッキチェアはまだ空いていた。

「どうだった？」

「……」

❖人生を自分自身で困難にしてしまう人たち

困ったことに、私たちは時折、自分の人生を自分自身で困難なものにしてしまう。正直に言うと、私にはトムの気持ちがとてもよくわかるし、彼の怒りも理解できる。それはどうしてか？　なぜなら、トムは何を隠そう私だからだ……。


私たちは自分が攻撃されたように感じると、すぐに社会的な規範を引き合いに出す。周りから自分勝手な愚か者だと思われるのを防ぐための、人間的なメカニズムだ。

「人のことをそんなふうに扱うべきじゃないだろう！」

「互いに正直でいるのが人間のあるべき姿だ！」というようなことを口にするのもそのためである。もちろん、それらは正しい。だが実際に衝突が起きている場面では、そんなことを言ったところでなんの解決にもならない。

❖トムの絶対的思考を検証する

この状況で起きたことと相手の思考を言葉に置き換えながら、詳しく考察してみよう。

私の言い分はこうだった。

「ハンモックにタオルを置いて場所取りするのは公平性に欠ける行為だ。ほかにもハンモックを使いたい人がいるかもしれないというのに！」

対する相手は、肩をすくめながらこんなふうに言う。

「タオルを使った場所取りを禁じる法律もなければ、道徳的な規準もない。あんたにとっては迷惑行為に見えるのかもしれないが、こっちは『早い者勝ち』のルールにしたがっただけだ。あんたがそれで腹を立てようが、知ったことじゃないね」

もちろん、タオルを動かされたふたりは、私の行動によって自分たちは攻撃されたと感じている。その後も私が私の絶対的思考にこだわって、彼らの行為が間違っているという論拠を示せば、彼らが社会不適合者であることを証明し、彼らから社会の一員である資格を奪うことになる。グループからの社会的な排除は、潜在的な危険を意味する。

しかし、すでに毛皮を手に入れ、火に一番近い暖かな場所も確保しているいまとなっては、グループから締め出されたとしても命を落とすことはない。

絶対的思考は、私たちが個々の人間や彼らの持つ欲求と向き合うことを妨げるだけでなく、私たち自身の欲求と向き合うことも妨げてしまう。絶対的思考を掲げるというのは、言い古された決まり文句の背後にバリケードを築いて立てこもるようなものなのだ。しかし幸いなことに、どんな絶対的思考も、数秒以内に解消することができる。

①私たちは、相互に不当な扱いをすることをやめる必要はない。だが互いに公平性を以《もっ》て接したほうが気持ちがいいし、人生は生きるに値するものになる。私自身は公平であることを人生のモットーにしようと決めていて、自分の周囲は主に同じ考えを持つ人たちで固めている。
しかし、すべての人が同じ考えを共有することを期待はできない。それに私自身も、常に例外なくほかの人たちに対して公平なふるまいができるとは限らない。

②「自分のことは二の次にして、まずは人のことを考える」という思考を自分以外の誰かに求めることを正当化できる理由はない。人間にとっての最優先事項は、自分自身が確実に生き延びることだ。だから人間は、一番よいものを自分用に確保して、ほかの人にはそれ以外のものを残しておこうとする。願わくは私は逆でありたいと思って

いるため、できるだけ利他的な行動をとるよう心がけているが、その一方で、ほかの人たちが自分とは別の価値観を持つことも認めている。

③　タオルでハンモックの場所取りをしたカップルに、私の身になってものを考えてくれるよう期待することはできない。彼らに私の考えを読み取ることはできない。人間が、もっと相手の気持ちを考えて行動できるようになればいいとは思うが、私自身も常にそうできているわけではないというのは認めざるを得ない。

私の経験から言わせてもらえば、絶対的思考は人を盲目にしてしまう。自分を省みることができなくなるばかりか、周りの人たちが何を求めているかも見えなくなる。

私たちの持つ絶対的思考を、自分に対する責任感と他人への共感力に差し替えることができたら、私たちはいまよりももっと楽に生きられるようになると思うのだが。

トレーニング7

絶対的な思考パターンを分析する

あなたのなかに不快な感情を引き起こした最近の出来事を2つ、3つ思い出し、その状況で絶対的な思考をしたかどうかを検証しよう。

ほかの人たちの絶対的思考をメモして、あなたも同様の考え方をしているかどうかを自問してみてもかまわない。

あなたはどんな絶対的な信念を持っているだろうか？

建設的でない「べき思考」

あなたもおそらく気づいているかと思うが、この種の思考は建設的ではない。それどころか、関係者全員が満足できるような形で問題を解決する妨げにすらなることもある。絶対的思考に陥ることは誰にでもある。そして独断的な思考が認められなかったり、それを否定されたりすると、あなたは不愉快な思いをすることになる。

しかしあなたの人生にも絶対的な思考パターンが存在することを認識し、その非合理的な思考を解消する決意をすれば、あなたは新しい人生哲学を身につけられ、そのことによって長年の目標に到達できるようになる。

合理的な考え方や、論理的な考え方を習得することもできる。

あなたにもきっとおぼえがあると思うが、自分の非合理的な思考パターンを押し通すことがかなわなかった場合、私たちは不快な思いを味わわなくてはならない。だが、自分が持つ非合理的な思考パターンを突き止め、それらに流されることを阻止できた瞬間から、もっと穏やかに過ごせるようになるし、いまよりも自分の人生を自分でコントロールできるようになる。

あなたの人生を形づくるのはあなた自身だ。

あなたが変わりたいかどうかはあなた自身が決めることだ。

もちろん、いまのままの行動や信念、それらがもたらす結果とともに生きていくこともできる。

どうするかはあなた次第で、あなたがどんな決断を下そうと、それを非難する権利は私にもほかの誰にもない。

❖ 自分がどうしたいかを見きわめる質問

自分がどうしたいかを見きわめるには、次のふたつのことを自分に問いかけてみるといい。時間をとって答えを出し、あなた自身の気持ちを確かめよう。

① あなたが今後もいまのままの信念を持ち、それにしたがって行動し、周囲の人たちもあなたの信念に応じた行動をすることを期待しつづけた場合、あなたはどんな気持ちになるだろうか?

② その信念を持たず、それに応じた行動をせず、それに応じた行動を周囲の人たちにも期待しない場合、あなたの人生はどんなふうに変わるだろうか?（注9）

第4章

感情解放テクニック

タッピングで幸せになる

目標達成を早く行うために

白状しよう。私は生涯学習の信奉者だが、時間を節約できる近道があればよろこんでそちらを選ぶ。瞬時に変化を起こせるならそれに越したことはない。5分間アップデートを施しただけで女性が突然脚立にのぼれるようになったり、それをきっかけにその女性が20年も悩まされてきた高所恐怖症を克服できたり……。

もちろん、そうした短時間での変化は誰にでも起こるわけではないが、長々と心理療法を受けなければ長期間持続する変化は起こせないというのは、ただの決めつけにすぎないと私は思う。

抱えている問題が人それぞれなのと同じように、ひとりとして同じ人間はいない。だから、変化を起こせるまでにどのくらい時間がかかるかを予測することは難しい。また、徹底して問題に取り組んだほうが常に得られる効果も高いとは限らない。私は何度も逆のことを経験している。一度セッションを受けただけで目標に到達できたクライアントはたくさんいるし、一度では成果があがらなくても、その後数回セッションを重ねただけで目標を達成できた人も大勢いる。

もちろん、必ず短期間で成果があがることを私が保証できるわけではない。どんな問題に悩まされているかやその人の性格、動機など、目標達成には非常に多くの要素がかかわってくるからだ。

第2章で述べたように、時間をかけて何度も練習を繰り返さなくては起こせない変化もあるし、そうしなくては変われないタイプの人もいる。しかしすでに変化すべきときがきていて、催眠コーチとしての私の手法を使えば、非常に速やかに成果を出せるケースはかなりある。そしてその後、クライアントはその変化によって、前よりも楽に生きられるようになる。最初のドミノを私が軽くひと突きすれば、ドミノの列は最後までひとりでに倒れていくのだ……。

変化を起こす練習

ほんの数分間のうちに起きた変化が、どのくらいつづくのかと訊かれることは多いが、その質問に対する標準的な答えはない。変化の過程はケースごとにさまざまだ。

取り組むテーマの種類にもよるが、何もかもうまく運んで即座に問題が解決できるケースもあれば、一度目のセッションでは何ひとつ変化があらわれないケースもわずかながらある。そうした場合はクライアントにまた足を運んでもらい、何度かセッションを重ねながら、私の手法でなんらかの変化を起こせるかどうかを突き止めていくことになる。

ただ、ほとんどのケースでは比較的早いうちに大きな変化が訪れるし、その後は、日常や問題に関連するその他の状況においても、きわめてポジティブな変化が認められるようになる。まだ完全にかつての問題から解き放たれてはいないものの、新しい行動の練習が始められるようにもなり、練習を繰り返せば、その新しい道を使う頻度を増やすように脳をトレーニングすることもできる。

ザラの場合もそうだった。私が彼女と一緒に高所恐怖症に対する変化を起こしてからというもの、ザラは脚立をのぼることを想像しても、身体的な反応をおぼえることはなくなった。私にとってはとても重要なことだ。

私は誰にも苦痛を味わってほしくない。

新しい行動パターンのトレーニングをするたびに怖い思いをしてしまっては、その新しい行動に対する抵抗や恐怖は大きくなるだけだ。クライアントは、トレーニングの過程は苦痛に満ちていて、やはり自分はいまの問題から完全に自由にはなれないのだという確信を心身ともに強めることになってしまう。

だから私は、蜘蛛恐怖症の人に対して、蜘蛛は無害で、怖がる必要はないのだということを知ってもらうために、無理やり蜘蛛を手に取ってもらうようなことはしない。

❖ 対象と向き合えれば恐怖は消える

そのクライアントが頭のなかで自分の隣に蜘蛛がいるところを想像できるようになり、その際に以前のようなネガティブな反応もおぼえなくなれば、その人は〝現実〟世界でも蜘蛛と向き合う準備が整ったということだ。その人は蜘蛛の映像を見ることもできるようになるし、本物の蜘蛛に近づくこともできるようになる。

ザラは脚立に対してもはや恐怖を感じなくなり、それどころか脚立に上がることを楽しめるようになった。そしてゆっくり高い場所にのぼり、少しも恐怖を感じずに両手を広げることができたとき、彼女は自分も変われるのだという確信を持つことができた。これは大きな意味のある一歩で、さらに変化しつづけるための動機を強化できるだけでなく、人生の別の領域においても変化を起こせるはずだという自信も持てるようになる。

だから私はクライアントに、現在の反応の仕方以外にも、別の感じ方をしたり反応の仕方をしたりする選択肢があるということをまず示すようにしている。そうすればクライアントは、彼らの現実が石に彫り込まれた不変のものではないという事実に気づくことができる。クライアントの目を彼ら自身が持つ力のほうに向けさせて、彼らの変化や方向転換を促す手助けをするのだ。

そのため私は、最初の段階では問題の排除ではなく、クライアント自身が持つ力を活性化させることに目標を置いている。

彼らが自分の可能性に気づき、心身の反応の変化を通して自分も変化できるという確信を持てるようになれば、希望が生まれ、意欲的になり、さらなる変化のプロセスを進みつづけることができるようになる。

そのクライアントにとってどの手法が最も効果的かを判断し、催眠状態に導いたり、そのほかの方法を使ったりして介入に取りかかるのはそれからだ。

私は9カ月後にザラに再会し、その後の状況を尋ねた。彼女は、彼女の高所恐怖症は大きく改善されたと話してくれた。脚立だけでなく、見晴台までもがいまでは彼女の人生の一部になったという。そして、こんな話を聞かせてくれた。

「何カ月か前にサンティアゴ巡礼［キリスト教の聖地のひとつであるスペインのサンティアゴ・デ・コンポステーラを目指して歩く巡礼］に行って来たんですけど、その途中で一度、峡谷沿いのとても狭い道を通らなくちゃならなかったんです。

下には、幅の広い急流が流れてました。谷と私を隔てるのは金属製の簡単な柵だけで、私はまた強い恐怖を感じました。でもそのとき、頭のなかであなたの声がしたんです。『あなたにも自分を変えることはできる』って。それで、その峡谷沿いの道を歩き出すことができました。

ものすごく勇気が必要だったけど、でも、歩けたんです。感動しました！　昔だったら、夢のなかでも無理だったと思います」

❖新しい行動の練習と脳のトレーニング

すばらしい！　恐怖に屈し、古びたプログラムを再生することを潜在意識に許すかわりに、彼女は舞台上で脚立にのぼったときの気持ちを思い出したのだ。さらに彼女は、やはり舞台の上で私が彼女に手ほどきしていた手法も用いていた。まさに「新しい行動の練習と脳のトレーニング」を実践したのだ。

克服すべき対象を目の前にしてそれを乗り越え、達成感を味わえば、新しく構築された神経細胞の接続と回路網が使用され、それらは強化されていく。そして新しい接続が強化されれば、古い接続を使う頻度は減っていき、そのうち撤去されることになる。

だから私は蜘蛛恐怖症に悩んでいる人に対して、最初のコーチングセッションを終えてからは、頻繁に地下室［ドイツの住宅には地下室があることが一般的で、洗濯室や物置として使われている］に行って蜘蛛を探すようにとアドバイスしている。

そうして嫌悪や恐怖を感じることなく蜘蛛を見る経験を重ねていけば、あなたの新しい神経細胞の接続は強化され、それに応じた生化学的プロセスが――つまりあなたのなかに新しい感情が――発生する。

そうして新しい経験はどんどんあなたの人生の一部になっていく。

偽りの記憶

「そのことは、まるで昨日のことみたいにまだはっきりと覚えてるよ！」

周囲の人たちがある出来事や事件について話しているとき、こんなふうに思ったことはないだろうか――「おかしいな。自分の記憶では車の色は青じゃなくて赤だったはずで、それが起きたのは夏だったと思うけど。でもあの人がそう言うなら……」

正しいのは誰だろう？　おそらく誰でもない。神経科学者たちが突き止めたところによると、人間の記憶はあまり当てにならないらしい。何かを思い出そうとするとき、脳は必ず私たちの気づかないうちに記憶を変化させるのだという。

数十年前まで研究者たちのあいだでは、一度脳に保存された情報は保存されたとおりに再生されると考えられていた。しかし、いまではそうではないことが明らかになっている。私たちが記憶を呼び出すたびに、そこには少しずつ変更が加えられ、その後はオリジナルの記憶ではなく変更後のバージョンが脳に保存されるのだ。

つまり記憶というのは、**数十年にわたって考えられていたよりも、ずっと不安定なものなのだ。それが古い出来事であればあるほど、思い出す回数の多かった記憶であればあるほど、実際の出来事がそのとおりだった確率は低くなる。**

最悪の事態になりかねないのは、私たちの司法システムにおいて、証人の証言や目撃証言が必要以上に重視された場合だ。よく知られているように、証人は事件について何度も供述を繰り返すことを求められる——そしてたったいま記したように、その際、供述は毎回変化するのだ。たとえそれがごくわずかの微妙な変化にすぎなくても。

だが記憶の信頼性のなさは、私たちにとってプラスに働くこともある。たとえば、トラウマになるような体験をした場合がそうだ。つらい記憶を変化させることも、記憶をよみがえらせるきっかけや記憶がもたらす影響にポジティブな作用を及ぼすこともできるし、非常にまれだがそれらを消去できることもある。

❖感情解放テクニック（Emotional Freedom Technique）

ところで、少しも恐怖を感じさせることなく、しかも意識のはっきりした状態でザラに脚立をのぼらせるために、私はどんな手法を用いたか？ **答えは「迅速なEFT」だ。**

EFTというのは、感情解放テクニック（Emotional Freedom Technique）の略で、アメリカ人のゲイリー・クレイグによって開発された、苦痛となる感情を解消するためのテクニックだ。

「迅速なEFT」(注10)は、アメリカのライフコーチであるロバート・G・スミスによって考案されたEFTの発展型で、EFTに、BSFF（Be Set Free Fast）［『速やかに自由になる』の意で、臨床心理学者のラリー・ニムズが開発した不快な感情などを速やかに排除するためのテクニック］と神経言語プログラミング（NLP）［心理セラピストのリチャード・バンドラーと言語学者のジョン・グリンダーによって開発されたコミュニケーションツール」が組み合わされている。

あなたが人生で経験することはすべて、あなたの決断や行動パターンや習慣や行動の結果として起きている。そして無意識のうちに行っている習慣や自動的な反応は、そうした経験とともにあなたの潜在意識に蓄積される記憶が要因となって引き起こされている。

ロバート・G・スミスは、迅速なEFTを使えば、ネガティブな反応を引き起こす記憶に呼びかけて、感情的な負荷や、その記憶が及ぼす影響に変化を加えられることを証明している。迅速なEFTのプロセスには、問題の要因となっている記憶を見つけ、それにアプローチして変化させる働きがあるのだ。

その結果、あなたの人生にも自動的に変化がもたらされることになる。そのプロセスにあなたの意志の力は必要ないし、あなたが苦痛をおぼえることもない。

❖タッピングで恐怖を消す

正直に言おう。10年以上前にこの手法を知ったとき、私はその効果を信じる気にはなれなかった。いんちきだと思ったのだ。

顔をタッピングするだけで（この手法は、中国の鍼《はり》治療などで使われるツボを軽くたたく〝タッピング〟が主要な構成要素となっている）人生が改善されるなどとはとても思えず、私はこの手法を習得しようとはしなかった。

しかしその数年後、この手法を用いたセラピーの様子を撮った映像を何本か見て、私はその成果に大きな感銘を受けた。セラピーを受けた全員の心身の症状が、目に見えて改善していたのだ。

そのため私は集中的にこの手法のスキルを学び、次に機会があればその効果を試してみようと心に決めた。その結果、5人が3分から5分以内に自分が持つ本来の力を発揮して、少し前までは恐怖の対象だったものに少しも恐怖を感じずに近づくことができるようになった。私は感激した！

その後、迅速なＥＦＴを人に施すためのトレーニングを受け、いまではこのすばらしいテクニックを催眠と組み合わせて自分のコーチングセッションで用いている。この手法のおかげで、私は多くの人の手助けをすることができた。

ネガティブな記憶をアップデートして、クライアントが悩まされていた飛行機や蜘蛛や閉所に対する恐怖症や、あがり症などを改善することができたのだ。この手法を用いれば、どんなネガティブな記憶でも無効にできるし、場合によっては記憶をポジティブなものに変化させることもできる。

迅速なＥＦＴのプロセスは、潜在意識に存在していて、問題を引き起こす要因となっている情報を変化させる。問題が存在するということは、その問題を「問題」として成立させている証拠（経験したことの記憶や記録）と感情が存在するということだ。問題が「問題」になるのは、それを問題だと見なす感情が存在するからだ。そしてそれを問題だと感じさせているのは、その対象である何かに対するあなたの潜在意識のとらえ方である。

たとえば、ある人が停めてある車のなかから聞こえてくるうるさい音楽に腹を立てていたとしても、別の人はその音楽を楽しんでいるかもしれない——同じうるさい音楽を聞いても、その人はそれを心地よく感じるのだ。

どちらの場合も、潜在意識の指示によって生じる反応である。停めてある車から聞こえるうるさい音楽が、ネガティブな評価と結びついているか、ポジティブな評価と結びついているかが参照され、その結果に見合う情動を生じさせるための化学物質をつくり出すよう脳が各器官に信号を送っているのだ。

迅速なＥＦＴには、体の各器官と結びついているツボに精神を集中させることで、脳と各器官のあいだの信号を断ち切る働きがあるだけでなく、脳にある情報や不快な感情を引き起こす原因が保存されている記憶装置を書き換える作用もある。

つまり、うるさい音楽を不快に感じる人が、自動的に起こるこの反応を変化させたい場合には、音楽が聞こえてきたときに迅速なEFTを使って、怒りのもととなる化学物質の生産をストップさせればいいというわけだ。

そうすれば、潜在意識におけるうるさい音楽の意味を「無作法」や「煩わしい」（あるいはその人が教え込まれたなんらかのネガティブな印象）から、「楽しい」や「よろこび」に変化させることができる。

❖ 感情解放テクニックの方法

私はいまから、その具体的な手順をお伝えしようと思う。

日常において感情的に疲弊するような出来事があったときには、いつでも適用できるテクニックだ。私にとっては鞄に入れて常に持ち歩いているマスターキーのようなもので、潜在意識のプログラムが私の意志に反した動きをしようとしたときは、いつもこの手法を使ってコントロールを取り戻すようにしている。

もちろん、迅速なEFTを経験豊かな施術者に施してもらう場合と自分の手で行う場合では、得られる効果に違いがある。プロの助けを借りればもっと深いところまで入り込めるし、変化を長期にわたって維持できる。

それでも、次にお教えする基本的なテクニックを使えば、あなたのなかで生じるさまざまな反応をポジティブに変化させることはできるはずだ。迅速なＥＦＴは、情動や感情に振り回されそうになったときにいつでも使えるすばらしい道具だ。

自分の感情に責任を持ち、現状に満足しないようにしよう！　自分をつくり変えるのだ。

では、手順の説明を始めよう。

トレーニング８　迅速なＥＦＴ

過去の出来事を思い出したり、これから起こることを想像したりして不快な反応をおぼえたときには、迅速なＥＦＴを使ってみよう。もちろん、感情のコントロールを失いそうになったときに、その場で使ってみるのでもかまわない。

基本的には、あなたのなかに望まない感情が生じたときにはいつでも適用できるテクニックだ。悲しみ、怒り、嫉妬、恐怖、ねたみなど、あなたが不快に思う感情ならどんなものに対しても効力を発揮する。

ステップ❶

次のふたつのことを自分に問いかけよう。

質問[1]：自分がいま問題を抱えていることを、自分はどこで感じ取っているだろう？

自分のなかにある問題が、心身のどんな反応としてあらわれているかを知覚しよう。その感情に名前をつける必要はない。ただ、その感情があなたのなかに存在することがどうしてわかるかを感じ取るだけでいい。あなたはそれを心で感じているだろうか、体で感じているだろうか、それとも両方で感じているだろうか？

あなたは震えているだろうか？

呼吸が浅くなっているだろうか？

膝ががくがくしているだろうか？

それとも、鼓動が速くなっているだろうか？

問題を抱えていることがわかる部分に注意を向けよう。アップデートが必要なのはその箇所だ。

質問2：その感情の強さはどれくらいだろう？
ゼロから10までの目盛りを思い浮かべよう。ゼロは何も感じない状態、10はこれ以上ないほど強く何かを感じている状態を意味している。あなたのなかで起きている反応の強さはどのくらいかを評価しよう。

ステップ❷

人差し指と中指をそろえて伸ばし、指先で次の場所を10回ほどタッピングする。タッピングしているあいだは、肌に触れる指の感覚に意識を集中させよう。

（1）眉間
（2）目の横の眉毛が終わるあたり
（3）目の下の頬骨の上
（4）鎖骨の上

タッピングしながら、「それを解き放ちなさい」と声に出して言う。
さらに「それを解き放っても大丈夫」、あるいは「それを解き放っても問題は起こらない」「それを解き放ってしまいなさい」とつけ加えてもいい。

ステップ❸
片方の手首をつかんで深呼吸する。息を吐くときには、心地よい気分になれるような過去のよい出来事を思い出し、「平穏」と言う。

ステップ❹
あなたの問題に意識を戻し、それがどのように変わったかを感じ取る。気分は変化しただろうか？
あなたのなかに生じた心身の反応は、まだいくらか残っているだろうか？

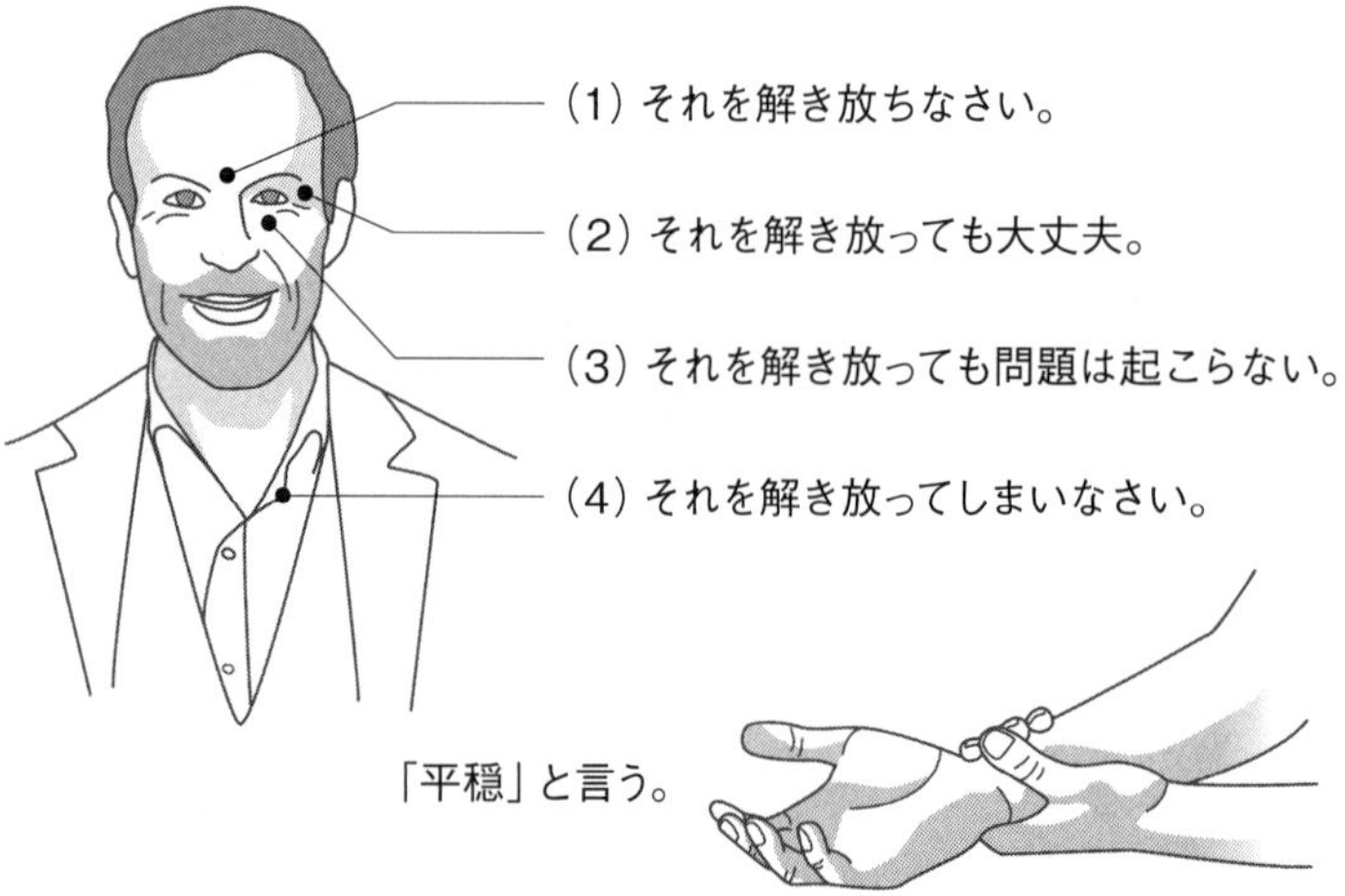
(1) それを解き放ちなさい。
(2) それを解き放っても大丈夫。
(3) それを解き放っても問題は起こらない。
(4) それを解き放ってしまいなさい。
「平穏」と言う。

もし残っているのなら、その強さはゼロから10までのどのレベルだろうか？レベルがまだゼロまで下がっていない場合は、もう一度タッピングを繰り返す。その後もう一度、心身の反応のレベルをチェックする。

この一連の手順を、あなたの反応のレベルがゼロになるまで繰り返す。この点はとても重要だ！　10分か、あるいはそれ以上時間がかかったとしても、レベルがゼロにならないうちはやめてはならない。そうしないと、潜在意識で起こる反応に持続的な作用を及ぼすことはできないからだ。

新しい習慣を身につけるのに2カ月から8カ月を要するということは、もちろん、一度迅速なEFTのタッピングを行ったり、たった一度だけ催眠セッションを受けたり、新しい信念を一度思い浮かべたりするだけではあなたの問題は治癒しないということだ。残念ながら、脳を変化させるには労力を費やさなくてはならない。

つまり、長年あなたの潜在意識の妨げとなってきた古い道を行くかわりに、あなたが行きたいと思う道を、あなた自身が意識的に何度も繰り返し選ぶ必要があるということだ。

変化を起こしたければ、それを実現するための何かをしなくてはならない。

❖繰り返しは必要

ザラの場合、5分間タッピングを施したことで恐怖を取り除き、彼女に脚立をのぼらせることができた。ただ今後、彼女が似たような状況に直面したときは、彼女は自分でタッピングをして、その都度、自分にとっての正しい道を行かせるための決断を脳に下さなくてはならない（峡谷の狭い道で彼女が実際にそうしたように）。

新しい行動がもはや新しいものではなくなり、習慣として定着するまで、何度もそれを繰り返さなくてはならないのだ。

しかしなかには、思っていたよりも早く新しい行動を習得できる人もいる——新しい体験に夢中になるあまり、以前の恐怖を感じなくなってしまう人たちだ。

その一方で、かなりの労力を注がなくては新しい習慣が定着しない人もいる。セッションが始まって5分以内に高所恐怖症が解消されて、その後、少し前までは見ただけでパニック発作を起こしていた高い塔にのぼれてしまう人がいる一方で、2時間集中したコーチングを行い、その後もサポートをつづけなくては、怖がらずに3階の窓に近づけるようにならない人もいるのだ。

❖ 一度のセッションで起きた大きな変化

以前、3階の窓に近づけないという問題を抱えて私のもとを訪れたクライアントがいた。彼の高所に対する恐怖は非常に顕著で、自宅の3階の閉じた窓からでも空を眺めることができないほどだった。

1時間タッピングを施して、彼はようやく4階にある私のコーチングルームの窓を開け、左右を見回すことができるようになった。まだ不安そうではあったが、その不安はセッションを始めた当初ほど激しいものではなくなっていた。彼はそのことに非常に驚き、俄然《がぜん》やる気になった。

私が彼をさらに1時間催眠状態に陥らせ、彼のなかにあった古いイメージを新しいポジティブなものに取り換えると、彼は上機嫌で帰っていった。

そしてそのまま、ベルリンのアレクサンダー広場へ足を向けた。

「セッションの効果を確かめたくて。それにさっき体験したあの感情をすぐにでも定着させたかったんです。

広場にあるテレビ塔のエレベーターに乗って、最上階にある展望台まで行きました。展望台では窓ガラスのすぐそばにすわって、ベルリンの眺めを楽しみましたよ。

生まれて初めての経験です。深い満足感を味わいながらそこで30分ほど過ごしました」

その6カ月後、彼から休暇先で撮った写真を添付したEメールが届いた。そこにはこう書かれていた。

「あのセッション以来、自分が非常にポジティブに変化したのを感じています。高所恐怖症は完全に治ったわけではありませんが、かなりよくなりました。

たとえば、山にハイキングに出かけることもできたし、フライブルクの大聖堂にものぼれたし、飛行機では2回、窓側の席にすわることができました。バルセロナのサッカースタジアムではコメンタリーボックスを見学したし、休暇を過ごしたクルーズ船では、デッキ12（海面から25メートルほどの高さがあります）にあるガラス張りのバルコニーでハンモックに寝転びました……。どれも、以前は想像もできなかったことばかりです！

あれ以来、高さへの挑戦をつづけていますが、そのたびに恐怖を感じることはありません。来年は山でパラグライダーのタンデムフライトを試してみるつもりです。

これだけのことができるようになったのですから、私の人生の充実度が上がったことは間違いありません」

たった一度、催眠セッションを受けただけで、これほどのすばらしい変化が起きたのだ！

第5章

恐怖からの解放

あなたのなかにいる石器時代人をコントロール

サーベルタイガーと現代のストレスの関連性

私たちは自分のことを現代人と称したがる。そして石器時代は遠い昔のことだと思っている。だが世界の歴史の古さを考えれば、人類の歴史など冗談のようなものだ。私たちの惑星には、約46億年の歴史がある。最初の人類は、発見された化石から、約１８０万年前にアフリカで生活していたことがわかっている。

そして調査の結果、その後はさまざまな種類のヒト属が、ある程度平和に地球上で共存していたと推測されている。そうしたヒト属の種として最もよく知られているのは、ホモ・エレクトス、ホモ・ネアンデルターレンシス（ネアンデルタール人）、そしてもちろんホモ・サピエンスだ。

そのうち、唯一の現存種である私たちホモ・サピエンスが誕生したのは、わずか20万年前にすぎない。世界全体の歴史から見れば、まばたきする時間にも満たないほどの短さだ。

私たちの種は、誕生してからそのほとんどの時間を洞窟で過ごし、マンモスを狩り、互いにシラミを取り合っていたことを考えれば、いまでも私たちの脳に石器時代の名残が色濃く残り、私たちの行動に影響を及ぼしていることは驚くには当たらない。

ストレスで変わる体のモード

これから私は、あなたを過去へのちょっとした時間旅行にお連れしようと思う。

あなたはいま石器時代にいて、仲間たちと一緒に自分の住む洞窟の前にすわり、骨をかじっている。すると、ふいに背後のやぶのなかからガサガサと音が聞こえてきて——そのなかからサーベルタイガーが勢いよく飛び出してくる。

あなたの脳は瞬時に大量のストレスホルモンを放出し、あなたの体を「戦うか逃げるか」モードとも呼ばれる、敏捷《びんしょう》な動きのできる状態に切り替える。生き延びる確率を高めるためだ。

あなたの鼓動は激しくなり、血圧は上がり、呼吸も速くなる。筋肉は緊張し、瞬発的に反応できるように、体は激しい運動に適した状態に変化する。骨格筋への血流が増加し、体温が上がりすぎないように汗腺も活発化する。

その一方で、戦いに必要のないものはすべて抑制される。性欲、疲労感、空腹感、代謝、消化、細胞の再生、そして非常に興味深いことに、免疫系も低下する。

そしてあなたはどちらかを選べるようになる。サーベルタイガーに立ち向かうか、あるいは——この場合、生き延びられる確率が高いのはおそらくこちらだと思われるが——一目散に逃げ出すか。

どちらの反応パターンに対してもあなたの体は、つまり、戦うことに関しても逃げることに関しても、最も有利な、最大限に集中力の高まった状態になっていなくてはならない。

あなたは石器時代に生きる聡明な人物で、逃げる決断を下したとしよう。あなたの体にはコルチゾールが流れ込み、そのおかげで長い距離を走れるようになり、ものもよく見えるようになる。

反応はすばやくなり、すべての知覚が研ぎすまされる。疾走して、サーベルタイガーとの距離がどんどん広がっていくと、体は放出されたストレスホルモンを徐々に分解しはじめる。

そしてあなたが安全なところまで逃げおおせると、アドレナリンとコルチゾールの生産は減少する。

ついさっきまであなたを興奮させていた化学物質のカクテルは、どんどん薄まり、弱くなって、体はまた通常モードになる。再び消化が始まり、免疫系が活発になり、代謝機能も普通に戻ったこの状態は、ホメオスタシスと呼ばれる。

ホメオスタシスというのは「同一の状態」を意味する言葉で、体内がアンバランスな状態に陥るたびに私たちの体はもとのバランスのとれた状態に戻そうとするところから、この名前がつけられている。

つまりホメオスタシスというのは、体が持つ一種の自己調節機能なのだ。

石器時代の人間にも文明社会に住むその子孫にも普段から（サーベルタイガーがあらわれなくても）備わっている機能で、私たちが自然治癒力を発揮できるのはこの機能のおかげとも言える。生命の危機を脱するためのプログラムが働いているあいだは、体は自然治癒力を働かせることができない。

ハリケーンが自宅上空を通過していて、屋根が吹き飛ばされたり前庭がめちゃくちゃにされたりしているときに、誰もバスルームの棚のちょうつがいの修理を始めたりはしないだろう。

❖ 快ストレスと不快ストレス

ストレスは、必ずしも悪いものとは限らない。ストレスには快ストレスと不快ストレスのふたつの種類がある。つまり、よいストレスと悪いストレスがあるということだ。快ストレスというのは、精神を成長させたり新しいことを習得したりする際に、私たちの体に一時的にかかる負荷のことを指す。

快ストレスには、体を警戒態勢にし、注意力を高める作用があるため、私たちは通常の状態よりも高い能力や集中力を発揮できるようになる。しかも快ストレスは幸福感までもたらしてくれる。

能力や意欲が向上することで、私たちは目指すゴールに手が届くようになるからだ――そしてゴールが近づくということは、再びリラックスしてホメオスタシスの状態に戻れるということでもある。

それに対して、不快ストレスがかかった場合、私たちは自分が過大な負荷を背負わされたり、過大な要求をされたりしているように感じてしまう。畏縮し、閉塞感やいら立ちをおぼえるようになる。

不快ストレスは、過度な負担をかけられている状態が長期にわたって何度も繰り返され、しかもその間、リラックスできる時間が欠けていたり、短すぎたりする場合に発生する。

要するに、適度なストレスは役に立つということだ。体を警戒態勢に切り替えるホルモンには私たちの能力や集中力を高める作用があるし、目標を達成したり課題を克服したりすることで、私たちは満足感やよろこびを得ることもできる。

だが反対に、予定表や業務スケジュールに常に遅れが出ていたり、それらに追い立てられる状態がつづいていたりする場合は、ストレスをネガティブにとらえるようになる。

ストレスという古いプログラム

石器時代、私たちの体がまだ進化の過程にあったときには、ストレスは種の存続を保証してくれるものだった。生命がおびやかされたとき以外に、ストレスが発生することはなかったからだ。

しかしそれ以来、とりわけ人間社会は急激な発展を遂げ、私たちが実際に生命の危機に直面することはほぼ皆無になった。それなのに、私たちの体はいまだに「ストレス」という古いプログラムを作動させている。

子どもの扶養権をめぐる争いや、失業の危機や、仕事の期日や業績にまつわるプレッシャーが、肉食獣の襲撃と同等に扱われている。

原則的に、あなたが不快な感情をおぼえるときは常にストレスホルモンが放出され、その濃度はだんだんと上昇していく――限界値を超えて、非常事態が宣言されるまでだ。コップを落としてしまった。口座の残高がマイナスになった。それなのに、それだけではまだ足りないと言わんばかりに上司は虫のいどころが悪く、あなたはいわれのない叱責を受ける。

❖ 長期のストレスは体を蝕む

私たちの体は、例外的な状況に陥ると、サバイバルモードに切り替わってストレスホルモンを出すようなつくりになってはいるが、地球上のどんな生命体も、長期にわたってストレスにさらされると体を壊してしまう。

ストレス下で放出される化学物質のカクテルが体内で分解されなかった場合、それらは毒として作用するからだ。

皮肉なことに、それらの毒には依存性もある。もっと多くのストレスを感じて、自分の血管網にもっと多くのカクテルが流れ込むことを求めるようになるのだ。

それに、あなたもすでにご存じのように、戦うか逃げるかモードにあるときはあなたの免疫系も抑制される。臓器移植を行う際に、臓器を受ける側にストレスホルモンが注射されるのはそのためだ。そうすることで、移植される他人の臓器を免疫系が攻撃しないようにしているのだ。ストレスは、あなた個人の防衛部隊の活動を封じてしまう。

ここまで聞けば、日常的に絶え間なくストレスにさらされることが、あなたの体の健康にどんな影響を及ぼすかは想像できるのではないだろうか？　精神にも害が及ぶことは、もちろん言うまでもない。

❖脳は現実と空想を区別しない

脳は想像上の出来事と実際に起きた出来事との区別がつかないということは、おぼえているだろうか？

克明に想像した出来事にすぎなくても、あなたが実際に経験したことだったとしても、脳にとっては同じことだ。**そのためあなたがネガティブなことを考えただけでもサバイバルモードのスイッチが入る**し、スイッチが入れば身体的な反応も引き起こされる。具体的に何が起きるかは、少し前にいくらか詳しく述べたとおりだ。

それらはおそらく、あまり快適な状態には思えなかったのではないだろうか？

私たちの体はそんなふうにして、実際にはその必要がなくても、つまり、命の危険が迫っているわけではなくても、戦うか逃げるかモードの準備を整える。

「もしこの飛行機が墜落したらどうしよう？」

「このまま体が回復しなかったらどうしよう？」

「もしパートナーが自分のもとを去ったらどうしよう？」

というように、トラウマになっている体験をただ思い出したり、これから起こるかもしれない最悪の事態を思い浮かべたりするだけで、そのスイッチはオンになる。

私たちは日常のストレスにさらされているだけでなく、自分の頭のなかで上映される映画が発生させるストレスにまでさらされているのだ。それも年中無休、ひっきりなしに。

しかも、夜になると私たちは、1日のストレスを積極的に解消するかわりに、銃撃戦が繰り広げられたり、光が激しく点滅したり、車が衝突したりするアクション映画を見る。そしてベッドに横になって、待ち受けている明日の不快な出来事について考える。

人のあら探しばかりする同僚とのわだかまりを解くための話し合い、本当は断りたかったスポーツの誘い、義理の母に電話をする約束。

❖ 自分でストレスを生み出す現代人

命の危険が迫っているわけではないというのに、私たちは自分のなかにある不安や心配や懸念にこだわりつづける。しかし、そのどれもが未来や過去に関する感情ばかりで、現在起きていることに対する感情はただのひとつもない。

それなのに私たちは、「何も問題はないから、リラックスしていいよ！」と自分の体に言うかわりに、すぐに次のカクテルを注文する。そのため、ホルモン濃度が下がることはなく、ストレスがおさまることもない。たちまち鼓動が激しくなり、思考はめまぐるしく回り、爬虫類脳は警報を発令する。

そうして自分で自分をストレスにさらしてしまうのだ。それも自分の思考の力だけで。こうなると、リラックスしたり、安らいだり、気分を変えたりすることはもはや不可能だ。まあ、何はともあれ、おやすみなさい！　と言わんばかりに。

現代のストレスは、外部からの刺激によって、とりわけ視覚的な刺激によって引き起こされる場合が多いが、あなた自身がストレスをつくり出している場合もある。

さらに困ったことに、現代社会の人間は、自然にストレスが調整されるような配慮をしない。携帯電話のバッテリーが残り7%しかないのに充電器が見つからないというだけでパニックを起こすのに、自分のエネルギーバランスについて気にかけている人はほとんどいない――気にしだすのは、すでに手遅れになって、あなた自身のバッテリーがすっかり空になってからだ。

石器時代の人たちがストレスにさらされたときは、体の動きを敏捷にし、注意力を上げ、巧みな動きができるようになるよう体にホルモンが流れ込んだ。

その意義や目的は明確で、彼らはそれらのホルモンの作用によって速く走れるようになり、うまく戦えるようになり、巧みに相手をかわせるようにもなって、生命の危機を脱することができたのだ。

そしてその後は、体を酷使したおかげで血液中のストレスホルモンは徐々に分解され、再びホメオスタシスの機能を働かせることができた。

❖ いまでも石器時代と変わらないストレスにさらされている

今日《こんにち》においても、私たちは脅威にさらされている。実際に命がおびやかされることはほぼないが、私たちの体にとってはそんなことは問題にならない――分泌されるホルモンの機能は同じだからだ。

ストレスにさらされたとしても、ストレスホルモンの分解を気にかけて、スポーツをしたり動いたりすることはほとんどない。それどころか、私たちのしていることはまったく逆だ。

エスカレーターやエレベーターを使い、一日に10時間オフィスにすわり、夜はジムで走るよりもカウチに横になりたがる。

どれも人間らしいかもしれないが、私たちの体内のバランスを維持するためには、このうえなく有害な行為だ。

なぜなら体を動かさなくては、1日の流れのなかで体に集積された緊張が解きほぐされることも、ストレスを感じるちょっとした一瞬が積み重なってどんどん高まったストレスレベルが下がることもないからだ。

夜にソファでのんびりするとリラックスできることは間違いないが、それはあなたの精神がそう感じるだけだ！

あなたの筋肉はいまだに緊張状態にあるし、血液中のストレスホルモンのカクテルもまだあなたの血管網を回りつづけている。

定期的に運動しなければ、あなたの体はバランスのとれたホメオスタシスの状態に戻ることができず、非常事態警報がずっと発令されたままになる。

しかもストレスホルモンはあなたの健康の維持に必要な神経伝達物質の放出を妨げるため、あなたは極度の疲労を感じることになる——それも、慢性的に。そんな状態が長引けば、あなたはいつか体を壊してしまう。

「現実のサイクル」を、あなたはまだきっとおぼえておられるだろう。一番下のボックスには、なんと書かれているだろうか？——そう、「体」である！

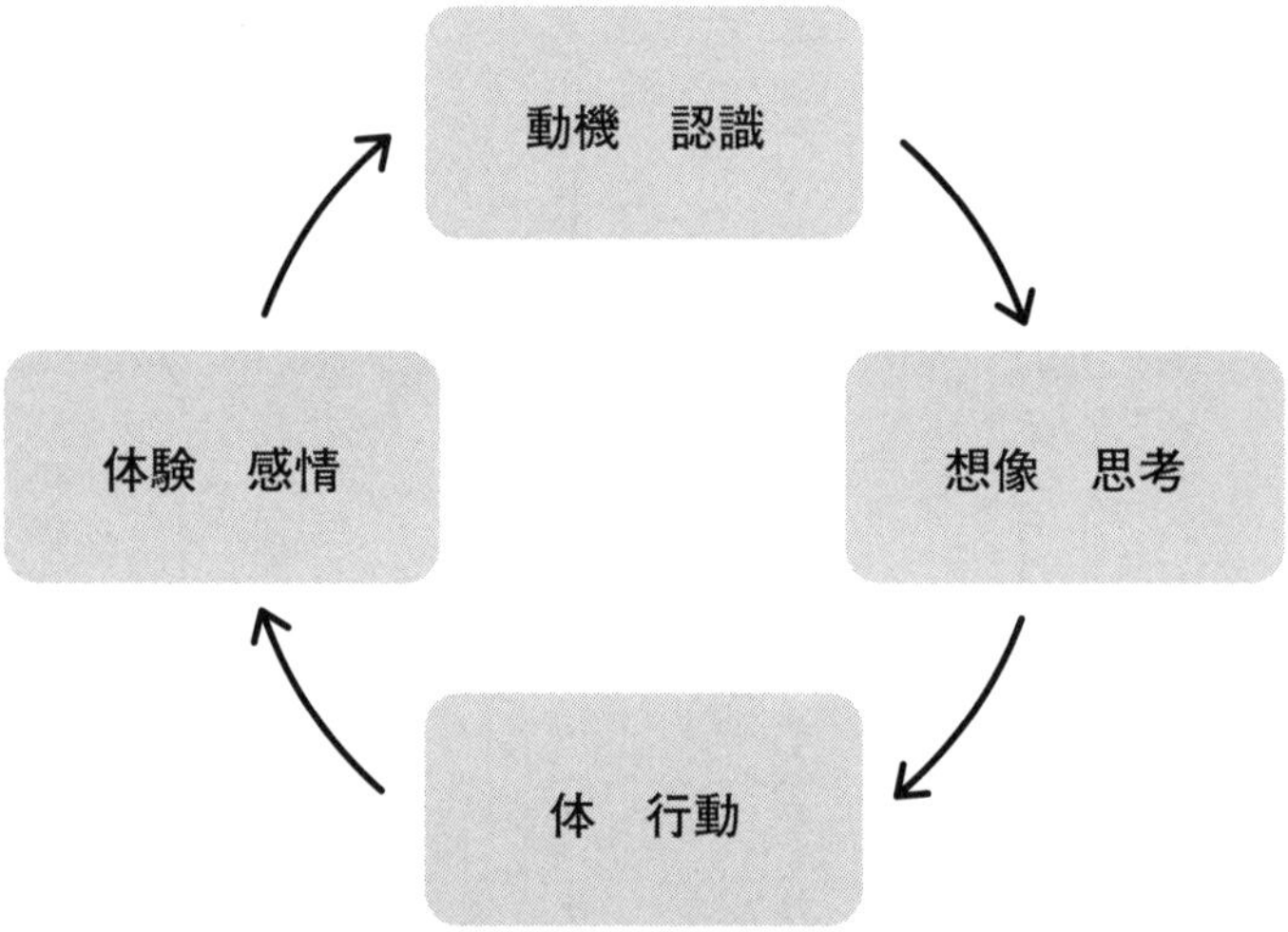

❖ 体を動かすとストレスが減る

このサイクルに介入して、自分のいまの状態を変えたいと思うなら、このなかのどの箇所から取りかかってもかまわない。どこから始めても、それ以外のすべての部分に作用を及ぼすことができる。

自己催眠に取りかかるなら「想像」がスタート地点になるし、スポーツを始めるなら「体」（『変化のサイクル』でいえば『行動』に当たる）がスタート地点になる。

ストレスを感じたときにあなたの体には何が起きて、スポーツがどんな効用をもたらすかはすでにご存じだろう。体を動かせば、あなたの健康は大きく改善される。血液中のストレスホルモンが減少し、体内の幸せホルモンは増加する。だが、それだけでは終わらない！　体の調子がよくなれば、あなたのやる気は上昇し、思考も楽観的になる。新しい現実がいよいよ始まるのだ！

だからカウチから立ち上がって、体を動かそう！　あなた自身のために。体にプラスになるだけでなく、あなたの精神にもすばらしい影響がもたらされる。

運動をすれば、体の緊張は解きほぐされる。そのために、わざわざマラソンのような激しい運動をする必要はない。30分ほど体に適度な負荷をかけるだけでいい。

そうすれば、エンドルフィンやセロトニンといった、ストレス下で抑えられていた、私たちに幸福感を与えてくれる神経伝達物質の放出を促すことができる。

また、定期的に体を動かせば、脳に供給される血液の量も酸素の量も増加する。つまり運動をすれば、あなたは精神的にも健康になるのだ。それに加えて免疫力も、集中力も、ストレスへの抵抗力もアップする。

どんなスポーツや鍛錬を選ぶかはあなた次第だ。団体競技ならチームスピリットが促進されるし、忙しい一日のあとの気分転換にもなる。ダンスなら自分の身体能力をもっとよく理解できるようになるし、ジョギングなら頭を空っぽにできる。体を動かすための選択肢はいくらでもあるのだ！

❖ストレスを軽減するのは運動だけではない

だが、運動をすることがストレスホルモンの分解を促し、体をホメオスタシスの状態に戻す唯一の方法というわけではない。あなたの心と体をリラックスさせ、回復させてくれるものなら、どれも同様の作用をもたらしてくれる。

ヨガ、気功、瞑想、自己催眠、自律訓練法［自己暗示を使った心身のリラクゼーション法」など、一般的にストレスを緩和させる働きがあるといわれているものにはすべて、あなたの意識を外側から内側へ向け、リラックスさせる作用がある。

よく知られているように、これらの技法を実践しているとき、あなたは時間のなかに溶けて自分自身を忘れてしまう。

「瞑想」という言葉を聞くと、本能的に引いてしまう人が多いことも、私は知っている。「うううーむ！」とうなりながら、結跏趺坐《けっかふざ》［ヨガや仏教の瞑想をするときの座法］を組んで地面から浮かび上がっている人のイメージがすぐに頭に浮かぶからだろう。

しかし実際には、瞑想というのは、あなたの心を内側へ向けて落ち着かせ、精神を集中させる一方で、外側の世界がフェードアウトしていくプロセス全体を指す言葉にほかならない。

朝、ベッドに横になったまま10分間意識を内側に向けて、これから始まる1日のために心の準備をしたとしたら、それは瞑想をしていることになる。

オフィスの机にすわって5分間目を閉じて、自分の内側へ目を向けて自分の呼吸を観察すれば、それも瞑想だ。夜、ソファでくつろぎながらその日に感じたさまざまなことをありのままに観察すれば、それであなたは瞑想をしていることになる。

瞑想をするのに長年の訓練は必要ないし、ヨガ行者になるための修行を積む必要もない。誰にでもその方法を学ぶことができ、実践することもできる。

❖ 瞑想でストレスをなくす

瞑想中に意識を向けるのは、あなたとあなたのなかで起きていることだけだ。重要なのはいまだけで、過去や未来は関係ない。

上司のことや住宅ローンの次の支払いのことや、あなたを夜眠れなくさせるような思考はそこには存在しない。このメンタルトレーニングのおかげで体からはストレスが取り除かれ、体はようやく安らぐことができる。

あなたという存在は抽象化し、具体的な問題からは遠ざかって、曖昧さのなかへ入り込んでいく。生きていくためには、こうした時間を持つことは不可欠だ。ヨガでも、サウナやスパでも、散歩でも、このプロセスを経験するための手段はなんでもいい。こうした時間を持てば、あなたはようやくまたリラックスすることができるし、あなたの体もホメオスタシスの状態に戻ることができる。

❖ リラックスは重要

心を静める時間はとても重要だ！　まだ、自宅の上を通過中のハリケーンのことをおぼえているだろうか？

もしそのハリケーンがそのまま過ぎ去ることがなかったら、と想像してみよう。その場合、あなたがバスルームの棚のちょうつがいを修理する機会は二度と訪れないだけでなく、あなたの家はその間ずっと屋根がないままで、前庭の補修のことは話題にすらならないだろう。

だから、意識してリラックスする時間をつくることは重要なのだ。

そうでなければ、化学物質は血液中にとどまったままになり、あなたはストレスを抱えたままになる。ホメオスタシスの機能が働くことはほぼなくなって、自然治癒力も発揮されなくなる。

なぜならたったいま学んだように、ストレスモードにあるときは、自己再生プロセスは作動しないからだ。だが瞑想をすれば、「洞窟の前にサーベルタイガーは待ち伏せていない、だから自然治癒プロセスを始めていいのだ」ということを、自分の体に知らせることができる。

トレーニング9 感謝の瞑想

感謝の気持ちを持つトレーニングを定期的に行うと、ポジティブなことに目を向ける習慣が身につくだけでなく、常にほがらかで幸せな気分で過ごせるようになる。

私たちは大きな幸運が舞い込むことばかり期待して、小さな幸運を見過ごしてしまいがちだが、感謝の瞑想をすれば、あなたは自分の人生を新しい視点からとらえ、いまよりも多くのよろこびを感じることができるようになる。

① 周囲にある電子機器の電源や、集中を妨げるような音はすべて切っておく。

② 楽な姿勢ですわる。あなたにすでに決まった瞑想の姿勢がある場合は、その姿勢ですわるといい。

③ 深呼吸をする。

④あなたの内側に目を向けよう。あなたの心や体は、いまどんな状態にあるだろう？　いまどんなことが心地よく感じられるだろう？　もしかしたらそれは、いま自分だけの時間のなかで誰にも邪魔をされずに瞑想ができていることかもしれない。いまこの瞬間を楽しんで、過去や未来に関する思考はすべて解き放とう。

⑤ほほえもう！　目は開いていても、閉じていてもいい。笑みを浮かべ、体中をほほえみで満たそう。

⑥あなたの体を感じよう――顔も、首も、上半身も、両腕も、両足も。日々あなたに尽くし、あなたを生かし、あなたという人間を内包してくれている体に感謝しよう。このところ特に忙しく働いてくれている体の部分がある場合は、その部分にも感謝をしよう。

⑦鼓動を感じ、心臓と心に感謝しよう。どちらも絶えずあなたのために働いてくれている。またその際には、自分を大切にし、自分自身に注意を払うことも心に誓おう。

⑧ 精神にも感謝しよう。あなたの精神は、あなたという存在をいついかなるときもサポートしてくれている。新しいアイディアをもたらしたり、反省させたり、頭のなかの情報同士を結びつけて新しいひらめきや着想を与えてくれたり、思い出を管理したり。精神に感謝を贈ろう！

⑨ 今日、何か特別によいことがあっただろうか？　あるいは、よろこびを感じたり、誇りに思ったりすることがあっただろうか？　それらの出来事に対して感謝しよう。

⑩ あなたの目をもう一度体に向けよう。体は変化しただろうか？　温かくなっている体の部分はあるだろうか、あなたの内側からはよろこびがあふれているだろうか、体のなかにやすらぎが広がっているだろうか？　何も感じられなかった場合でも、体の変化に感謝しよう。

⑪ 次は、うまくいかなかったすべてのことに感謝しよう。あなたの敗北に敬意を表し、それらに感謝するのだ。そうすれば自分をたたえられるだけでなく、

自分自身にも感謝を贈ることができる。ネガティブな出来事のなかにポジティブな何かを見いだすのは必ずしも容易なことではない。だから、その何かを見つけるために集中しよう。それはどこかに隠れていて、すぐには姿をあらわさないときもある。非常に小さなものである場合もある。それでも、ポジティブなことは必ずどこかにあるはずだ！　見つけ出して、それに対して感謝をしよう。

⑫最後にもう一度深呼吸をする。そして笑みを浮かべて、あなたのほほえみと、このささやかな瞑想を行う機会が持てたことに感謝しよう。

❖瞑想の効果は大

今日《こんにち》では、瞑想には有益な作用があることがわかっている。アジアに起源を持つ、非常に古くからあるこの技法は、現代社会に暮らす私たちには特に役立つ効能をいろいろともたらしてくれる。

アメリカのウィンストン・セーラムにある、ウェイクフォレスト大学医科大学院で教鞭をとり、研究を行っているフェイデル・ゼイダンは、瞑想は脳のさまざまな領域の機能を向上させるだけでなく、私たちの生活全体にもポジティブな作用を及ぼすことを突き止めている。

瞑想には、私たちの気分と記憶力と認知能力と集中力と視空間認知能力［視覚情報からものの位置や向きなどを認識する能力］をアップさせる働きがあるのだ。

また定期的に瞑想をしている人は、瞑想をしていない人にくらべてストレス反応が少なく、ストレス下にあっても瞑想をしていない人を上まわる成果を上げられるのだそうだ。

しかも瞑想には、ネガティブな情動の影響を減少させる効果まである（注11）。これだけいいことずくめなのだから、あなたも瞑想を始めようという気になってくれているとよいのだが――もちろん、まだ瞑想をする習慣がないという前提の話である。

恐怖症
――一匹の蚊が象のように大きく見えてしまうわけ

ベッドで眠っているあなたの顔に、何か得体の知れないものが落ちてきたと想像してみよう。あなたは驚いて目を覚ます。

ほんの一瞬のうちにすっかり頭が冴えわたり、アドレナリンが放出され、非常に古い脳の領域である扁桃体《へんとうたい》が、あなたが危険なものだと思い込んだその何かのスナップショットを撮影する。カシャッ——蜘蛛だ！　そのときから蜘蛛は、どれだけ小さなものでも、この不快な体験の記憶と緊密に結びつけられるようになる。その瞬間、蜘蛛はあなた個人にとってのサーベルタイガーとなったのだ。

あるとき、ショーを終えた私のところに、自分が蝶に対して感じる激しい恐怖について話しにきた女性がいた。どうしてよりにもよって蝶なのだろう、とあなたは不思議に思うかもしれない。蝶は小さくてかわいい昆虫じゃないか、と。

私は彼女の話をさえぎっていろいろな質問をし、まもなく、彼女は蝶だけでなく、蛾《が》に対しても耐え難いほどの恐怖をおぼえることを突き止めた。彼女に恐怖を植えつける原因となったのはなんだと思うだろうか？

❖ 映画での恐怖がトラウマとなる

彼女は若いころに、『羊たちの沈黙』の映画を見ていたのだ。映画のなかでは、常軌を逸した殺人犯が、自分が殺害した被害者たちののどに蛾のさなぎを詰め入れる。映画を見ているときは顕在意識と潜在意識を隔てるドアマンのスイッチは切られているため、その場面はフィルターにかけられずに、映画を見ていた彼女の潜在意識にしみ込んでしまった。その瞬間、犯人の行為のスナップショットが撮影されたのだ。

そして彼女にとって恐怖の引き金となった出来事、つまり、この異常な殺人犯の物語においては、蛾は被害者たちを〝装飾〟するものとして使われていたために、「蛾＝死」という意味づけがなされたのである。

あなたには非合理的な論理に思えるかもしれないが、私たちの脳の扁桃体にとって、理屈に合うか合わないかはどうでもいいことだ。

扁桃体は、特定の体験で引き起こされた情動の強さにしたがっているだけだ。命をおびやかす可能性があると認識されたものは、たとえそれが映画を通して体験したことだったとしても、その後は遠ざけなくてはならない。それだけだ。

それが理にかなっているかどうかや、本当に生き延びるために必要なことかどうかは関係ない。脳は、生死にかかわる重要な体験をしたのだ――「今回はなんとか逃げおおせたが、次はどうなるかわからない。だから今後はそれに近づかないほうがいい。蛾や水や飛行機や高いところなど、自分が危険だと判断したものはすべて避けるようにしよう」と。

その際、**原因となった出来事がいつ起きたか、つまり、映画を見たり、〝脅威〟を感じたりしたのがいつだったかは問題にならない。**あなたの顕在意識の映画館では古びたプログラムでもかまわず上映されるし、数十年ものあいだアーカイブで埃をかぶっていたものが映し出されることもある。

なんらかのきっかけで記憶がよみがえったら、あなたはあっという間にその出来事のまっただなかに放り込まれるだけでなく、麻痺したように観客としてそれを眺めているしかできなくなってしまう。さきほどの、蝶に恐怖を感じる女性がまさにそうだったように。

私は彼女に、催眠コーチングを受けて潜在意識をアップデートするようにとアドバイスした。しかしいまだに、私のもとに彼女からの連絡は入っていない。彼女が自分自身を大切にして、どこか別のところで助けを求めてくれているといいのだが。

❖ 人の恐怖も自分の体験になる

誰かの恐怖症を、その人が恐怖の対象を恐れている様子を見るだけで受け継いでしまうこともある。

たとえば、自分の母親が棚のなかから這い出てきた小さな蜘蛛をひどく怖がっているところを見た場合、あなたは母親の反応を通して危険を体験することになる。こんなとき、たいていはその様子を見て驚くことが恐怖症を発生させる決定的な要因となる。

驚いた瞬間にドアマンが潜在意識への道を空け、扁桃体があなたを驚かせたものの写真を撮ったというわけだ。そして写真が撮影されるとすぐに新しい神経細胞の接続が構築され、それ以降は、高い場所や蛾や蜘蛛などに対して激しい反応が引き起こされてしまう。

恐怖症の人が感じる恐怖というのは、単なる不快感や健全な恐怖とは別ものだ。たとえば、私は個人的に蜘蛛はあまり好きではないが、その嫌悪は私の人生の制約となるほどではない。

本物の恐怖症の人が感じる恐怖は、そうした嫌悪とは比べものにならないだけでなく、人を虚脱状態にさせたり、何かに取りつかれでもしたかのような状態に陥らせたりする。私自身、本物の蜘蛛恐怖症の女性が小さな蜘蛛に遭遇するとどうなるかを目の当たりにしたことがあるが、恐怖症の人たちの反応は、とにかく凄まじい。

あなたも、プロローグに登場したザラが脚立を見ただけで体を硬直させていたことを思えば、恐怖症の反応を見た恐怖症を持たない人たちは、とまどい、何が起きているのか理解できずに首を振るしかないというのも、なんとなく想像がつくのではないだろうか。

なかには、恐怖症の人たちをからかったりする人や、怖がる必要はないのだということを彼らに説明して納得させようとしたりする人もいるほどだ。

❖恐怖症の恐怖は論理ではない

「蝶の何がそんなに怖いの？　きれいな昆虫じゃないか！」

しかし、よく考えてみてほしい。言葉による説得が、一度でも非合理的な恐怖を感じている人の役に立ったためしがあるだろうか？

飛行機恐怖症の人が、「統計的に見れば、普通の道路のほうが人間にとってはずっと危険なんだよ！」と言われて、症状が改善されたことがあるだろうか？

不安が論理的ではないのと同じように、恐怖症の恐怖は論理的ではない。恐怖症の恐怖というのは、泣き出したり、震え出したり、鳥肌を立てたり、吐き気を催したりといった身体的な反応を通して表面化する、非合理的な情動の反応だ。戦うか逃げるかモードになり、合理的な思考はまったく通用しなくなる。その瞬間に、生き延びることが最優先事項になるからだ。

恐怖症を持たない人には、理解しづらい反応だろう。私たちのほとんどは、ベッドで蜘蜘蛛に体をすり寄せたいとは思わないし、3メートルの高さにある木の枝でバランスをとることを想像すると、落ち着かない気持ちになる。

だがそれはまったく普通のことだ――なぜなら、無数にいる一見無害に見える蜘蛛のなかにも、毒を持っているものがいるということは誰でも知っているし、枝からすべり落ちたら命を落とすこともあると知っているからだ。

不快な感情や恐怖には、私たちを死の可能性から守ってくれる働きがある。しかし恐怖症は、その人の人生を制限するだけで、なんの役にも立っていない。

あなたの恐怖心やあなたが持つ恐怖症が非合理的だと言う人がいたら、こんなふうに答えるといい。「知ってるよ。でもぼくの潜在意識はそうは思っていないんだ」

私は、いまこの本を読んでいる、恐怖心や恐怖症に悩まされている人全員にこのことを知ってほしいのだ――あなたには、なんの問題もないということを。それに、あなたの頭に問題があるわけでもないということを。

あなたはただ、人生をおびやかす危険や脅威として分類された何かからあなたを守ろうとしている、潜在意識の過剰な反応に悩まされているだけなのだ。恐怖心や恐怖症には目的があるのだ――脳は、それらがあなたのためになると思っているのである。

しかし実際には、それらはあなたの人生の制約となっている。だからあなたは、恐怖心や恐怖症を取り除くように潜在意識に告げていいのだ。

それらは必要のないものだ。いわば、ハードディスクできちんと作動していない古いプログラムである。アップデートして、過去にできたそのソフトウェアは捨ててしまおう。

しかし、それには一体どうすればいいのだろう？

恐怖を潜在意識から捨てる

あなたの恐怖の対象になっているものに直面したときには、迅速なＥＦＴを使うといい。潜在意識のプログラムは自己催眠を使えば書き換えられるが、あなたのトラウマがとても深いところにあって、ひとりではそこまで入り込めない場合には、催眠コーチや専門知識を持つセラピストのもとを訪ねよう。

どうすればあなたの内側にあるイメージにアプローチできるかも、それらと結びついている感情的負荷をどうすれば解消できるかも、彼らは熟知している。

彼らの助けを借りたあとは、あなたの恐怖はいくらか軽減されるだろうし、場合によっては、完全に恐怖から自由になれることもある。もう一度、失恋したときのことを思い出してみよう。そのときのつらさは、まるで最初から存在しなかったかのように消え失せてしまったはずだ。

私の催眠セミナーの参加者だったズザンネも、やはり、蛾や蝶の類いに対する非常に顕著な恐怖症に悩まされていた。黄金虫も鳩もスズメもカモメも、羽を広げて飛ぶものはすべて彼女の恐怖の対象になっていた。それらを見るとパニック状態に陥ってしまうため、彼女はそういった生きものがいる可能性のある場所を徹底的に避けていた。

必然的に、夏になると彼女の行動は大きく制限された。彼女は私にこう言った。「もしいまこの部屋の壁に蛾がとまっていたら、私はすぐにでもここから出なくちゃならないわ」。それを聞いたほかの参加者たちは薄笑いを浮かべていた。周りのこうした反応も、彼女がそれらの生きものを怖がる理由のひとつになっていた。パニックを起こしているところを誰かに見られたら、笑われるかもしれないからだ。

私は彼女に、恐怖症はどのように発生するのかということと、恐怖はアップデートできるのだということを説明した。彼女は私の言ったことが信じられないようで、不安そうにしていた。彼女は、症状の軽減をはかるには、それらの生きものに向き合うことから始めなければならないと言われると思っていたらしい。

2日目のセミナーの終了後、ほかの参加者が全員帰ったあとに、彼女は勇気を出して私に話しかけてきた。

「私の恐怖症は、本当に治ると思いますか？」

「もちろん！　あなたにその気があれば、セッションの日取りを決めて、治るかどうかを確かめることもできますよ」

「でも私はイタリアに住んでいて、ベルリンにはめったにこないんです。いま、セッションをしてもらう時間はありませんか？」

「残念ながら、このあとは約束があるんです。だけどあなたさえよければ、とりあえずミニセッションを行って、あなたの持っている力を活性化してみましょうか。そうすれば、目標に導いていてくれる新しい感情がどんなものかを体験できるかもしれないし、ひょっとしたらそれをきっかけにもう一度ベルリンに戻ってくる気になってもらえるかもしれない」

「ぜひお願いします！」

❖ 40年とらえられていた思い込みを、25分で解消する

私たちは、セミナーで使った道具の解体作業が進むなかで腰を下ろした。私は彼女を催眠状態に陥らせることなく、催眠コーチングをスタートさせた。

催眠状態に導いて、恐怖の背後にもっと根深い何かが隠れていた場合には、時間が足りなくなる可能性があったからだ。

25分後、ズザンネは自分の体のなかで変化が起きたのをはっきりと感じることができた。飛ぶ生きものを頭に思い浮かべても、不快な反応が生じなくなったのだ。彼女はよろこびで顔を輝かせた。「もう私は自由だわ！　夏が楽しみです！」

その半年後、私は彼女から受け取ったビデオメッセージを自分のフェイスブックのページでシェアした。ビデオのなかで彼女は、あのセッション以来、自分が感じていた恐怖はすっかり解消されたと話していた。あたりにスズメがいるオープンカフェでもなんの問題もなくすわっていることができるし、鳩が何羽もいる町の広場にも行けるようになったそうだ。どちらも以前はまったく考えられなかったことだという。

生きものに対する恐怖だけでなく、たとえば歯医者（歯科恐怖症）、人と話すこと（対人恐怖症）、旅行（広場恐怖症）、狭いところ（閉所恐怖症）、吐くこと（嘔吐恐怖症）に対する恐怖なども、催眠やそのほかのセラピーの手法を使えば治すことができる。古いプログラムに人生をコントロールされるのでなく、あなたの人生は、あなた自身で形づくろう。行動を起こして、近くにいる専門家を見つければ、あなたはいまよりもずっと自由になれる。

ズザンネは、少なくとも40年はとらえられていた思い込みを、25分で解消することができたのだ。

マインドフルネス――観察者の視点

第3章で私は、きっかけと評価と体験がどのように関連しているかについて述べた。これらの関連性が理解できれば、あなたは自分の思考が自分の感情世界にどのように影響を及ぼしているかをはっきりと見きわめられるようになる。

ここでもう一度、その概要をまとめておこう。

❖きっかけと評価と体験の関連

ある出来事が起こる――たとえば、私が軽い追突事故を起こしてしまったり、見知らぬ人からほめられたり、晴れの予報が出ていたはずなのに雨が降ったりしたとする。だがその出来事自体に意味はない――私の感情世界に影響を及ぼすのは、それらの出来事に対する私の評価だ。

車の追突事故を起こした私の反応としては、理論的には無数の選択肢がある。よろこび、怒り、悲しみ、あるいは、事故を起こしても私は落ち着き払ったままでいるかもしれない。ひょっとしたらその車はもうかなり古くなっていて、私はしばらく前から車の買い替えを検討していたかもしれない。

その場合はラッキーなことに、私はついに買い替えの正当な理由を手に入れたことになる!

あるいは、私は事故を大げさにとらえて、世界の終わりだと考えるかもしれない。その場でわっと泣き出すかもしれないし、あるいは、肩をすくめてこんなふうに思うかもしれない。

「たまには事故が起きることもあるさ。幸いにもけがをした人はいないし、けが人がいなかったら事故なんて、ただ車体が損傷したにすぎない」

多くの場合、そうは感じられないものだが、実際には、起きた出来事に対してどう反応するかはあなた自身で選ぶことができる。

❖ 情動に流されそうになったとき

あなたが考えているように、生じた情動になすすべもなく流される必要はまったくないのだ。そういうとき、常に自分に問うべきなのは、この質問だ。

いまからしようとしていることで、自分の状況はいまよりももっとよくなるだろうか？

つまり具体的に言えば、いま怒りを爆発させたところでこの状況は自分にプラスに変わるだろうか？　ということだ。

もしその答えが「イエス」なら、怒りをあらわにしてかまわない！

しかし、答えが「ノー」だった場合は、別の反応の仕方を見つけよう。

❖脳のアップデートに重要なこと

あなたの脳をアップデートするためにまず最も重要なのは、注意深く自分自身に意識を向けて、自分の行動パターンや、自分が周囲に対してどのような反応をしているかを把握することだ。

あなたの内側では、どんなときにどんなことが起きているかを理解しよう。なぜなら、自分が何を感じているのか、そして自分の頭のなかで何が起きてその感情が生じたのかがわからなければ、次の段階でそれらに影響を及ぼすことはできないからだ。

またしてもネガティブな思考に流されて、不快な感情がわき上がるのを感じたときには、深呼吸をして、一歩下がったところから自分の状況を眺めるようにしよう。そしてこんなふうに自分に問いかけるのだ。

自分は本当に、こんな気持ちでいつづけたいと思っているだろうか？

腹を立て、動揺し、感情を乱されたままでいたいだろうか？

もしそのままでいたくないのなら、自分の欠点にこだわりつづけるのはやめにしよう。ストレスホルモンをつくり出し、自分の知覚を狭めている頭のなかの映画をストップさせるのだ。自分自身に注意を向けよう！

マインドフルネスについては、あなたもきっといろいろと読んだり聞いたりしたことがあるだろう。

マインドフルネスというのは、いまこの瞬間だけに心を向けた状態のことを指す。マインドフルネスを使えば、あなたは周りの出来事から引き起こされる感情に流されずに知覚する習慣を身につけることができる。

起きた出来事に自分なりの解釈を加えることも、そこから憶測をふくらませることも、あなたの過去の思考に執着したり、未来のシナリオをいろいろと思い描いたりすることもなく、また一切の価値判断を加えることなくそこにあるものをただ知覚できるようになるだろう。

つまりそれは、無意識的に、反射的に行動するのでなく、自分と自分の反応を観察することができるようになるということでもある。

あなたが将来的にこれまでとは違った行動をしたいと思う場合には、マインドフルネスが必要になる。

行動を変えるということは、あなたがどう行動するかという選択肢を広げることでもあるからだ。

マインドフルネスは、そもそもあなたは何を変えたいと思っているのかを突き止める手助けをしてくれる。

普段の自分を観察し、自動的に起こるどの行動パターンや反応パターンが不快な感情を引き起こしているかを見つけ出そう。

その際には、すでに記したとおり、あなたの感情が役に立つ。感情は、あなたの道しるべの役割を果たしてくれるからだ。

❖ 情動知能を発揮する

自分自身への注意を怠ると、あなたは自分の感情の支配者ではなくなってしまう。衝動的に非合理的な反応をし、度を越した極端な行動に出てしまう場合も多い。

あなたが運転する車の前に、いきなり別の車が割り込んできたと想像してみよう。あなたは驚いてブレーキを踏み、その後、少し落ち着きを取り戻すと——感情を爆発させてそのあつかましい運転手のことを大声で罵倒する。

もしかしたら、スピードを上げてその車のあとを追いかけ、次の信号で止まったときに相手に説教しようとまでするかもしれない（実をいうと、これはすべて私の経験にもとづいた話である……）。

こういうとき、あなたのなかでは何が起きているだろう？　あなたは自分に注意を払っているだろうか？　それともあなたは分別を失っていて、自分の感情も、そしてそのことによって自分自身も、情動にコントロールされてしまっているだろうか？

きっかけとなる出来事が起きてから反応が引き起こされるまでにかかる時間は、あなたのマインドフルネスのレベルによって左右される。

あまりにも早く反応しすぎる人は、当然のことながら情動知能をほとんど発揮できない。情動知能というのは、自分自身や他者の感情を知覚し、それを理解したりそれに影響を及ぼしたりする能力のことで、相手の身になって考える力である、共感の能力に近い。

あなたがロケットのように怒りを爆発させると、出来事が起きてから反応が起きるまでの時間は非常に短くなるため、共感は起こらない。とっさの衝動だけが、あなたの行動を支配することになる。そのうえ反応のサイクルはすでに動きはじめているため、反応を中断させたり、自問したり、熟考したりすることも、もはやできなくなっている。

感情の爆発が起きているあいだは、あなたは完全にコントロールを喪失した状態になるのだ。

催眠現象――後催眠暗示

催眠状態にある人に対しては、後催眠暗示をかけることもできる。

後催眠暗示というのは、催眠をかける相手に特定の行為をさせるためのアンカー（錨《いかり》）を埋め込み、催眠が解けたあとにその人が催眠中に与えられた指示を実行するようにすることだ（後催眠暗示も、多くの人が催眠を怖がる理由のひとつになっている。後催眠暗示をかけられた人が銀行強盗を働くというストーリーの映画まであった——私たちのような職業の者にとっては、けっしてありがたいとはいえない宣伝行為である）。

アンカーというのは、後催眠暗示で発動させる行為の具体的な内容のことで、たとえば、「私が咳をしたら、必ず屈伸をすること」というようなものがそれに当たる。

だが驚くべきことに、暗示をかけられた側は、自分の意志で屈伸をしていると信じ込んでしまう。

あなたがとる行動の裏には、何年もかけて無意識のうちにあなた自身が設定してきた、たくさんのアンカーが潜んでいる。これはまったく普通のことで、間違ったことでもなんでもない。

ただし、それらのうち、どのアンカーが人生の妨げとなったり、人生を制限したりしているかは見きわめなくてはならない。あなたが設定したアンカー以外に、ほかの誰かに植えつけられたアンカーというのもある（もちろん、よこしまな考えがあってのことではない）。

アンカーとそこに埋め込まれている行動パターンの組み合わせを解消したい、もしくは排除したい場合には、意識してそれまでとは違う行動をとるようにするといい。自分を訓練し直して、新しいポジティブな行動を身につけるのだ。

たとえば、煙草を吸うときには、携帯電話を見たり誰かとおしゃべりをしたりするかわりに、瞑想をするようにする、などだ。

同様に、食事を終えたらそれ以降は甘いものを食べないといった決まりや、Eメールをチェックするのは日に2回だけにする、お気に入りのドラマシリーズを見るのは1日に2話までにするなど、決めたことを訓練して身につけることもできる。

それ以外には、催眠療法を受けて望まないアンカーを取り除くという方法もある。

❖ マインドフルネスで心の平静を保つ

マインドフルネスと心の平静は、密接な関係にある。自分や自分の周囲にもっと注意深く対処するようになると、自分がごく自然に平静さを保てているのに気づくことになるはずだ。

車のワイパーに駐車違反の切符が挟まれていても、以前のように頭から湯気を立てて怒ることはなくなるし、昼食が塩辛かったからといってアイデンティティー・クライシスに陥ることも、バスルームが掃除されていなかったからといって恋人とのつき合いに疑問を抱くこともない。

あなたは自分に降りかかる出来事を冷静に、かつ寛容に受け止められるようになる。つまり、自分の感情を状況に合わせて調整できるようになるということだ（状況を大げさにとらえたり軽視したりするのでなく）。

そしてそのなかには、自分自身を落ち着かせ、不安やいら立ちや失望や侮辱といった感情をやわらげてくれる、ポジティブな感情を強化する能力も含まれる。これだけのことが、練習次第で身につけることができるのだ！　自分のなかに不快な感情がわき上がるのを感じて、そのせいで自分が自分の意に反する反応をしそうになっているのに気づいたときには、こんなふうに自問をするといい――「この状況に対して、自分にはほかにどんな反応の選択肢があるだろうか?」

感情がたかぶっているときに自分自身のことを省みるのは、もちろん簡単なことではない。そのため私は、マインドフルネスを〝無味乾燥な〟状態で練習することをおすすめしている。つまり、ストレスレベルが低いときを選んで練習するということだ。マインドフルネスを定期的に練習すればするほど、現実の生活で心が乱れそうになったときにも、容易に平静さを保てるようになるはずだ。

いま、ここに集中する

アメリカにあるマイアミ大学の准教授で、人間の脳のメカニズムについて研究しているアミシ・ジャーは、**マインドフルネスを「感情的な反応をすることなく、いまという瞬間を注意深く知覚すること」**(注12)**と定義している。**

ジャーは、私たちの注意力と集中力は、マインドフルネスのトレーニングをすれば向上することを突き止めている。

私たちの注意は、覚醒している時間の半分は不安定で、懐中電灯の円錐形《えんすいけい》の光があちらこちらへ揺らめくように、ひとつのテーマから次のテーマへと移動している。そのうえ、内部からの刺激にも外部からの刺激にも影響されやすい。気がかりなこと——確定申告がまだ終わっていないなど——を少しでも考えると、私たちの気はたちまち散らされ、スマートフォンからメッセージの着信音が聞こえただけでも、集中はすぐに妨げられる。

しかし、マインドフルネスのトレーニングを定期的に行うと、私たちは不安定な注意をもっとうまくコントロールできるようになる。

ジャーは、スポーツ選手や軍人など、大きなストレスにさらされることの多い職業の人たちを対象に調査を行った。結果、マインドフルネスのトレーニングをした人はトレーニングをしていない人にくらべて、ストレス下にあっても安定した注意力を維持できることを明らかにしている。しかもトレーニングをつづけるにしたがって、注意力はアップする。それればかりかマインドフルネスのトレーニングには、うつ病を予防したり、不安を軽減したり、ワーキングメモリの働きを向上させる効果まであるという。

マインドフルネストレーニングは、集中瞑想と観察瞑想というふたつの部分から構成されている。それぞれに独立したトレーニングではあるが、このふたつは相互に作用を補完し合う関係にある。

トレーニング10

マインドフルネストレーニング
――呼吸に集中する

①　楽な姿勢ですわり、集中を妨げるような音や電子機器の電源をすべて切る。

②　自分の呼吸に意識を集中させる。息を吸うときには、冷たい空気が鼻から気管に流れ込み、腹部に広がっていくのを感じ、息を吐くときには、鼻を通る温かな空気を意識する。

③　自分の呼吸だけに意識を集中させる。自分の思考や外部からの影響によって注意がほかへ逸れた場合は、慎重に呼吸のほうに注意を引き戻す。

④　15分セッションを行うあいだに、自分の注意を幾度となく呼吸のほうに引き戻さなければならなかったとしても、あきらめないようにしよう。リードに

つながれて歩くことを子犬に教えているようなものだと考えるといい。注意が逸れたら、そのたびにそっと正しい場所に引き戻そう。

トレーニング11 価値判断を加えずに観察する

注意力の向上と並んで、マインドフルネスの状態に到達するために重要なのは、観察である。ただしここでいう観察とは、特定の思考やテーマについてじっくりと向き合うことを指すのではない――それよりもむしろ、出会うすべてのものに対してオープンな姿勢を保つことを意味している。

自分の周囲や、自分のなかで起きていることを、一切の評価を加えることなく感じ取ろう――そしてそれらのいずれにも拘泥《こうでい》せずに、あなたの傍らを通過させよう。

ただし、通りすぎる様子を観察はしても、それらに特別な注意を払ってはならない。すべてを先へ送り出し、あなたの意識は自分自身に向けたまま、平静なマインドフルネスの状態を維持しよう。

楽な姿勢で、でも背筋はぴんと伸ばしてすわる。あなたのなかで生じるすべての思考や感情や感覚を、その場にとどめることなく観察する。

「私は心配をしている」「私は計画をしている」「私は判断をしている」「私は思い出している」などの表現でそれらに名前をつけてもいいが、その後は、空を流れていく雲のようにそれらを通過させるようにする。

ひとつの、あるいは複数の思考にとらわれて、それを解き放つことができずにいるのに気づいたときは、最初のマインドフルネストレーニングに戻ってもう一度自分を落ち着かせよう。

一般的には、最大限の効果を得るには、マインドフルネストレーニングを毎日、約15分行うことが理想的だといわれている。

そうすれば、ほとんどの人は1カ月もするとポジティブな変化を実感できるようになる。最初のうちはトレーニングが15分つづかないこともあるかもしれないが、あきらめないでほしい。それがどんな理由によるものであれ、15分を目標に、着実に時間を延ばしていけばいい。

新しい習慣を身につけるときや、新しいスポーツを始めるときには常に当てはまることだが、成果をあげるには定期的な練習が不可欠だ。

最終目標にたどり着くまでの小さな目標を、初めにいくつもたてておこう。そうすればあなたはじきに、そして何度も達成感を味わうことができる。

ごく短時間のトレーニングでも——ほんの数分でもかまわない——行う価値はじゅうぶんあるし、あなたは目標へ向けて前進できる。練習を重ねれば重ねるほど、あなたが獲得できるメリットも大きくなるはずだ。

トレーニング12

氷を使ったトレーニング

これは、私のお気に入りのトレーニングのひとつだ。アメリカの助産師であり、マインドフルネスの指導者でもあるナンシー・バーデキーが考案した「出産と子育てのためのマインドフルネスプログラム」(注13)で行われているもので、本来は、出産を控えた女性が陣痛への対処の仕方を学ぶためのトレーニングだ。

トレーニングの際、痛みは両手に氷を持つことで人工的に引き起こされる。氷を持つと手に痛みは感じるが、それ以外に何かが起こるわけではない。痛みへの対処の仕方にもさまざまな方法があるということを理解するのが、このトレーニングの目的だからだ。

いろいろな方法を試して、自分なりの戦略レパートリーを広げ、いまとは違った姿勢で痛みに向き合えるようにするのである。

妻と参加した出産準備コースで、私はもちろんこのトレーニングを一緒に行い、大いに感銘を受けた。痛みへの戦略を変えるごとに痛みの感じ方も変わるというのは、とても興味深い体験だった。それに、痛みに抵抗したり痛みを拒否しようとしたりすると、苦痛は耐え難いほど大きくなるということもわかった。逆に、痛みを受け入れようとすると苦痛は驚くほどやわらいだ。

トレーニングには、氷と1枚の皿とタオル、それからタイマー（スマートフォンのタイマーでもいい）が必要になる。氷を皿に入れ、タイマーは1分にセットしておこう。

①用意ができたら、片方の手で氷をつかんで、それがすっぽり隠れるくらいに握りしめる。手の下には皿を置くか、タオルを敷いておく。そして、もう片方の手でタイマーをスタートさせる。

②1分過ぎたら、氷を皿に落として、1分間休憩する。

③休憩が終わったら、さっきとは別の手で氷を1分間握りしめる。

この手順を、どちらの手でも4回繰り返す。1回目のときは、手のなかにある氷の冷たさがもたらす痛みに文句を言う以外のことは何もできないだろう。不平を言ったり、ぼやいたり、悪態をついたりするだけで終わってしまう。困難な状況に陥ったときの、ごく一般的な反応だ。人間的ではあるが、エネルギーの浪費も激しい。だがそれ以外にも、痛みへの対処の仕方はいろいろとあるのだ。

2回目からは毎回、別の方法を使って痛みに対処してみよう。

・**呼吸**：あなたの呼吸だけに意識を集中させる。注意が逸れたら、またそっと注意を呼吸のほうへ引き戻す。

・**痛みに向けて呼吸をする**：息を吐くときには、痛みを吐き出すところを頭に思い浮かべてもいい。

・**痛みを検証する**：自分の手のなかに注意を向けよう。痛みが最も強いのはどこだろう、最も弱いのはどこだろう？　それはどんな痛みだろう――ズキズキするような痛みだろうか、ヒリヒリするような痛みだろうか、ギュッと皮膚をつねられたような痛みだろうか？　研究者のように好奇心を発揮して、あなたの思考や感情も観察しよう。

・**意識を拡張する**：あなたの体には、痛みのない領域がどのくらいあるかを感じ取ろう。あなたの注意を体のなかで一巡させ、あなたの体の大きさと、痛みがあるのはそのうちのほんの一部にすぎないということを認識する。

・**うなる**：鼻から深く息を吸い、息を吐き出すときにうなり声をたてる。「オーム（OM）」［ヨガをする前後や瞑想時などに唱えられる聖音］を、音を長く引き伸ばしながら唱えてもいい。その際には、自分の鼻のなかで起こる振動に意識を集中させよう。

・ほほえむ：口角を軽く上げ、自分のほほえみに注意を向ける。

・自分の呼吸を数える

このトレーニングで非常に大事なのは、休憩中も自分自身に注意を向け、氷を持っていないときの感覚を感じ取ることだ。また氷を持たなければならない次の1分間を恐れる気持ちが大きすぎると、休憩時間の意義はどうしても見過ごされてしまいがちだが、休憩は楽しむためにあるのであり、そのことに意識を集中させれば、本当にいまという瞬間だけに注意を向ける習慣を身につけるのにも役に立つ。

このトレーニングを何度かこなしたら、内容を進化させて、同じ手順を氷のかわりに氷水を使って行うこともできる。

ボウルに水を入れ、そこに5個から10個くらいの氷を加え、片手ずつ順番に、手首まで水にひたそう。あるいは、両手を同時に水にひたしてもいい。楽しんでトレーニングをしよう！

氷を使ったトレーニングをここで取り上げたのは、このトレーニングが体の痛みへの対処法を学ぶのに役立つだけでなく、心の痛みに対する向き合い方を改善するのにも大いに役立つからだ。

あなたが必ず嫌な気持ちになるいくつかの特定の出来事があるのなら、その原因は、あなたがこれまでその出来事に常に同じ感情で向き合ってきたことにあるのかもしれない。

このトレーニングを活かして、次にその出来事が起こったときには、それまでとは違う反応の仕方を試してみるといい。それでいつもより心の痛みが早く消えていくかどうかを観察しよう。

❖ 水のように変化しよう

人生は予測不可能な出来事の連続だ。話していた相手に予想外の反応をされたり、思ってもみなかった状況に直面しなければならなくなったり。

カナダの人里離れた森の奥にあるログキャビンに住んでいるのでもない限り、あなたはそうしたいくつもの予想外の出来事となんとか折り合いをつけながら生きていかなくてはならない。カナダのひどく辺鄙《へんぴ》な場所に住んでいたとしても、困難と無縁の人生を送ることは不可能なのだから——狼の遠吠えが聞こえて夜眠ることができなかったり、雪に閉じ込められたり、薪《まき》が底をついてしまったりするかもしれない。

しかし、困難な状況に陥ったからといって、うろたえる必要はない。あなたはどんなときでも新しい状況に適応し、そこから人生を進めていくことができる。ブルース・リーはこのことを、次のようなすばらしい言葉で表現している。


心を空にしよう。

型にはまるのをやめ、形を捨てよう——水のように。

水は、カップに注ぐとカップになる。瓶に注ぐと瓶になる。ティーポットに注ぐとティーポットになる。

水は静かに流れていくが、ときにはものを破壊することもある。

水のようであれ、友よ。

私たちはみな、これから先の人生をどのように進めていくかというイメージを持っている。いろいろな計画を立てて、それらが実現するのを期待する。だが期待に反して、人生が思いどおりにならなかったときには、水になろう。状況に自分を適応させるのだ。

私たちは、人生において、自分の望まない反応の仕方をしてしまうときがある。落ち着きを失い、非合理的な行動をとり、口のきき方を間違えてしまうときがある。そんなとき、あなたは誰に動かされているだろう？

見えない力があなたを支配しているのだろうか？

別人の魂が私たちのなかに入り込み、私たちを操ったのだと言いたくなるような状況においても、自分の行動の責任は、常に自分自身にある。たとえ私たちが、自分で自分をコントロールできなくなっている場合でも、だ。自分がその間、自らの生存を最優先に考える、心の奥深くにある潜在意識の防衛メカニズムによって動かされているのだということを、いまの私たちは知っている。しかしそれでも、潜在意識も自分の一部には違いなく、私たちにはそれを訓練して変えることができるのだ。

自分が将来的にどんな人間でありたいかを選ぶのは私たち自身だ——職業においても、恋愛においても、自分自身との関係においても。そのためにすべきなのは、自分を変える決断を下すこと、そしてそれを実現するために必要な労力を注ぐことだ。

目標に近づくためのトレーニングは、すでにいくつかこの章で紹介している。これらを実践すれば、結果はおのずとついてくるだろう。あなたが自分をどんなふうに変えるのか、私はとても興味がある。

第6章

人間関係をアップデート

衝突を解決する方法

ボードゲームのルール

石器時代のころ、私たちの祖先はどんなふうに生活していたかを想像してみよう。あたりは原野で、危険はいたるところに潜んでいた。そのため当時の生活は、生き延びることと、自分たちの種を維持することを中心に回っていた。そして、それらの課題を成し遂げるには、共同体のなかにいるのが一番だということが私たちの祖先はわかっていた。

単独で行動する者は、短い生涯を孤独に終えなくてはならなかったが、仲間たちといれば、仕事を分担することも互いに守り合うこともでき、生産性は向上し、ひとりでいるときよりも強い存在になることができた。

グループからの追放は、死刑宣告にも等しかった。私たちがいまでも、恥ずかしい思いをしたり、人に笑われたりする可能性のある状況を避けようとするのはそのためだ。人前で恥ずかしい思いをすると、社会的に孤立することへの根源的な不安をかき立てられるのだ。

❖ あらゆることにルールはある

共同生活を機能させるために、ルールは早いうちからあった。しかもその多くは、今日《こんにち》の明文化された法律のように、明確に定義され、表現されていた。さらに数千年のあいだには、日常におけるさまざまな不文律や規範も加わった。テーブルマナーや挨拶のような特定の状況における行動様式や、ものごとの是非や、美の基準などに関するルールだ。

無数にあるこの種のルールは、地域ごと、文化ごと、時代ごとに異なっていて、いまでも変化しつづけている。これらのなかには、必要性のあるものもあれば、文化的あるいは宗教的な思考から生まれたもの、単なる偶然から発生したものもある。

だがどんなルールにも共通しているのは、それらに違反した場合は、なんらかの形で罰を受けるということだ。私たちが無意識のうちに社会のルールを受け入れているのはそのためである。だから私たちは、自ら積極的にルールに順応し、ルールを吸収しようとするのだ。

宗教、文化、民族などで分けられた大規模な固有のグループは、こうしたルールを基盤として形成された。日常的な些細なルールでいえば、伝統や儀式などもそうだ。そしてどんな集団にも、どんな家族にも、これらのルールの独自のバリエーションがある。そして、もしかしたらあなたはすでにピンときているかもしれないが——私たちの信念やものごとを知覚するときのメガネは、まさしくこうした規範をもとにつくられている。

こうしたルールはどれも——明文化されているものも不文律もすべて含めて——、ボードゲームのルールと同じように機能する。モノポリーをするときに、別のゲームのルールを適用することはできないのと同じように。ルールはゲーム固有のもので、それらを勝手に取り換えることはできない。もちろん、ゲームにバリエーションをつけることはできるが、その時は一緒にゲームをする人たち全員と話し合いをしなくてはならない。

❖ 個人のルールを知る

多くの領域における私たち人間のソフトウェアは、進化的に重要な、生き延びるためのルーティンとルールをもとにつくられている。私たちは安全な共同体のなかで生活したいと思っている一方で、実際の共同体での生活は、さまざまな摩擦が起きる原因にもなっている。

私たちのソフトウェアは自己の生存が最優先につくられており、共同生活に適しているとはいえないからだ。そのため私たちの共同生活では、いろいろな問題が発生する。ルールを破ったり、邪推をしたり、訴えられたり、弁明したり、誰かを責めたり。

恋愛関係でも、仕事上の関係でも、家族関係でも、友人関係でも、そのほかのどんな関係においても、人と人とのつき合いは常に大きな課題となる。

だから、おのおのが持つ個人的なルールを知ることには、とても大きな意味がある。自分のルールを知れば自分自身をいまよりもっとよく知ることができるし、ほかの人たちのルールを知れば、自分を向上させるきっかけにもなるからだ。

❖人間関係の衝突を避ける

私はこれまでずっと、催眠コーチとしても、ひとりの人間としても、人間関係における衝突に大きな関心を抱いてきた――それはどうやって発生しているのだろう、そして、どうすればそれを解決できるのだろう？　その結果、私はいくつかのとても有用なモデルとテクニックを見つけ出し、私自身も私のクライアントも、それらのおかげで非常に多くの恩恵を受けることができた――周りの人たちをもっとよく理解できるようになり、コミュニケーションは明確になり、誤解を解けるようになり、自分の感情の責任をとれるようにもなった。

私はこの章で、その一部をご紹介しようと思う。これを使えば、あなたもまた、自分の対人関係をアップデートできるはずだ。

そのツールのうちの、どれかひとつだけを選んで使ったり、新しく得た知識を活かした行動を何かひとつ身につけたりするだけでも、あなたの対人関係と人生は、いまよりもずっと豊かなものになるだろう。

あなたの知覚の真実

最初に、ちょっとした実験をしてみよう。頭のなかでガラスの花瓶を思い浮かべてほしい。

そしてこの先を読む前に、少しのあいだ目を閉じて、その花瓶だけに意識を集中させよう——その花瓶はどのくらいの大きさで、どんな形をしているだろうか?

どうだろう? ガラスの花瓶を思い浮かべることができただろうか?

こうした想像は、あなたの脳の大部分で自動的に起こるたくさんのステップを経て生み出されている。まずあなたは「花瓶」と「ガラス」が何かを知っていなくてはならない。そして私が発したふたつの単語と、そうした花瓶を想像するよう求めた私の言葉を受けて、あなたの脳は想像を発生させる（私の要求は『花瓶を思い浮かべる』ことだったため、あなたの頭に浮かんだのはおそらく花瓶そのもののイメージだと思うが、なかには花瓶という言葉をきっかけになんらかの感情をおぼえたり、何かを思いついたり、花瓶から連想する何か別のものが頭に浮かんだ人もいるかもしれない）。

❖想像するものは人によって違う

だが、問題がひとつある――あなたが想像したのが間違いなくガラスの花瓶だということを、どのようにして確かめればいいのだろう？

それに、想像したのが間違いなく花瓶だったとしても、100人いれば、100通りの花瓶のイメージがある。あなたが思う「花瓶」と私が思う「花瓶」がまったく異なっていた場合、私たちはどう対処すればいいのだろう？

たったひとつの花瓶からでも、衝突は起こり得る。

たとえば、あなたが見ている花瓶をコップだと主張する誰かがいたとしよう。それが花瓶だということを、あなたはどうすれば相手に証明することができるだろう？

見た目からそれが花瓶であることは（あなたにとっては）明白な事実だというのに、花瓶からでもコップのように何かを飲むことはできなくはない。しかしそこには、それが花瓶であることを示すラベルなどないので、互いに相手を納得させようとして議論が始まる。そのうち、ガラスの器ひとつで議論をするのはばかばかしいと互いに気づいて、双方の妥協点を見つけることで話がつけばいいのだが。

あなたが知覚することは真実ではなく、主観的な思い込みでしかない。あなたは自分のものの見方に自信を持っているかもしれないが、そのものの見方は、あなた独自のボードゲームのルールとメガネによってフィルターにかけられ、ゆがめられているのだ。

❖家を見る目の違い

イナとクリスティアンの話をしよう。ふたりは結婚したばかりで、一緒に住む家を探している。彼らはある物件の内見の予約を入れて、その家の前で不動産業者と落ち合う。不動産業者は、まずは外から家の印象を確かめてはどうかと彼らに勧めた。

イナは家を見てこう考える。

「すてき。古い鎧戸《よろいど》があるわ。それに窓もたくさんあるから、家のなかはきっと明るいわね。夜に友達を呼んで、この家でくつろぐところが目に浮かぶようだわ。庭もあるから、子どもができたら夏は外で遊ばせることもできる」

妻の横に立って家を眺めているクリスティアンは、こんなふうに考える。

「建物の正面はひどい状態だな。鎧戸は全部ペンキを塗り直す必要がありそうだ。ぼくはロールスクリーンのブラインドのほうが好きだけど、イナはきっとこの鎧戸を残しておきたがるだろうな。窓は三重窓になってるかな？　春になる前に入居するのはどう考えても無理だな」

イナは救いようのないロマンチストで、クリスティアンは悪名高い悲観主義者なのだろうか？

そうではない——彼らはそれぞれのメガネを通して世界を知覚しているだけだ。そのメガネは、彼らが持つさまざまな信念や価値観や、家を買う動機がもとになってできている。

イナが探しているのは心地よく過ごせる家族を築くための場所で、クリスティアンが探しているのは優良な投資の対象かもしれない。

こうした動機の違いやその結果として生じる知覚には、言うまでもなく無数のリスクと衝突の種が潜んでいる。なぜなら、イナは家を買うために、ふたりの支払い能力を超える借り入れをしてもいいと思っているかもしれないが——なんといっても家は彼女の人生の夢そのものなのだ——、クリスティアンのほうは、不動産の代金をどうやって支払っていくかを最後まで正確に計算し尽くしている可能性があるからだ。こうなると、互いの動機や知覚についてとことん話し合って、ふたりの持っているイメージや思考を調整していくしかない。

ひとつの現実に対して、複数の人間がそれぞれに異なるとらえ方をし、異なる評価を下すところには、常に衝突が起きる可能性が隠れているというわけだ。

❖「オーケー」のジェスチャーのつもりが「くそったれ」

私の知り合いに、ブラジルをあちこち旅行して回ったことのある人がいる。腕時計を持っていなかった彼は、リオデジャネイロで道を歩いていた人に時間を尋ねようとした。当時、携帯電話はまだ一般的ではなかった。

訊いた相手は自分の時計に目をやって、時間を告げた。私の知り合いは感謝を示すつもりでほほえみ、「オーケー」のジェスチャーをした。親指と人差し指で丸をつくる、あのサインを示したのだ。すると、さっきまで感じのよかった相手は突然顔を真っ赤にし、ポルトガル語で彼を罵倒しはじめた。そして路上に彼を残したまま、どこかへ姿を消してしまった。

彼は知らなかったのだが、ブラジルでは、指で丸をつくるジェスチャーは「くそったれ」を意味するのだ。のちにそれがわかってから、彼はようやく、道を訊いた相手がなぜあれほど腹を立てたのかを理解したという。

この例で起きた衝突は、異文化間のコミュニケーションに原因があることは明らかである。アジアの一部の国では、音をたてて食べることがヨーロッパとは違う評価をされるというのは、よく知られている。また、世界中の誰もが挨拶のときに手を差し出すわけではない。だが、同じ文化圏の日常に存在しているいくつもの細かな暗黙のルールに対しては、どう対処すればいいのだろう？

誰もが自分と同じようにふるまい、同じような評価をしているとあなたが思い込んでいることに対して、どんなふうに向き合えばいいのだろう？

食べものを残さず食べるというのは、あなたにとっては当然のことかもしれない。だがそれは本当に、すべての人に共通するルールなのだろうか？

あなたの善悪の判断基準は、本当にすべての人に共通する物差しなのだろうか？

催眠現象——陽性幻覚

陽性幻覚というのは、催眠にかけられている人が、そこにないもの（たとえばユニコーンなど）を見る現象のことである。これに対して、そこにあるものが違って見えたり（友人のひとりがブラッド・ピットに見えるなど）、見えなくなったり（催眠術師の姿が見えなくなるなど）する現象は、陰性幻覚と呼ばれている。

この現象は、あなた個人の現実は、あなたの期待や確信によって形づくられるものだということを明確に示している。

人生も、周りの人々や状況も、自分自身も、あなたは文字どおり、そのときどきの催眠状態という〝メガネ〟を通して見ているのだ。

このことを日常においても意識して、次のようなことを行ってみよう——周囲の状況を、自分がいつ自分の主観でとらえて解釈をしているかに注意し、ほかにはどんな状況のとらえ方ができるかを問いかけよう。

視点を変えて状況の分析を行えば、あなたは自分以外の人の思考を確実にもっとよく理解できるようになる。自分自身を監視して、個人的なフィルターを通して、目の前の出来事をきわめて特殊な視点からとらえているときがどんなときかを見きわめるのは、なかなか楽しいことでもある。

独特の暗黙のルールが存在するのは、社会全体においてだけではない。どの家族にもどんな場所にも独自のルールがある。

だから私は、周囲の人々があなたとはまったく異なるものの見方をしている状況下で、あなたがどんなふうにふるまえばいいかを見つけ出すお手伝いをしたいと思っている。

愛を伝える5つの方法

『愛を伝える5つの方法』(いのちのことば社、2007年)というのは、アメリカの結婚カウンセラーであるゲーリー・チャップマンによって記された本だ(注14)。この本で彼は、愛情を表現したり、愛情を感じたりすることに関して、私たちは一人ひとり異なる言語を持つと述べている。

ある人にとっては、頻繁に賞賛を受けたり、ほめ言葉をもらったりすることが重要で——そういう人は自分の愛情も、相手をほめたり、評価したりすることで表現する。

また別の人は、パートナーとふたりきりで過ごし、互いが互いのことだけを見ている時間を一番大事にする。

はたまた別のタイプの人は、パートナーに愛情のこもったすばらしい贈りものをし、心のこもった贈りものをほかのどんなものよりもよろこぶ。

愛を表現する言語は相手への助力を惜しまないことだと思っている人は、最愛の人のために何かをすることによろこびを感じ、パートナーからの愛情を最も感じるのも、やはり、相手が自分のために何かをしてくれたときだと感じるだろう。

そのほかには、相手にさわることが最大の愛情表現である人もいる。彼らにとっては相手に触れたり相手をなでたりすることが重要で、パートナーと身体的に近い距離にいることを好む。

チャップマンは、この5つの言語はどれも、直観的かつ本能的に習得した母国語のようなものだと述べている。異なる母国語を持つふたりの人が出会った場合は――その頻度は私たちが考えるよりもずっと高いらしい――、コミュニケーションに支障をきたすこともあり、関係がこじれているときは、さらにコミュニケーションをとることが困難になるという。

なぜなら、男性のほうは、頼まれなくても相手の自転車の修理をすることで自分の愛情を示していたとしても、彼のパートナーの母国語は異なる愛の言語で、相手に触れることが最も大事なことかもしれないからだ。その場合、彼女には、また自転車を使えるようになったという事実よりも、愛情をこめて一度抱きしめてもらうほうがずっと愛情を感じられる行為ということになる。

人はそれぞれに異なる言語を持っているということを頭に入れておけば、相手がどんな外国語を話すのかを見きわめ、それを習得するのは容易になるだろう。パートナーとの関係に限らず、百科事典のようにどんなタイプの人間関係にも応用可能な概念である。

❖ダニング＝クルーガー効果

心理学者のデイヴィッド・ダニングとジャスティン・クルーガーは、研究の結果、1999年に驚くような事実を突き止めた。能力の低い人や教養のない人ほど、自分の能力や知力を過大評価し、相手のことは過小評価する傾向があるというのだ（注15）。

この心理現象はダニング＝クルーガー効果と呼ばれていて、能力や教養のある人は逆に、自分を過小評価するらしい。しかし、たとえどんなに有能な人でも、日常において、自分の価値観が一番正しいと思い込んでしまうことは避けられない。

あなたが持つルールのほとんどは、あなたの頭のなかでは、動かしようのない真実で不可欠なものに感じられる。出来のいい映画を見たときに生じる感覚が、真実そのものに感じられるのと同じように。だが実際には、映画のなかで起きることは、すべてただの演出にすぎない。

同様に、人は音をたてて食事をするべきではないというのは、あなたにとってはこの上なく明らかなことに感じられても、それはすべての人に共通する「真実」ではない。一部の国の人や小さな子どもにとっては、自明のことではないのだ。

ほとんどの衝突は、まさにこうしたところに発生する——異なるものの見方や考え方と、その結果として生じる行動パターンが互いにぶつかり合うところに、衝突は起こるのである。「失敗は許されない」というあなたの信念を、「いくつになっても学ぶべきことはある」という柔軟な信念と取り替えれば、もしかしたら衝突は起こらなくなるかもしれない。

❖ 地図は土地ではない

神経言語プログラミングのコミュニケーションモデルの前提となっている基本的な考え方のひとつに、「地図は土地ではない」というものがある。

私がある花瓶を見ていたとしても、その花瓶と私の頭のなかにある花瓶は同一のものではない。頭のなかにあるのは、花瓶そのものでもなければ花瓶の完全なコピーでもなく、特定の縮尺で描かれた地図のような、簡素化された花瓶のイメージだ。

地図は土地そのものではない。そこには石だらけの丘も、森も、湖もない。それは、写真のような画像ですらない。小さな縮尺に変更された、大きく簡素化された抽象的なイメージだ。

私たちは知覚的にとらえたものをすべて、自分が持ったくさんのメガネを通してフィルターにかけ、そのなかの多くの要素を縮小し、ゆがめ、簡素化する。そして最後には、ごく個人的な知覚となって記憶のなかにたどり着く。そのうち、実際に起きたことに合致している部分はほんのわずかしかない。

私たちの脳にとってはすばらしく都合のいいことで、この方法をとると、エネルギーもデータの保存場所も大いに節約できる。

だが、あなたはもう薄々気づいているかもしれないが、人間関係においてたびたび衝突が起こるのは、脳で行われるこのプロセスに原因がある。

私たちの頭のなかにある巨大な地図をもっとよく見てみよう。なかには縮尺の大きな地域もあれば、いくらか詳細に描き込まれている地域もあるが、地図のほとんどの面は空白だ。それらの未知の領域は、私たちがまだ知らないことに気づいていない知識のためにある。自分以外の人たちが持つルールのほとんどは、この空白の面に属している。

本来、衝突が起こった状況であなたがすべきなのは、この未知の領域を探求し、地図を作成することだ。

ところがほとんどの場合、社会的に孤立することを避けようとする石器時代の争いが再現される。勝利をおさめた者はその場にとどまり、負けた者は追放される。あなたが人生において新しい体験をするたびに、さまざまな状況でいろいろな情動を感じるたびに、あなたの地図には変化が起こる。

この惑星に、同じ「脳の地図」はふたつとして存在しない。しかし、だからといって、共同生活を送るうえでのルールの正しさや効力に優劣があるわけでもない。衝突をおさめることの本質は、相手と争って勝つことではなく、相違点を解消し、共通点を見つけることにあるのだ。

偽の読心術と占い

人間関係における衝突と裁判のプロセスのあいだには、多くの共通点がある。どちらにおいても訴えられる者やとがめられる者がいて、しかも関係者全員が自分の主張こそが正しいと信じている。そのうえ一貫したゲームのルールは存在しない場合が多いため、相手の不正行為ではと勘繰って、相手がそれに対して異議を申し立て、反論を展開することもある。

古代からいまにいたるまで適用されている裁判のこの原則を、あなたはきっとご存じだろう――「疑わしきは罰せず」。この原則が今日《こんにち》まで存続しているのには、ちゃんとした理由がある。多くの人々が無実の罪で処罰されるのを防ぐことができたのも、この原則があったおかげだ。

しかしこの重要な原則が、衝突の場で考慮されることはめったにない。なぜなら衝突が起きたときの争点は、自分の正義を証明することではなく、自分の主張が正しいことが認められるかどうか、あるいは、それを相手に納得させることができるかどうか、という点にある場合がほとんどだからだ。

しかも日常の場面に中立な立場の裁判官が同席していることはほぼあり得ないため、判決は自分たちの考えだけをもとにして下される。証拠調べは?

そんなことはしない。衝突のときに起きることと言えば、感情的になって互いに激しい非難の応酬をするか、凍りつくような冷たさがその場を支配するかのどちらかだ。事実のかわりに憶測や邪推が飛び交って、証拠が提示されることなどほとんどない――それにもかかわらず、私たちは判決を下してしまう。

❖人の話から他人を判断する

ヨハンナは親友のクララに、ここだけの話にしてほしいと前置きをして、ふたりのちょっとした知り合いであるアントニアがクララのことを傲慢だと言っていた、という話をした。クララは腹が立つのと同時に、若干の困惑もおぼえる。

「なんで私が彼女にそんなふうに思われなきゃならないわけ？　彼女がそんなことを言うのは、私のことをねたんでいるからに違いないわ！」

クララのなかに情動が発生し、彼女の脳のなかで新たなアントニア像が形成される。

次にアントニアに会うとき、クララは自分が彼女の発言について知っているということをうまく隠し通せるだろうか？

あなただったら、どんな反応をするだろうか？

クララが聞いたのと同じような情報を日常において耳にしたとき、あなたはどんな反応をしているだろうか？　――この例は単なる理論上の出来事ではなく、あなたにもきっと同じような経験があるのではないかと私は思っている。

ひょっとしたらあなたは今後、アントニアにかなり堅苦しい態度で接するようになるかもしれない。あるいは、できるかぎり感じよくふるまって、彼女の自分に対する印象を改善しようとするかもしれない。アントニアに直接そのことを問いただすという選択肢もあるが、そうなると、こっそり自分にそのことを教えてくれたヨハンナを裏切ることになってしまう。

結局あなたは、ヨハンナから聞いた情報の信頼性を確かめることも、アントニアがどんな状況でその発言をしたのかもわからないまま、自分の態度を決めなくてはならなくなる。ヨハンナやアントニアの頭のなかの地図がどうなっているかわからないため、あなたは確実なことを知りようがないのだ。

そして、「偽の予言」問題が発生する。私たちは空白を、つまり欠けている情報を、独自の地図で——真実ではなく自分の知覚によって——補ってしまうのだ。私たちの頭のなかで、想像がどのように繰り広げられるかを決める決定要因には、次のふたつがある。

❖「偽の読心術」と「偽の予言」

①あなたは、相手が何を考えているか、あるいは相手がどうしてそういう行動をとるのかを理解していると思っている——このケースは「偽の読心術」と呼ぶことにしよう。

②あなたは自分には知りようのない状況を想像で補って幻覚を見ている——このケース

は「偽の予言」と呼ぶことにしよう。

ここに挙げた例において、クララの頭のなかで起こり得る想像パターンをいくつかリストアップしておこう。

①ヨハンナは勘違いをしていて、アントニアが傲慢だと言ったのはクララではなく、別の誰かのことだった。

②アントニアは名前を言い間違えただけで、彼女が傲慢だと思っているのは実際にはクララのことではなかった。

③アントニアはクララの行動、もしくは発言を誤解して腹を立てていただけで、傲慢だというクララの印象は彼女の勘違いにすぎなかった。

④クララがアントニアに腹を立てるように、ヨハンナはクララにわざと嘘をついている。ヨハンナはアントニアと喧嘩をしたため、彼女にいじわるをしてやろうと思った。

⑤アントニアの発言は、いろいろと話したなかのほんの一部を切り取ったものだった。ヨハンナは発言の前後にあった話を省き、クララが勘違いをするように仕向けた。

もちろん、アントニアには、クララが本当に傲慢なふるまいをしているように見えた可能性もある。もしかしたらアントニアはクララとはまったく違う価値基準の持ち主で、クララにとってはごく普通の行動パターンを、傲慢だととらえたのかもしれない。

しかし、私が本当に言いたいことはなんなのか、あなたもわかっていると思う。クララには知りようのない情報が、読心術や予言によってどのような情報と差し替えられるかによって、クララとヨハンナとアントニアの関係性は変化するのだ（このことについては『ドラマの三角形からの脱出』の項（３５９ページ）も参照のこと）。

❖思い込みで判断してしまう

ものを考える際にもコミュニケーションをとる際にも、ほとんどの状況において、私たちは多くの情報が欠けている状態で最終的な判断を下さなくてはならない。場合によっては、結論を出すにはあまりにも多くの情報が欠けているにもかかわらず、最終的な判断を下さなくてはならないこともある。

そしてほとんどの場合、私たちは空白地帯を、憶測や推測や邪推で埋めてしまう。こうして偽の読心術や予言によって誤った想像が展開され、それに応じた情動が発生すると、私たちは単なる思い込みをもとに相手を攻撃するような言葉を口にする。

この種の幻覚はどれも、私たちの持つ信念から発生する持続的な自己催眠のようなものだ。知覚したものごとに対して、私たちの頭のなかでは信念をもとにした自分なりの解釈が加えられ、その解釈を真実だと思い込み、結果的に自分で自分を催眠にかけてしまうのだ。

信じられないかもしれないが、私たちのなかでは自分自身を貶《おとし》めるような解釈が加えられることもある。なかには非常にゆがんだ自己像を持っていて、体験することのすべてをゆがんだ鏡を通してとらえ、解釈をしている人もいる。

❖潜在意識の間違った判断

私の催眠セミナーの参加者のなかに、ふたりひと組になって行う最初のトレーニングを終えたばかりだというのに、もう自分に対する大きな疑念や不信感を口にした女性がいた。「私には無理だと思います。私は話が下手だし、のろまだし、自信もまったくないし。私に催眠をかけられる人は、そのことにすぐに気づいてしまうと思うんです」

私は彼女に、ほかの参加者たちの前でトレーニングを行ってみてくれるよう頼んだ。そうすることで、彼女が改善すべき点を見きわめようと思ったのだ。彼女は少し尻込みしていたが、その後、課題を細かな点にいたるまで完璧にこなした。ほかの参加者たちも私と同意見で、彼女に拍手喝采を送った。そして最初の休憩時間になると、彼女は私に自分のいまの気持ちを率直に話しにきた。

「どうしても自信がないんです。とにかく、私にはできません。セミナーの参加を取りやめるか、このあとはトレーニングに参加せずに見学だけをするかのどちらかにさせてもらえませんか」

本当なら、ほかの参加者や私からのポジティブなフィードバックを受ければ、意欲的になり、楽しみながらこのあとのセミナーに取り組めるようになるのではないかと思うのだが、彼女の反応は正反対だった。少し前に彼女が口にした自分に対する疑念は、セミナーのワークショップやトレーニングとはなんの関係もなく、ただ単に、彼女の信念と信念から発生した自信のなさを反映したものだったのだ。

「でも、あなたはとてもよくできてましたよ！　間違えたところはひとつもなかったし、緊張しているようにも見えませんでした。ほかの人たちも同じ感想で、あなたに対して拍手を送ってたじゃないですか」私は彼女にそう答えた。

「ええ、でも拍手をしてくれたのは、私への単なる気づかいだと思います」

私はとても悲しくなった。彼女は、私たちがただの親切心から彼女をほめたと思い込んでいたのだ。ほかの参加者たちの前で体験したことは、新しい情報として彼女のなかに取り入れられてはいなかった。彼女の潜在意識は、彼女が抱いていた感情に対する反証を無視したのだ。

その反証は、互いに無関係な複数の人たちから彼女に提示されたものだったというのに。潜在意識は新しい情報を採用するかわりに、凝り固まった思い込みを裏づける根拠と解釈を自分のなかから探し出したのである。

❖ 選択的知覚が生む思い込み

こうしたことが起こる原因もまた、選択的知覚にある。

選択的知覚は、私たちの頭のなかの地図を通して形成される。それまでの体験とその際に生じた情動同士をいくつも結びつけることで生み出され、発展していくのだ。

そうして選択的知覚が出来上がると、今度はそこからものごとを知覚するときのフィルターと信念が発生する。

そしてこの知覚の催眠状態のなかで、私たちは相手が明らかに発していない情報をたびたび補完する――なぜなら私たちは、相手が何を言おうとしていたか、あるいはどんな意図を持っていたかを、自分はちゃんとわかっていると思い込んでいるからだ。

読心術を行っている人の典型的なセリフには、たとえば次のようなものがある。

・ぼくのことを怒らせようとしてるんだろう！
・あなたが嘘をついてることくらい、わかってるんだから！
・わざとやったんだろう！
・本気で言ってるんじゃないっていうのはわかってるわ。

セミナーに参加していたさきほどの女性のような人に会うたびに、私はいつも、この人をなんとかしてあげたいという気持ちになる。

「自分の思考や行動、感情を変えることは私にもできるし、私はそれを変えたいと思っている」という認識を持たないかぎり、彼女はずっと過去にとらわれたままなのだ。

私は彼女にこう説明した。

「あなたの不快な感情は、無意識の思考プロセスから生じていて、その思考プロセスは、あなたの過去の影響を受けて形成されたものなんです。自分の感情を知覚することは大事ですが、その感情の背景に何があるかを探るのも大事なことです。

あなたが自分の感情を、『私にはできない。きっと恥をさらすことになる』という自分の思考を裏づけるものと見なしているうちは、その古い思考パターンを変えることはできません。あなたの人生は、今後もその反応パターンに支配されたままになってしまいます。

私たちのフィードバックは、あなたが自分の自己催眠に気づくいいきっかけになるはずです。ポジティブなフィードバックを受け入れて、信じることにはとても大きな意味があります。あなたが自分の自己催眠に介入するための最初の一歩になりますよ」

彼女は無言でうなずいた。

「現実のサイクルに介入して新しい方向を示すときには、サイクルのどの部分から取りかかってもいいんです。

あなたの想像力はいま、自分のためにならない方向に考えを向かわせているようなので、まずは『行動』から取りかかったほうがいいでしょう。ふたりひと組で行う次のトレーニングでは、自分の心の声は聴かないようにしてください。有害な信念を思い起こさせるような、頭のなかで流れる映像も無視してください。もし流れてきても、雲が流れていくみたいに自分のそばを通過させて、あなたのしていることだけに意識を集中させましょう。

それから、トレーニングのパートナーからのフィードバックは率直に受け取ってくださいね。

そうすれば、きっとあなたが考えているのとはまったく違う結果になると思いますよ。その結果を受け入れて、そのときに自分のなかで生じる気持ちを感じてみてください。それを何度も繰り返しているうちに、催眠術師としての自分の役割が心地よく感じられるようになってくるはずです」

❖直感だけでなくフィードバックが大切

その女性は私の言うことを理解してくれ、その後は最善を尽くした。最初のうちはなかなか自信が持てなかったそうだが、２日後には、彼女はセミナーをやめなくてよかったと感じるようになっていた。

その間、彼女は何人もの参加者を催眠状態に陥らせることができ、そのことが彼女の自己像にもポジティブな影響をもたらしていた。この新しい体験は彼女に、自分の直感が自分をあざむく場合があるということ、そして自分を省みる際には周りからのフィードバックに耳を傾ける必要があるということを教えてくれたのだ。

だから私は、自分の思考と感情の正しさを裏づける証拠を見つけるのは大事なことだと考えている。あるいは、それらが間違いであることを示す反証でもいい――そして反証を見つけた場合には、それを受け入れるのも大事なことだ。

先ほどの、ヨハンナがクララに「クララは傲慢だと、アントニアが言っていた」と伝えた件ではクララはまず、こう自問すればよかったのだ――「私はどうやってヨハンナの言うことが本当だと確かめればいいだろう?」と。

彼女はアントニアがどんな状況でその発言をしたのかをヨハンナにちゃんと尋ねることもできたし、ヨハンナに彼女も自分のことを傲慢だと思うかどうかを尋ねることもできた。3人で会って話す場をヨハンナに設けてもらって、アントニアの真意を尋ね、「疑わしきは罰せず」の原則にのっとって、アントニアがクララを（ヨハンナの話によると）傲慢だと評価するもとになったルールを突き止めてもよかったのだ。

頭のなかで足りない情報が補完されてしまうこうした状況を、私たちはどうすれば阻止することができるだろう？

ステップ❶：反省

一人ひとりが持つルールや地図には、正しいものも間違ったものもないということ、私たちがものごとを知覚するときに用いるメガネは、どれも絶対的なものではなく、別のメガネと交換可能なものなのだということを、折に触れて思い起こすようにしよう。あなたの地図は、あなたひとりで検証し、あなたひとりによってのみ形づくられたものだということを日々意識しよう。そうすれば、自分の信念に前よりも容易に気づくことができるようになる。

ステップ❷：検証

証拠を探そう。証拠もなしに有罪宣告はすべきでないということを、常に頭に入れておこう！　あなたの解釈が正しく、真実であるという確証はどこにあるだろう？　対人関係におけるもめごとにおいて、必要な証拠をもたらすことができるのは、もめている当の相手をおいてほかにない。読心術や予言は避けて、すぐにステップ❸に進もう。

ステップ❸：会話

相手に質問をしよう。その際には、次項で紹介する非暴力的な「知覚・影響・願望テクニック」を使うといい。それから、自分の行動のなかにもパターンを探そう。

相手の行動や言いまわしのなかに、特に癇《かん》に障ったり、あなたを傷つけたり、ショックを受けたりするものがある場合は、それまでに誰が同じような態度をとったか、あるいは言ったかを考え、あなたが傷ついた過去の記憶を突き止めよう。

いまもめている相手は、あなたのなかにある過去の記憶を偶然よみがえらせてしまっただけで、その相手のせいで不快な感情をおぼえているわけではないのかもしれない。

また、あなたがものごとを普遍化することが多く、相手に繰り返し「いつも」とか「絶対に○○しない」「○○しかしない」等の表現を含んだ言葉を投げつけているなら、それはあなたのパターンに問題があるのかもしれない。

そしてそのようなあなたの反応パターンはいつでも排除していいのだということを、意識的に考えるようにするといい。

透視や読心術は、今後は魔術師や霊能者にまかせておこう。対人関係において透視や読心術のように相手の心がわかるつもりになっても、骨が折れてストレスを感じるだけで、物事を認識するあなたの地図の精度を上げる役には立たない。それから、偽の読心術と共感を混同しないようにも気をつけよう。後者はよりよい人間関係を構築するために、相手の立場になって、相手の感情や思考を追体験することだ。相手のあとを追い、相手のなかに入り込んで、相手の世界を理解しようとするのが、共感である。

共感力のある人は特に、質問を繰り返し、相手の何がわかっていないのか慎重に探ろうとするものだ。あなたの意識は、わかっていないことに向けるようにしよう。質問をしなければ、真実を知ることはできない。

よろこばしいことに、共感力と感情をコントロールする情動知能は訓練次第で高めることもできる。

知覚・影響・願望テクニック

あなたはまだ、私が体験したハンモックの一件のことをおぼえておられるだろうか？　私は相手の挑発に乗り、相手を挑発し、古いプログラムに自分の行動を操らせて、自分の信念を、あたかもそれが普遍的な事実であるかのように主張した。

私はまず例のカップルに腹を立て、それから彼らに腹を立てた自分に対しても腹を立てた。あなたにもそういう経験はないだろうか？

私は自己嫌悪に陥り、自分の反応を後悔した。どうしてあの男性にもっと落ち着いた態度で接することができなかったのだろう？　それができなかったがために、湖畔で過ごすあいだじゅう、私の頭のなかでは「とてもリラックスした気分だ。人生はすばらしい！」という考えが浮かぶかわりに、「人間はどうしてあれほど自分勝手になれるのか？」という映像が流れつづけることになったのだ。

こういう状況についても、私は後から振り返って反省することにしている。自分の反応パターンを、常にアップデートしていきたいと思っているからだ。言うまでもなく、原則をやたらと振り回すあのような行動は、自分の思考パターンやルールを、疑問視することなく、ただやみくもに主張しているだけの行為にすぎない。

人格形成というのは、その言葉がすでに示しているとおり、ひとつの状態を指すのではない。人格が形づくられていく過程を指す言葉だ。だから自分を変えていく過程で進歩があったときには、100%目標を達成すること以外は価値がないと考えるのではなく、それがどんなに小さなものでも大事に受け止めるようにしよう。

機内での言い争い

残念ながら学校では、建設的に誰かの意見を批判する方法や、人間同士の衝突を解決に導く方法を学ぶ機会はないに等しい。

私は一度、ベルリンからチューリヒに向かう飛行機のなかで、信じられないほど奇妙な、そして同時に驚くような状況を目にしたことがある。私の前の席に若いカップルがすわっていて、その隣には本を読んでいる女性がいた。

カップルは大きな声で、彼らがベルリンで参加したらしい講演について話をしていた。私は、通路側にすわっている女性が何度も読書を中断し、そのたびに首の筋肉をこわばらせながらふたりのほうをじっと見ているのに気がついた。彼女は毎回聞こえよがしに深呼吸をしては、再び本に目を戻す。しかしカップルには、特にそれを気にしている様子はない。

しばらくすると、また同じことが起きた。若い女性が何かを言い、通路側の女性は読書を中断し、カップルのほうを見て激しい息づかいをした。

それでもカップルはさらに話しつづける。すると読書をしていた女性は突然、大きな声で本を読み上げはじめた。

若いカップルはあっけにとられたように互いに顔を見合わせ、口を閉じた。女性のほうも、本を読み上げるのをやめた。だがふたりのどちらかがまた大声で話しはじめると、女性もまた大声で本を読み上げた。

「一体何をしてるんです?」若い女性がとうとう尋ねた。

「あなたたちふたりとも、うるさすぎるわ。声が不愉快なのよ!」彼女はしかりつけるような口調で言った。「本に集中できないじゃないの」

「ここは飛行機のなかで、図書館じゃないんですよ。ちょっと落ち着いたらどうですか!」

「この飛行機に乗ってるのはあなたたちふたりだけじゃないのよ!」

「私たちにどうしろっていうんです?」

「おしゃべりをやめなさい！」

若い女性は男性のほうを見て、それからまた女性のほうを見た。「残念ですけど、あなたのお望みのとおりにはできないわ」

その後、そのカップルは女性のことを一切無視した。女性はもう大声で本を読み上げはしなかったが、ふてくされ、これ見よがしにふたりに背を向けてすわっていた。

私は彼女に声をかけ、私の席の近くにある空席にすわってはどうかと提案した。だが彼女は、ただ首を横に振るだけだった。

❖ 静かにしてもらうには

この状況では、一体何が起きたのだろう？　通路側にすわっていた女性の立場になって考えてみよう。隣から聞こえてくる大声での会話のせいで、彼女のいら立ちはピークに達していた。しかし飛行機のなかでのおしゃべりは、法律で禁じられているわけでもなく、彼女にはどうすることもできない。不快な思いをせずに状況をスムーズに改善するには、彼女はどうすればよかったのだろう？

どちらかといえば、あなたもやはり彼女の肩を持ちたいのではないだろうか。自分の行動に対する自覚が明らかに欠けていて、自分の話し声が基準値を超えていることに気づかない人はどこにでもいるものだ。

他人に心中を打ち明けたい欲求に駆られて、携帯電話で話をしている人たちに電車のなかで居合わせると、私たちも彼女のような気持ちになることはたびたびある。


しかしそういうときには、相手の思考を読んだり憶測を働かせたりして、あの人は自分のしていることがちゃんとわかっているのに、勝手なふるまいをしている傲慢なエゴイストなのだろうと決めつけずに、自分の推測の裏づけとなる証拠を見つけることに意識を集中させるようにしよう。

そうした状況下で最初から全体の状況を考察するのは容易なことではない。その場合には、まずは自分がどんな感情をおぼえているか、その状況が自分にどんな影響を及ぼしているかを意識し、それから自分の目標は何かを考えるようにするといい。

そしてそれを相手に明確に説明すれば、自分がどう感じているか、相手に行動を変えてもらうことがどうして自分にとって重要なのかを相手に理解してもらうことができる。

また、自分の知覚と感情と願望について相手に伝える際には、相手が自分の見解を説明できる機会をつくることも忘れないようにしよう。

そうして互いの主張を調整すれば、関係者全員が許容できる解決法を見つけることはできるはずだ。周りからの共感を得たいと思うなら、自分でも時折ものを見る視点を変え、自分以外の人たちの立場から状況をとらえることを心がけなくてはならない――読心術をしたり、強情な子どものようにふるまったり、権力争いをしたりするのではなく。

だから私は、自分のルールを声高に堂々と人々に教え込む方法について頭をめぐらせるかわりに、どうすれば衝突を避けられるか、あるいは解決できるかに意識を集中させることをおすすめしたい。

まずは自分の感情がどのくらい正しく、どのくらい真実かを検証しよう。またしても、自分独自のルールだけをもとに状況の解釈をしていないだろうか？　そしてもし、自分独自のルールだけをもとに状況の解釈をしていたとしても、あなたの理想とする状況を、飛行機で読書をしていた女性のように完敗する危険を冒さずに実現させるには、どうすればいいのだろう？

❖自分の感覚をうまく伝える法

自分の感覚を建設的に相手に伝えるための私のおすすめの手法は、「知覚・影響・願望テクニック」だ。アメリカ人の心理学者、マーシャル・ローゼンバーグが体系化した「非暴力コミュニケーション」（注16）の手法に範をとったテクニックで、シンプルだが、すば

らしい効果を発揮する。３つの部分から構成されているこのテクニックを使えば、相手を

いら立たせたり傷つけたりすることなく、あなたの見解を詳細に説明することができる。

知覚：自分は何を知覚しているだろう？

あなたが気づいたことを描写しよう――できるだけ客観的に、非難をまじえることなく。自分の価値判断を加えず、できるかぎり正確な表現を心がけること。

例：「前回までの３つのプロジェクトを、きみは納期の翌日になってから提出したよね」

影響：それは自分にどんな影響を及ぼしているだろう？

それによってあなたのなかで何が引き起こされたのかを説明しよう。その際、相手を責めるような発言は避けて、「私」を主語にして話をすること。「私」を主語にすればあなたの感情を描写していることがはっきりするし、読心術や予言からも解放される。自分自身についてのみ話すことを心がけよう。

例：「そのことが、ぼくにとってはストレスになってるんだ。自分の仕事のスケジュールが狂ってしまうし、顧客への納期を守れずに契約を失ってしまうリスクもあるからね」

願望：自分は何を望んでいるだろう？

あなたの望んでいることを伝えよう――ただし「もし」という仮定の話や、「しかし」という逆説的な言いまわしは避けること。つっけんどんな話し方にならないようにも気をつけよう。そうすればあなたの要望を確実に相手に受け入れてもらえるだろう。必要があれば、相手があなたの要望を受け入れたという事実を、のちに相手に思い起こさせることもできる。

例：「これからは納期を守るか、時間が足りないときは早めに教えてくれるかな。そうすれば、一緒に対処の仕方を考えることができるから」

❖「知覚・影響・願望テクニック」を日常に当てはめる

「知覚・影響・願望テクニック」を、日常の例に当てはめてシミュレーションしてみよう。イナとクリスティアンはマンションで一緒に暮らしている。しかしイナは、クリスティアンの家事への貢献度はじゅうぶんではないと考えている。

たとえば、食器洗い機からきれいになった食器を取り出さなくてはならないとき、クリスティアンは必ずといっていいほどそれに気づかないふりをする。イナはそのことに対して腹を立てていた。どうしていつも私が食器洗い機を空にしなくてはならないの？　と。

イナはついにクリスティアンを問いただす。

「あなたは食器洗い機を空にしたためしがないじゃない。食器を取り出すのはいつだって私だわ！　私はあなたの家政婦だとでも思ってるわけ？　家事はふたりで分担すべきなのに、あなたはその責任を放り出してしまってるじゃないの」

さて、イナはここでどんな間違いを犯しているだろう？　残念ながら、彼女の話しぶりはほぼすべてが間違っている。

普遍化：「あなたは食器洗い機を空にしたためしがないじゃない。食器を取り出すのはいつだって私だわ！」

読心術／推測：「私はあなたの家政婦だとでも思ってるわけ？」

絶対的思考および個人的なルール：「家事はふたりで分担すべきなのに」

非難：「あなたはその責任を放り出してしまってるじゃないの」

私はクリスティアンを知らないが、イナが始めた議論をクリスティアンが受けて立ち、最終的にはふたりの関係が危うくなるほどのひどい口論に発展するだろうということは、容易に想像できる。

イナがもし「知覚・影響・願望テクニック」を使って話をしたとしたら、彼女が口にしている批判の印象はどんなふうに変わるだろうか？　私が考えたバリエーションを読む前に、あなたもこのテクニックを使った場合の彼女のセリフを考えてみてほしい。

願望は、質問形式で表現してもいい。

❖願望を質問で伝える

私はイナの願望を質問で伝えることにした。私の提案は次のとおりだ。

「私、気がついたんだけど、あなたはこのところ5回連続で食器洗い機の食器を取り出してないわよね。だから私、まるで自分ひとりが家事の担当にでもなっちゃったような気がしてるのよ。食器洗い機を空にするのは、これからは順番にすることにしない？」

ハンモックの一件に関しては、私はどのようにふるまえばよかったのだろうか？　私の自分自身への提案は次のとおりだ。

「たしかに場所取りはしてあったけど、このハンモックは1時間も使われていなかったので、ぼくはあなたたちが何か別のことをしにどこかへ行ったんだろうと思ったんですよ。ぼくは、あと30分くらいここでのんびりしたいんですけど、ハンモックを使い終わったらお知らせしましょうか?」

自分の願望を最後に質問形式で伝えるというのは、とても賢明な方法だ。 質問として出された要望は断りづらい——たとえそれが、まったく見知らぬ人からの要望だったとしても。たとえば、質問形式で出された要望を拒絶したとすると、次のようになり、その人は周囲に極端に非常識な印象を持たれてしまうだろう。

「さしつかえなければ、椅子の上に乗せた足を下ろしてもらえないでしょうか?」

——「さしつかえは大いにあるよ!」

「お願いがあるんですけど、飲み終わったコーヒーのカップを私のデスクの上に置きっぱなしにするのはやめてもらえませんか?」

——「やめられないね」

「可能であれば、あなたの親友とここで電話をするのはやめてもらえませんか? ここは電車のなかでも携帯電話の使用が禁じられている場所ですから」
――「無理ね。いつどこで電話をするかは私の勝手だもの」

謙虚に相手に指導する

私もこのことにはいつも感嘆させられるのだが、謙虚さを以て人に接すると、要望は非常に受け入れられやすくなる。自分も完璧な人間ではないことを初めから相手に打ち明けて、そのことも相手が決断をする際の判断材料のひとつにしてもらうと、相手の受け止め方は大きく変わるのだ。

要望の出し方によって相手が受ける印象の違いを、もう一度「テーブルに肘を置くこと」と「飛行機での読書」の例を取り上げて、比較してみよう。あなたはたしなめられる側の立場だ。発言の焦点が相手への要求のみに当てられていると、相手があなたに出す要求は次のようになる。

「テーブルから肘を離して！」
「おしゃべりをやめなさい！」

今度は、この発言にほんのちょっぴり謙虚さを足してみる。要求を出す側が、自分は少々神経質だったり状況のとらえ方が独特だったりすることを認める言葉を追加するのだ。それから要求の表現方法も、質問形式に変えることにする。

「私はテーブルマナーに関してはちょっと神経質なところがあるの。さしつかえなければ、肘をテーブルから離してもらえない？」

「すみません、話がとても盛り上がってるみたいなんだけど、私は騒がしいのが少し苦手なの。もう少し小さな声で話してもらえないかしら？」

どうだろう？　こんなふうに訊かれれば、あなたは相手の要望を受け入れようという気持ちになるのではないだろうか。それどころか、場合によっては、進んで相手の要望を受け入れてあげたいという気持ちにすらなるかもしれない。攻撃されたようには感じないし、相手がどうしてそのような要求を出すのかを理解することもできるようになる。

同じことはもちろん逆の場合にも、あなたが誰かを批判したり、難しい要求を出したりする場合にも適用できる。

次にあなたが偶然出くわした誰かと衝突を起こした場合には、何があなたの気に障っているか、どうしてあなたは不快に感じたり、悲しくなったり、不機嫌になったりしているのかを、相手にきちんと話してみてはどうだろう？

あなたにそうした感情をもたらしているのは、相手ではなく、自分自身の信念なのだと認めてみるのはどうだろう？

さらに、相手の感情についても尋ねてみては？

相手のなかで何が起きているかがわからなければ、そしてあなたのなかで何が起きているかを相手に伝えなければ、相互に誤解が生じるのを防ぐことはできない。

❖正しい、間違っているは人によって違う

残念ながら私たちは、自分のしていることはすべて正しく、ほかの人たちのしていることは間違っているという前提に立ってものごとを考える。少なくとも私は自分のしていることは正しいと考えているし、あなたもそうなのではないかと思う。私たちが自分の信じることのほとんどを正しいと思い込むのは、人間の性とも言える。信じていなければ、正しいと思うこともないのだから。

それから私たちは、誰かが間違った行動をとったときには、その人が自分でそれに気づいてくれることも期待する。だが、自分の胸に手を当ててよく考えてみよう——自分の犯

した間違いに気づかないというのは、よくあることなのではないだろうか？　自分独自の催眠世界にいたために、うっかりルールに違反してしまった経験に、心当たりはないだろうか？

また、ルールがはっきりと定義されている場合には、それに違反したかどうかは明確に判別できるが、日常のルール違反を解決するには、当事者同士が妥協点を探らなくてはならない。

なぜなら日常のルールには、正しいことと間違ったことの区別がないからだ。周りにいる誰かが（私の目から見れば）間違った行動をとっていたとしても、私はその人が自分の間違いに自発的に気づいてくれるのを期待することはできない。

その人は私と同じ価値観を共有しているわけでも、私の価値観を読み取ったり見抜いたりできるわけでもないからだ。**自分以外の誰かを変えようとするのでなく、そろそろ自分自身を、とりわけ自分のマインドセットを変えることを考えはじめるべきなのだ。**

私たちの価値基準は、受けた教育や、周囲からの影響や、それまでの体験によって形成される。何を正しく、真実であると考えるかは、人によってまちまちだ。私は、不快な感情をおぼえる状況に出合ったときにはいつも、自分自身の評価モデルを検証するようにしている。

なぜなら私には、その状況を変えることも、その状況に関係している誰かを変えることもできないからだ――自分で変えられるのは、自分自身しかない。たとえその状況がどんなに不快に感じられても、意識して決断を下せば、犠牲者の役割から抜け出して、状況を自ら積極的に改善することはできるはずなのだ。

「知覚・影響・願望テクニック」を用いたコミュニケーションを心がければ、あなたはかなりの確率で状況を改善することができるようになる。それに、緊張を緩和させるような態度を意識しながら相手に理解を乞えば、解決への糸口もつかみやすくなる。なぜならストレスにさらされた状況下では、私たちは頭に血がのぼりやすくなるからだ。興奮状態に陥れば、さらなる衝突が生じることにもなりかねない。

大脳新皮質の重要性

第5章で述べたように、生命をおびやかされるような状況に陥ると、私たちの体は戦うか逃げるかモードに切り替わる。数十万年もの長きにわたって私たちが生きながらえることができたのは、このストレス反応のおかげだ。

今日《こんにち》においても、私たちが差し迫った危険に直面したときには、ストレス反応は私たちの命を救ってくれるだろう。しかし現代のストレスは、ほとんどの場合、私たちの祖先とはまったく異なる理由から発生している。

現代のストレス反応は、会社でのプレゼンテーションを前にしたときの極度の緊張感や、仕事で高いノルマを課されたとき、恋人ともめたとき、あるいは厳しい上司の態度や外から聞こえる騒音などが原因となって引き起こされる。

❖ストレスをつかさどる爬虫類脳

ストレス反応をつかさどるのは、爬虫類脳だ。私たちの脳にどんな領域があるかは、第1章ですでに説明したとおりである。ストレスは私たちの体に備えつけられている警報装置のようなもので、この装置が作動すると、あなたのなかにある警察が出動し、生命の危機に瀕《ひん》したときには軍隊が召集されることもある。どちらが出動した場合でも、それらが活動しているあいだは通常の管理装置は無力化される。

公平さやリスクを吟味する機能のかわりに、種の保存や身の安全を確保するための本能的な機能に指揮権がゆだねられ、無意識のすばやい反応ができるようにはなるが、節度のある行動をとることは不可能になる。

それでも、出動しているのが警察だった場合はまだ法や秩序を守ろうとするが、軍隊が出動している場合はあっという間に暴力沙汰に発展してしまう。

ただし、いつでもすぐに軍隊に召集がかかるわけではない。たいていの場合は、持続的にストレスがかかることによって、徐々に軍隊が指揮権を握る状態に移行する。このことは、たとえば不良少年の挙動を見るとよくわかる。

彼らはまずは相手をどなりつけ、しばらくしてから暴力をふるい出す。そうして衝突が激化していくと、ストレスレベルも上昇し、最後には限界値に到達する。サイレンが鳴り出して赤い警報ランプが点灯し、同時に脳は非常事態に切り替えられる。そうなるともう、手がつけられなくなってしまう。

ストレス下にあるときの特徴として注目すべきことは、もうひとつある。大脳新皮質で行われる比較的ゆっくりとした思考は、ストレスにさらされることで、あなたの爬虫類脳によって故意に抑制されてしまうのだ。理性をつかさどる大脳新皮質の機能が低下すると――ひょっとしたら試験や就職面接の際など、強いストレスがかかる場面で経験したことのある人もいるかもしれないが――、ブラックアウト（部分的な記憶の欠落）が起こることもある。

さらに、合理的な行動をとることも難しくなる。血流量が減少することで、特定の伝達物質が脳を軽い麻痺状態に陥らせるため、公平で慎重でリスクを考慮した思考は著しく低下してしまう。

機械的でリスクをいとわないおざなりな思考パターンがあなたを支配するようになると、いかに自分の無意識にあるフィルターをトレーニングしているかが、あなたの行動ににじかに現れることになる。

おぼえておこう。進化の過程でこうしたストレス反応のパターンが発生したのは、あなたと上司、あなたとパートナーとのあいだに議論を勃発させるためではない。

緊急時に普段よりもうまく戦える状態にしたり、巧みに逃げられる状態にしたりするためだ。それも、単なるもののたとえではなく、文字どおりの意味である。

ストレスにさらされると、衝動をコントロールする力は低下する。なかにはヒューズが焼き切れてしまう人もいるだろう。喧嘩の最中に相手に殴りかかったり、大声でわめきちらしたりする人がいるのはそのためだ。

どちらも相手を畏縮させたり、恐れさせたりするための、ある種の暴力の形である。

❖大切なのは論争の解決策を見いだすこと

誰かと喧嘩をして、あなたや相手の口から突然攻撃的な言葉が出るようになったのはなぜなのか、無意味なことを口走ったり、理屈に合わない論理を展開したりするのはなぜなのか。そう思ったときには、それはストレスによって引き起こされた自動的な反応だと理解するといい。

あなたがパートナーと互いに理解し合えないとき、その原因がどちらにあるかを問うことには、あまり意味がない。下の絵を見てほしい。正しいのはふたりのうちどちらだろう。

ごらんのとおり、どちらも正しい。どちらも自分独自にものを見ているからだ。衝突が起きている状況ですべきなのは、客観的に見て賢明なのはどちらかを判断することではない。論争の解決策を見いだすことなのだ。

われわれ男性は特に、この点に関しては女性を見習わなくてはならない。男性のストレス下での警報システムは、「戦うか逃げるか」に特化してプログラムされているのに対して、女性の場合はどちらかといえば、「思いやりと絆」反応（ストレスにさらされたときに子どもを守ったり、仲間とのつながりを強化したりしようとする反応）を示す傾向があるからだ。

女性は、興奮を静めて戦いを阻止しようとするのである。進化の過程において、女性は男性よりも身体的に戦いに不利だったことに加えて、妊娠中や子どもを連れているときには逃走も難しかったことがその理由だと考えられている。女性は、衝突で生じた緊張をやわらげる努力をするのだ。

❖ 思いやりと絆モードを意識する

だが現代においては特に有意義な反応である「思いやりと絆」モードは、意識をすれば、性別を問わず身につけることができる。自分の無意識をトレーニングしたり、無意識におけるプログラミングを変更したりすれば、ストレス反応のパターンに影響を及ぼすことはじゅうぶん可能だからだ。

さらに、ストレス反応における男女の違いに関してもうひとつつけ加えておくと、男女それぞれの基本的な反応パターンは、頭に入れておいたほうがいい。基本のパターンがわかっていれば、次に異性とのあいだに衝突が起きたときに、これまでよりもうまく対処できるようになるはずだからだ。

ひとつの衝突をきっかけに喧嘩が勃発すると、男性は逃げようとするかもしれない――仕事部屋や、趣味の部屋や、あるいは親友のところへ。

それに対して女性のほうは、いま起こったことについて話し合い、互いに抱きしめ合うことで喧嘩を終わらせようとする。

しかし女性がさらに責めたてると、男性の逃走モードは戦いモードに切り替わり、「いいからほっといてくれよ」と大声を出したり、相手を言葉で攻撃したり、場合によっては手が出ることもある。こうした喧嘩が頻繁に起こる場合は、ふたりともが平常心でいるときにそのことについて話し合い、喧嘩のときに速やかに落ち着きを取り戻すためのルールを定める必要がある。ドイツ語には「喧嘩の文化」「自分の立場を鮮明に主張し合う建設的な喧嘩を指す言葉。論争文化、闘争文化と訳されることもある」という言葉があるが、この言葉は理由もなく存在しているわけではない。「文化」と呼んでいいほどに、喧嘩のパターンというのは明確なのである。

喧嘩のあとに話し合いをする際は、読心術などはじめからやろうとせず、「私」を主語にしてコミュニケーションをとり、非難や告発は省略して、冷静でいることを心がけよう。

呼吸法を使ったり、ふたりのあいだに少し距離をあけたりすれば、落ち着きは取り戻しやすくなるはずだ。

お互いの緊張を緩和させるには、一緒に散歩をしたり、相手を抱きしめたり、体に触れたりするのが最適の方法だ。そうすれば、爬虫類脳に「危険は去った。緊張を解いていい」という信号を送ることができる。信号が届いたあとは、体はホメオスタシスの状態に戻り、大脳新皮質もまた機能しはじめる。あなたはまた明瞭な思考ができる状態になって、喧嘩について建設的な会話ができるようになる。

衝突が起こると、私たちはたいてい無意識のうちに、自分が持つ反応のパターンやルーティンを疑いもせずさらけ出してしまう。

だから、比較的穏やかなときに自分の反応を検証し、次に衝突が起こったときに、どうすれば最初から適切な行動をとることができるかをあらかじめ考えておこう。あるいは、あなたの頭のなかの地図や信念、ルールを見直して、衝突をどうすれば回避できるかを考えておければもっといい。「戦うか逃げるか」反応ではなく、「思いやりと絆」反応ができるようになるように。

ドラマの三角形からの脱出

「ドラマの三角形」(注17)というのは、心理学者のスティーブン・カープマンが1968年に提唱した交流分析モデルだ。心理学や社会学の分野で、対人関係において衝突が起こった状況での関係者の役割を具体的に示すために使われる。

もともとは、文学研究の分野において、童話や言い伝えに登場する少なくともふたりの人物の基本的な関係パターンを明確にするために三角形が用いられたことがはじまりだ。このモデルに「ドラマ」という演劇にちなんだ名前がつけられているのには理由がある。小さな衝突でも、感情的な「演出」を施せば、ちょっとしたドラマに発展しかねないからだ。

ドラマの三角形は、相互に依存し合う関係の「迫害者」「犠牲者」「救済者」という3つの役割から構成されている。ただしこの三角形は、3人の関係者、もしくは3つのグループが関係していなければ成立しないというわけではない。ときにはひとりの人物が、役割を変えながら何役もこなしている場合もあるからだ。

プライベートや仕事上のさまざまな人間関係において、あるいはショッピングの最中などの日常の一場面において、私たちはちょっとしたトラブルを感情的なドラマに仕立て上げてしまうことがある。その過程を、日常のとある例をもとに、次にわかりやすく示してみよう。

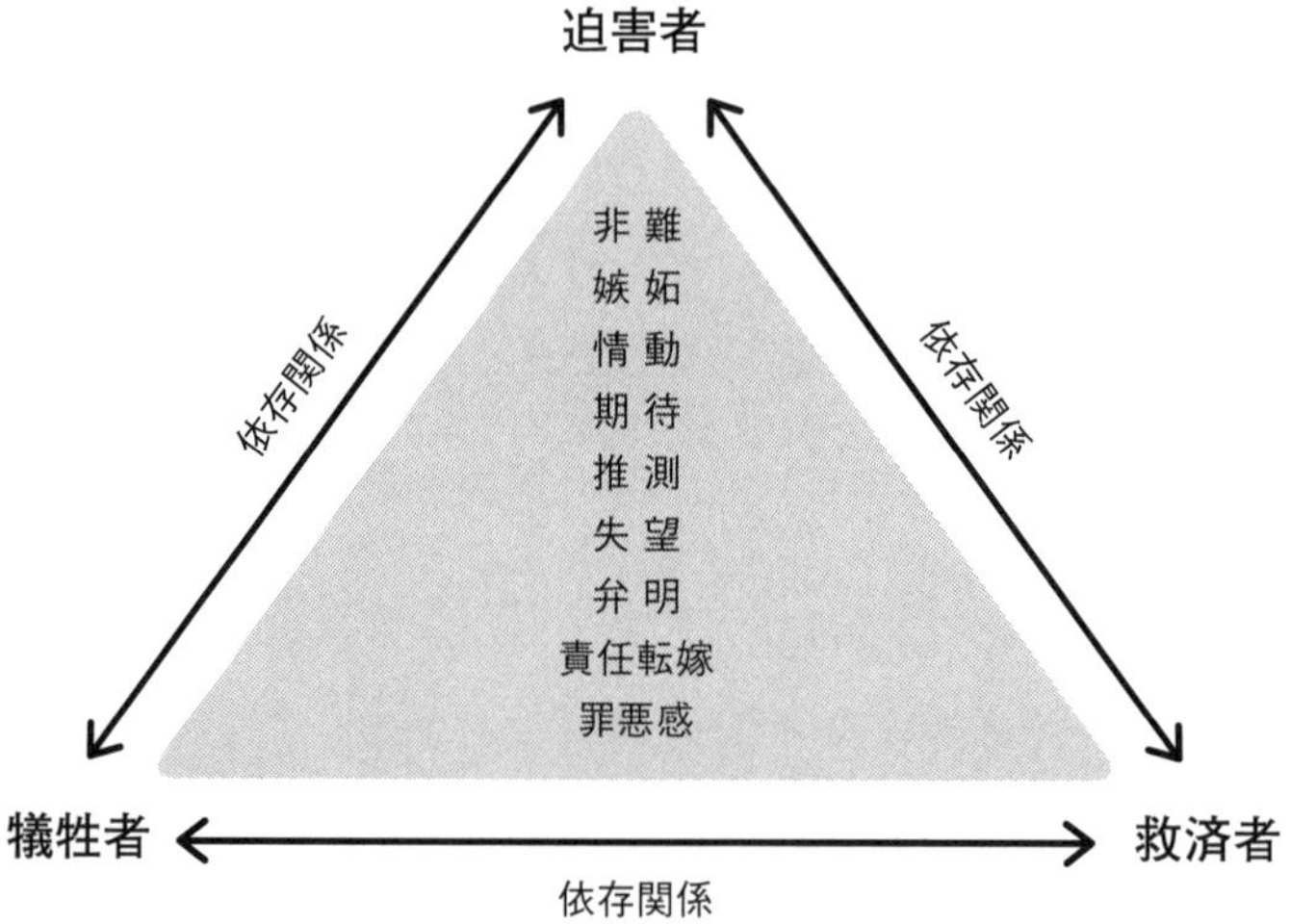

❖ 迫害者、犠牲者、救済者の関係

ゾンヤは職場での多忙な1日を終え、夫のクリスティアンとふたりでゆったりくつろげるのを楽しみに帰宅する。それなのに、キッチンに入るとそこにはクリスティアンが親友のマークとすわっている。

彼らはすでに料理をしていたようで、ビールを飲んで上機嫌になっている。何かをつくって食べたらしいことは、リビングキッチンの様子からも明らかだ。「一体なんなのよ?」失望したゾンヤの口から不平が漏れる。

「まるで戦場みたいな散らかりようじゃない!」非難をこめた目で彼女はまずクリスティアンを見て、それからマークのほうを見る——このあとは、もしかしたらゾンヤが「私が散らかった家に帰ってくるのが嫌いだってことは知ってるでしょう」と言葉をつづけるかもしれないし、あるいはクリスティアンがゾンヤに対して、「ぼくたちはただ料理をしただけだよ……」と言い返すかもしれない。

この衝突が発生した当初は、ゾンヤが迫害者(相手をとがめている)の役割を、クリスティアンが犠牲者(自分の行為に罪の意識を感じていない)の役割を担っている。

だが、もしそれに対してクリスティアンが反論をしたとすると、今度は彼が迫害者になる。

「きみはいつも神経質すぎるんだよ。マークとぼくはただ一緒に楽しい時間を過ごそうとしただけじゃないか。きみが疲れてるからって、なんでぼくらまで楽しみをあきらめなきゃならないのさ?」

「あなたっていつもそうなのよね。楽しい時間とやらを過ごして、ここをこんなにめちゃくちゃにしたくせに、私のことを悪者扱いするわけ!?」(犠牲者)

ゾンヤはさらにつづける。

「ついさっきまで今日はいい1日だったと思ってたけど、家に帰ってみれば、今夜はふたりでゆっくり過ごそうっていう私との約束をあなたは忘れてるし、キッチンは散らかり放題だし(迫害者)、一気に不愉快な気分になっちゃったわ」(犠牲者)

そこでマークが会話に加わり、救済者になろうと試みる。

「ゾンヤ、ぼくはどっちにしてももう帰ろうと思ってたところだし、クリスティアンだってきみを怒らせるためにわざとやったわけじゃないんだからさ」

しかし、場をおさめようとするマークの試みはゾンヤには通用しない。彼女から見ればマークは迫害者で、犠牲者は彼女のほうだからだ。

「余計な口出ししないでよ！」今度はゾンヤが迫害者になってマークを攻撃し、それによってマークの役割は犠牲者に変わる。「マークに対してその口の利き方はないだろう！」クリスティアンがゾンヤをどなりつけ（マークにとっては救済者、ゾンヤにとっては迫害者）、状況はにっちもさっちもいかなくなる。そうするとその後は、延々と攻撃と反撃が繰り返されるだけだ。

ドラマが行き詰まると、もはや事態の解決は望めなくなり、そのうち互いが展開する主義主張と権力争いだけがその場を支配するようになる。この段階までいくとほとんどの場合、迫害者と犠牲者と救済者の役割が目まぐるしく変わりながら、攻撃と反撃の応酬がつづく。

誰が悪いのか

その呼び名から容易に想像できるように、この三者のなかで最も力強い役割は「迫害者」だ。ただし、迫害者が犠牲者や救済者よりも力があるように見えるのは、見かけだけにすぎない。救済者は利他主義で、最善の結果だけを求めているように見えるが、実際には自分の承認欲求を満たすことが目的である場合も多く、そのうえ犠牲者を不必要に矮《わい》小《しょう》化してしまう。

犠牲者はこの三者のなかで、なんの罪もない最も弱い立場のように見えるが、自分では一切責任を負おうとしないため、犠牲者にも罪はある。

迫害者
一見、最も力があるように見え、
何に関しても誰よりも知識を持っていて、
他者をとがめ、弾劾し、扇動し、
威嚇したり、屈辱を与えたりもし、
絶対的な思考をする。

犠牲者
一見、最も弱い立場にあるように見え、
大声でわめいて身を守ろうとしたり、
何もできない無力な存在のようにふるまったりし、
愚痴や不平をこぼし、
他者の注意を引こうとし、
罪の意識はなく、
罪悪感を持たせることで他者を操り、

他者を弾劾者に仕立てあげる。

救済者

他者のなかだちをしようとし、

承認欲求から行動し、

かたよった判決を下すこともあり、

たいていは頼まれもしないのに介入し、

犠牲者をさらに無力な存在にし、

注いだ労力のわりに自分は過小評価されていると感じている場合が多い。

さらにカープマンは、ドラマの関係者は自分の役割を、内なる必要性から直感的に選んでいるとも指摘している。カープマンの言う「内なる必要性」というのは、私が心の地図や信念や知覚という言葉であらわしているものとまさに同じものを指している。**関係者のなかで自分たちが陥っている状況を認識している度合いが低ければ低いほど、ドラマの三角形によってもたらされる害は大きくなる。**

❖ 今の自分の役割を突き止める

「知覚・影響・願望テクニック」を使ったコミュニケーションを意識したり、ほとんどの場合は各自が持つ個人的なルールに是非はないということを絶えず意識したりして、別の視点から状況を見ることを心がければ、あなたは自分が演じている役割から意識的に降りることができるようになるはずだ。

ドラマの三角形を解決する鍵は、ドラマを認識し、そこから抜け出すことにある。そうすれば、状況には変化が起こる。なぜならすべての役割は、互いに依存関係にあるからだ。三本脚の椅子がそうであるのと同じように、構造を支える支柱のひとつが失われると、三角形は崩壊する。犠牲者が犠牲者の役割を担うことを拒否すれば、迫害者と救済者は役割を演じようがない。たったひとりの参加者が撤退を表明しただけで、システム全体は崩壊するのだから。

あなたの役割が3つのうちのどれであっても、自分の置かれている状況が不快に感じられたら、すぐにそこから抜け出していいのだ。そのためにはまず、あなたがたったいま引き受けたばかりの役割がどれかを突き止める必要がある。

次の質問について考えてみよう。

・あなたが演じる役割はどれだろう?（最も頻度の高いもの）
・子どものころにあなたが習得した役割はどれだろう?
・あなたの両親のあいだで展開されていたドラマの典型的な流れはどんなふうだっただろう?
・あなたが感情的に近い立場にいるのは、両親のどちらだろう?
・あなたの行動は両親のどちらに近いだろう?

自分に影響を及ぼしている行動や思考のパターンがわかれば、あなたはそのパターンから抜け出すことができるようになる。あなたにゲームに参加する義務はない。不快なら、そのゲームからは降りていいのだ。

でも、どうやって?　そのためには、徹底してあなた自身の問題にしかかかわらないようにすることだ。

その場で起きていることのうち、本当に自分自身の問題なのはどれで、あなた以外の人の問題はどれなのかを見きわめよう。人の頭のなかにある地図にはたくさんの種類があるのだということを絶えず念頭に置いて、自分にこう問いかけよう――自分の要求や訴えが正しいという確証はどこにあるだろう?

最終的な目標は、相手を尊重しながら、相手と同等な立場での話し合いができるようになることだ。

❖ 変化のサイクルを利用する

では、自分がドラマの三角形のなかにいることに気づいたときには、具体的にはどのような手順でそこから抜け出せばいいのだろう?

スティーブン・カープマンはこんなふうに述べている——「その状態に陥らないように初めから気をつけることだ」。それが最良の方法であることは間違いないが、少なくとも聖なるブッダの悟りの境地に達するまでは、私たちは緊急時のための対処法を考えておかなければならない。

これからその具体的な対処の手順を、私の「変化のサイクル」の流れに沿って説明していこう——「変化のサイクル」の流れは、そろそろおぼえていただけたのではないかと思うから。

① 認識

自分がいま、ドラマの三角形のなかにいることを認識しよう。

ゲームに参加しているのは誰だろう？
あなたはいまどの役割を担っているだろう？

自分がどの役割を担っているかがわかったら、②の「思考」に進もう。

② 思考

次のことを自分に問いかけよう。

この出来事に、自分はどんなふうに寄与しているだろう？
自分の望み／目標はなんだろう？
自分自身を創造する力のある人なら、こんなときどうするだろう？
（『自分自身を創造する力のある人』の定義については少しあとに触れる予定だ）

③ 行動

あなたは犠牲者だろうか？
その場合は、自発的に自分の状況と感情の責任をとろう。不平を言うことも、ほかの誰かに罪悪感を持たせることもやめよう。

あなたは迫害者だろうか?

その場合は、誰かに罪を着せたり、誰かを弾劾したり、非難したりするのはやめにして、好意的な批評をすることを心がけよう。あなたが感じている不愉快さの責任を人に押しつけて、釈明を求めるのはやめよう。

あなたは救済者だろうか?

その場合は犠牲者をかばうのはやめ、関係者全員で力を合わせて問題の解決策を見つける努力をしよう。衝突はその衝突に責任のある当事者同士にまかせておくのが得策である。

④ 感情

あなたの新しい行動によってもたらされる結果を感じよう。ポジティブな答えが出た場合は、ぜひよろこんでほしい。あなたがゲームを途中で降りたことが原因で、相手があなたから離れていったとしても、気を強く持とう。

そうして迫害者や犠牲者や救済者の役割から抜け出したら、あなたは自分で自分を創造する力を持てるようになる。

自分自身を創造する力のある人は……

自分の責任は自分でとり、
依存関係に陥らず、
自らの意志で決断を下す。

ドラマの三角形がどのように機能するかを理解すればするほど、自分の行動を変え、そこから抜け出すことが容易になるはずだ。

告発、弁明、失望、推測、期待、罪悪感を排除して相手と話し合う決意を固めていないうちは、ドラマの網から逃れることはできないだろう。もともとの人間関係がぎくしゃくしている場合や、慢性的にストレスのある状況下では、こうしたドラマは延々と長引くこともあるが、そうなると、最後には関係者の誰もが犠牲者になってしまう。

ドラマの三角形から抜け出す方法

自分の行動を変えて、ドラマの三角形から抜け出すためには、次の質問が大いに役に立つ——「**自分自身を創造する力のある人なら、こんなときはどうするだろう？**」

それから、**あなたの心の師となる人物も探しておくといい。**これまでの人生において、あなたはきっと誰かが特定の状況でとった行動に感銘を受けたことがあるはずだ。ただし、言うまでもないことだが、「感銘を受けるような行動をとる誰か」というのは、映画に登場する巨人「ハルク」のように、完全に自分に対するコントロールを喪失して緑のモンスターに変身し、すべてを破壊し尽くすような人物のことを指すわけではない。

あなたが問題のある行動をとりそうになったときに、その行動を変えさせてくれるような影響を持つ人物のことだ。

たとえば、わめきちらしたい衝動に駆られたときに、その人物のことを思い浮かべれば落ち着きを取り戻すことができたり、率直な意見をなかなか口にできないでいるときに、その人ならどうするだろう、と考えることでうそ偽りのないコミュニケーションがとれるようになったりするような人物だ。

こうした心の師は、あなたの身近な人でもいいし、ネルソン・マンデラやガンジーやマザー・テレサといった有名人でもかまわない。ノーベル平和賞を受賞したことのあるような人物なら、おそらく間違いはないだろう。あるいは、態度の悪いバスの運転手に対しても「よい1日を過ごしてくださいね！」と声をかける、何ごとにも動じないお隣りのおばあちゃんのような人物を選んでもいい。

あなたが、どうふるまっていいかわからない状況に陥ったときには、心の師を思い浮かべよう。その人物だったら、どんな行動をとるだろうか？　あなたはその人物の何を見習うことができるだろうか？　その人物のマインドセットを模倣しよう。その人物になったつもりで、自己催眠をかけるのだ！

空想のなかでなら、何にでもなれる。しかも、あなたの現実はあなたの思考によって形づくられる。

心の師のようにふるまう自分を何度も繰り返し想像することで、その人物のような寛大な行動がとれるように自分の精神を訓練することができる。

❖ 理想の自分を思い浮かべる

見習いたいと思うお手本がいない場合は、最高のバージョンの自分を思い浮かべてもいい。その自分がいまのような状況に陥ったときは、どんな反応をするかを自分に問いかけてみよう。

あらかじめ、あなたが身につけたいと思う特性を3つ書き出しておこう。

私のメモには、「自分の恋人や妻に対して誠実」で、「相手の気持ちを考え」「相手を敬える」ような男でありたいと書き留めてある。

妻と意見が食い違って、衝突がエスカレートしつつあるのに気づいたときには（つまり、私の大脳新皮質が完全に暇乞《いとまご》いをしていないときには）、自分にこう問いかけることにしている――「誠実で、パートナーの気持ちを考え、パートナーを敬えるような人物なら、こういう状況ではどんな行動をとるだろう？」

その人物は自分の妻に向かって、「きみはまた感情的になりすぎているから、少し落ち着くように」などと言うだろうか？　おそらくそんなことは言わないだろう。私は自らの責任において、「妻の気持ちを考え、妻を敬う」という自分との取り決めを守るべきなのだ。

私の経験から言わせてもらえば、わめきちらしたり、ドアを力まかせに閉めたり、互いにののしり合ったりしても、得られるものは何もない。そのことでパートナーとの関係が持続的に向上するわけでもない。なかには、パートナーとの関係が単調になりすぎないように、ときには激しくぶつかり合うことも必要だと言う人もいるが、私はそうは思わない。それはあまりにも都合のいい解釈だし、自分を変える努力を怠るためのただの言い訳にすぎない。

喧嘩が起こるのは仕方ない。私たちはみな、ただの人間だ。しかし、感情を大きく爆発させることがバランスのとれた関係の維持に必要な要素だ、というのはずいぶんおかしな見解だと私は思う。

もちろん、自分に対するコントロールを維持するのは難しいときもある。それでも、私は自分自身と取り決めた3つの特性のおかげで、前よりも適切な行動がとれるようになった。取り決めをきちんと守るたびに、私はだんだんとよりよいバージョンの自分に近づいているはずで、ひょっとしたらノーベル平和賞にだって近づいているかもしれない。

❖ クリスティアンとゾンヤの脱出方法

先ほど挙げた例のドラマの三角形から抜け出すには、どうすればいいだろう？

私が提案するクリスティアンとゾンヤの脱出方法は、次のとおりだ。

クリスティアンはゾンヤとの約束を忘れたことの責任をとる。散らかったキッチンに不満げなゾンヤを見たクリスティアンは、自分自身との取り決めを思い出す。パートナーとの関係において、自信に満ちていて、明快で、愛情深い男でいようとクリスティアンは決めていたとしよう。そこで彼はゾンヤに次のような解決法を提案する。

「きみとの約束を忘れててごめん。30分時間をくれたら、ここは全部かたづけるよ。きみはそのあいだ、お風呂にでも入ってくるといい。そのあとは食事のデリバリーを頼むか、近くのイタリアンレストランに行こう。きみはどっちのほうがいい？」

そう言いながら、相手を抱きしめたりといった愛情のこもったボディランゲージをするといいだろう（思いやりと絆）。

ゾンヤがそれでも批判をやめず、ふたりの夜を台無しにしたことでクリスティアンに罪悪感を持たせようとしたとしても、クリスティアンはそれに乗ってはいけないし、言い返してもいけない。それよりも、ゾンヤにこんなふうに言ったほうがいい。

「ぼくはもう謝ったし、別の案も提案したから、きみがどちらかひとつでも受け入れてくれたらうれしいんだけどな。もうこれ以上喧嘩したくないんだよ」

散らかったキッチンを見たゾンヤは、どう反応すればいいだろう？　彼女の自分自身との取り決めは、自分に正直でいること、平静さを失わないこと、ものごとを深く考えることだ。私の提案は次のとおりである。

「悲しいわ。私との約束は忘れられちゃったのね。私がシャワーを浴びてるあいだに、キッチンをかたづけてもらうことはできるかしら？　そうしたら、そのあとで何か食べに行きましょう」

それに対してクリスティアンが「今日の約束はまた今度にしようよ。いまはもうそんな気分じゃないから」と言ったら、ゾンヤはこんなふうに答えるといい。

「わかった。じゃあ明後日にしましょう。でもそのかわり、あとで私の足をマッサージしてね。それから明後日、イタリアンレストランに行くときの食事代はあなた持ちよ！」

ドラマの三角形のモデルは、日常のどんな出来事にも適用できる。

駐車違反の切符を切られたとき、あなたはどんな反応をするだろう？　あなたは本当に、意地の悪い交通取締官の犠牲者だろうか、それとも「自分自身を創造できる人」として、駐車禁止の場所に車を停めたことを認め、その責任をとるだろうか？

飛行機のフライトがキャンセルになったとき、あなたはどんな反応をするだろう？　犠牲者として愚痴をこぼすだろうか、それとも、冷静にほかの移動手段を検討するだろうか？

あなたが計画していたことにふさわしくない天気になったとき、あなたがとる選択肢はどちらだろう？

落胆して大げさに騒ぎ立てるか、それとも、レインコートを着るか？

積極的に対処法を模索する視点を持てば、日常で起きるどんなトラブルに対しても、冷静沈着に、適切な解決法を見つけることはできるものなのだ。

すべては愛情――It's all love

日常において衝突が起きた場合のコミュニケーションは、相手を教え諭したり、自分のルールを相手に強制したりするようなものであってはならない。焦点は、そのときどきのゲームのフィールドや相手のルールを慎重に探り、ともに有意義な妥協案を見つけることに当てられていなくてはならない。

おそらくいまではあなたにも、衝突がいかに簡単に起こり得るか、また相手を尊重しながらそれを解決することがいかに難しいか、よくおわかりいただけたのではないだろうか。ときには、どのゲームのフィールドでなんのゲームをしているのかすら、私たちにはわからないこともある。

ゲームの参加者は全員、同じルールを受け入れているだろうか、あなた自身はどのくらい確実にそのルールを受け入れているだろうか？

そのゲームにおいてどんな役割を担っていて、その役割を受け入れた結果としてとっている行動は、あなたにどんな影響を及ぼしているだろうか？

あなたはどんな犠牲を払ってでも勝利をおさめ、相手を打ち負かしたいと思っているだろうか？

それとも、楽しみながら円滑にゲームを進めたいと思っているだろうか？

思考や言葉にマインドフルネストレーニングの手法を適用して、自分のふるまいを意識するようにしよう。自分の感情を観察し、手のなかにある氷に注意を向けるように、自分自身の感情に意識を集中させよう。腹を立てているのなら、その理由は何かを自分に問いかけよう。あなたの持つどのルールに対する違反行為が行われたのだろう？

そのルールは本当に真実なのだろうか、本当に相手の持つルールよりもすぐれているのだろうか？

自分は犠牲者や敗者だと感じることが多いなら、ゲームのフィールドから離れるにはどうすればいいのかを、あるいは、あなたに有利になるように自分の役割を変えるにはどうすればいいのかを考えよう。

人間関係は常に私にとっての最優先事項だ。仕事で成功をおさめたからといって、私が人間関係をおろそかにすることはけっしてない。それどころか、人間関係をないがしろにしていたら、私が仕事で成功をおさめることはそもそもなかったのではないかとさえ思っている。とにかく私は、人々と楽しい時間を過ごすのが大好きなのだ。正直でいること、相手への共感を忘れないこと、人との関係を大事にすること。これが私の人づきあいにおけるモットーだ。

❖ 人との関係が成功のカギ

「正直でいること」は、相手を失うことを恐れて自分に嘘をつくのではなく、自分の考えや感情を常に率直にあらわしたいと思っているということだ。

「相手への共感を忘れない」は、自分以外の人に興味を持ち、彼らの立場になって、彼らの現実を追体験することを心がけるようにしているということだ。

自分自身を基準にものを考えていては、人間関係は機能しないと私は信じている。独自の知覚から自分を解き放てること、自分の思考だけが唯一の真実だと思い込まないことは特に大切だ。そうでなければ、自分以外の人の知覚や思考を理解することはできない。もちろん、これらすべてのことを実践するには、高いレベルのマインドフルネスが必要になる。衝突が起きている状況では、なおさらだ。これらのことがうまくいったときには、私は必ず相応の成果を手にしてきた。行き違いは速やかに解決したし、相手との結びつきも強くなった。

「人との関係を大事にする」とは、人間関係を機能させ、それを維持できるように力を尽くすということだ。そう聞いたあなたはいま、ひょっとしたらこんなふうに思っているかもしれない。

「当然じゃないか！　そんなことは誰だってしているだろう！」

❖ いつも同じ解決法ではだめ

このことについては、例を挙げて説明したほうがわかりやすいかもしれない。

私には、大小さまざまな問題を抱えているカップルと知り合う機会が頻繁にある。問題が起こること自体は、人間だから仕方がない。だが私がいつも驚かされるのは、そうしたカップルのほとんどは、**問題に対して毎回同じ方法で対処しながらも、そのたびに、今回は別の結果が出るのではないかと期待をしていることだ。**彼らはいつも同じ話し合いをし、同じ対処の仕方をし、同じ反応の仕方をする。何もかもが同じままだ。それでどうやって彼らの関係が改善に向かうというのだろう？

テニスをしているとき、自分に苦手な領域があるのに気づいたら、私はその弱点を克服しようと努力する。テニスをするたびに、自分のテクニックを修正する。ラケットの握り方を変えてみたり、右足をもっと前に出してみたり、ボールを打つタイミングを早めてみたり、そのほかにもいろいろなことを試してみる。

場合によっては、テニスに関する本を何冊も読むかもしれないし、ロジャー・フェデラーのテクニックを研究するかもしれない。あるいは、いくらかお金を払ってでもトレーナーについてもらうかもしれない。それまでと何ひとつ変えずにテニスをして、前よりもよい結果を期待するようなことはけっしてない。あなたもそうなのではないだろうか？

それなのに、パートナーとのあいだの問題に対しては、多くの人が決まったパターンの対処法しか試みず、結果的に問題をもっと大きくしてしまう。私はいつも、そうしたカップルには、ふたり一緒にパートナーとの関係をテーマにした本を読んだり、コミュニケーションセミナーに参加したり、カップルカウンセリングに行ったりしてはどうかとすすめている。だがそうすると、多くの場合はこんな答えが返ってくる。

「カップルカウンセリングは夫／妻が嫌がるんです」

私はそのことをとても残念に思う。私なら、パートナーとの関係において何かうまくいかないことがあるなら、またスムーズな関係に戻れるように労力を注ぐだろう。それ以外の選択肢は思いつかない。それに、自分でも問題の解決方法がわかっていないということは、パートナーにもそれがわかっていないということだ（それまでに時間をかけて、お互いいろいろなことを試しているはずだから）。

そうなると、私にとっての論理的な結論は、外部に助けを求めることしかない。そして、それまで知らなかった新しい道や、考えてもみなかった新しい道が示されたら、新しい結果にたどり着くために、なんでも試してみるだろう。人との関係は、私にとってそれだけの価値がある、大事なものだから。

カップルの関係も予防が必要

私がテレビのトークショーにゲストとして参加したとき、カップルセラピーがその場の話題になったことがある。しかし、そこにいたゲストのうちの何人かは、自分はカップルセラピーには行かないだろうと発言した。そこまで関係が悪化していたらどのみち手遅れだろうから、カップルセラピーを受けても状況は変わらないだろう、というのだ。

私は困惑して、こう意見を述べた。

「でもぼくだったら、関係が最悪の状態になってからカップルセラピーに行くようなことはしませんよ。もっと早い段階で行きます。問題が泥沼化しはじめる前に」

司会者は興味をかき立てられたようで、私にこう尋ねた。

「ティーモン、それじゃあカップルセラピーには、まだ関係が比較的うまくいっているうちから行ったほうがいいっていうこと？」

❖ 人間関係も予防が大事

「ぼくは、毎日歯を磨きます。虫歯にならないように。虫歯がかなりひどくなってから歯を磨きはじめるようなことはしません。ぼくたちはパートナーとのつき合い方を、誰から教わるわけでもありません。

たいていは自分の両親を見て学んだモデルを踏襲するか、それとは正反対のことをするかのどちらかです。少なくとも、パートナーを尊重しながら問題を解決する方法を、ぼくたちはきちんと学んだことがないのです。正しいコミュニケーションの仕方というのはどういうものなのか。あるいは、男女の考え方はどんなふうに異なっているのか。

だから、早いうちからパートナーと一緒にいい関係づくりをする努力を始めたり、有意義なコミュニケーションテクニックを使ったりして、自分の心の境界線がどこにあるのかを把握すれば、そのぶん、健全な関係を維持できる期間も長くなると思うんです」

パートナーとのあいだに問題があるのは、自分のせいではないと考えている人は大勢いる。そういう人たちは、自分を変えたり、セラピーを受けたりする必要があるのは、絶対にパートナーのほうだと主張する。

でも私は、ふたりのうちのどちらが「結婚や恋愛に不向き」なのかはどうでもいいことだと思っている。少なくともふたりの人間がいないことには、結婚や恋愛関係は成立しないからだ。

ふたりのあいだがうまくいかなくなって、どちらかが外部の助けを借りようと申し出た場合には、その願いをかなえたり、別の案を提案したりするのはパートナーの責任である。だから私の目には、相手の申し出を断る人は、パートナーの欲求を尊重していないように見えてしまうのだ。

それに相手からの協力が得られなければ、外部の助けを借りようと提案した側は当然のことながら、パートナーはふたりの関係を本当に自分と同じくらい大事に思ってくれているのだろうか、という疑問を持つことにもなる。そのことからどんな答えを導き出すか、どんな決断を下すかは、その人次第だ。

受け入れるか、変えるか、あるいはそこから離れるか

——Love it, change it, or leave it.

第7章

潜在意識を意識的に変える

メンタルトレーニングや発言でアップデート

無意識の自己催眠を意識的に行う

催眠とは何か、催眠術師はあなた個人の現実をどのように変化させるのかは、第2章で「現実のサイクル」を使ってすでに説明したとおりだ。自己催眠も、基本的には同じように機能する。唯一異なるのは、催眠があなた以外の人があなたの思考を操作するのに対して、自己催眠は自分自身でそれを行うという点だ。

自己催眠には、ふたつの種類がある。

意識的な自己催眠と、無意識の自己催眠だ。

無意識の自己催眠は、あなたが毎日ものを考えたり、何かを空想したり、白昼夢を見たりするたびに、呼吸と同じくらいの頻度で起きている。あるいは、ものごとがこれからどんなふうに展開していくかを思い浮かべるたびに。思い描く未来がポジティブなものであっても、ネガティブなものであっても、自己催眠は機能する。

無意識の自己催眠は、あなたが自分の感覚器官を通してなんらかの出来事を知覚して、自分が体験したその出来事に意味を付与する場合にも起きる。つまり、自分が体験したことを、可もなく不可もない出来事としてではなく、楽しい出来事、もしくは不愉快な出来事として評価した場合に、自己催眠が起きるということだ。

そして自己催眠の結果は、身体的および精神的な反応となってあらわれる。

しかしあなたがそれらの反応に自覚的になれば、その後の自己催眠の流れは、自分自身で決断できるようになる――意識的な自己催眠にするか、それとも、無意識の自己催眠をつづけるか。この点を理解しておくことは非常に重要な意味を持つため、同じ内容を次にもう一度繰り返しておく。

❖ 意識的な自己催眠を行う

特定の出来事によって自分のなかに引き起こされる反応を自覚できれば、その後の自己催眠の流れは、自分自身で決断できるようになる――意識的な自己催眠にするか、それとも、無意識の自己催眠をつづけるか。

つまり、こういうことだ。起きた出来事に対する最初の反応を、自分でコントロールできることはほぼあり得ない。それらはあなたの信念によって、無意識のうちに自動的に引き起こされる反応である場合がほとんどだからだ。

しかし、自分のなかで生じた感情を認識できれば、そこから先は意識的な自己催眠に切り替わる。どんな行動をとるかも、どう感じるかも、どんなふうに「変化のサイクル」を回していくかも、その瞬間から自分自身に指揮権がゆだねられることになる。

その後の流れを決める際の判断基準になるのは、もちろん、あなたが快適に感じているかどうかだ。そのときに体験していることを、自分が心地よく感じているかどうかを見きわめよう。

もし心地よく感じているなら、何かを変えなければならない理由はない。それどころか、私だったら何が自分をよい気分にさせているかを正確におぼえておいて、その後の人生では、同じことをもっと頻繁に体験できるように意識するだろう。

それに対して、不愉快に感じている場合にはなんらかの対策をとる必要がある。あなたはその後も、犠牲者や迫害者や救済者のままでいるだろうか？　それとも、「自分自身を創造できる人」になるだろうか？

自分の感情を知覚し、それを省みる能力に関しては、この惑星において私たちの右に出るものはいない。私たちが持つ大脳新皮質のおかげである。この能力については、第5章279ページの「マインドフルネス——観察者の視点」の項ですでに触れたとおりで、マインドフルネスをトレーニングするための方法も、やはりその項に記してある。

あなたがじゅうぶんなマインドフルネスを身につけて、適切なタイミングで自分の感情を省みられるようになり、この本で紹介した手法や、私以外の専門家を通して知った手法を実践できるようになってもらえたら、私はとてもうれしく思う。

❖瞑想で潜在意識をアップデート

ネガティブな自己催眠によって引き起こされる自動的な反応に介入し、それを中断させ、別の方向に向かわせることを決断すれば、無意識の自己催眠はストップする。無意識に起こるネガティブな自己催眠が絶たれれば、破壊的な思考は妨げられるし、焦点を変え、自動操縦をオフにして、思考も行動も感情も、それまでとは違うものに変化させることができるのだ。

意識的な自己催眠は、瞑想のように自発的に行うこともできる。自分で自分を催眠状態に陥らせ、個人のオペレーティングシステムにアクセスし、ソフトウェアをアップデートするのだ。その方法については、第8章の「催眠状態でアップデート――自己催眠はこうして行う」で詳細に記すつもりである。意識的な自己催眠はきわめて効果が高いため、いまよりも平静で満ち足りたバージョンのあなた自身になるために大いに役立つはずだ。

メンタルトレーニング――心のなかの未来

あなたは、ウィンタースポーツのリュージュをテレビで見たことがあるだろうか？もし見たことがあるのなら、もしかしたら、選手のうちの何人かが実際に滑り出す前に、もう一度心のなかでコースを滑るイメージを思い浮かべているのにあなたは気づいているかもしれない。

なぜ彼らがそのようなことをするのか、いまでは容易に想像がつくのではないだろうか。脳は想像と現実を区別しないため、彼らはコースを滑るところをイメージすることで、神経細胞の接続を強化したり、接続をさらに増やしたりしているのだ。心のなかで繰り返し滑走をイメージして、そのコースと、自分がそこをどのように滑りたいかを自分のなかに浸透させているのである。

それどころか彼らは、まだ競技も始まっていないうちから、自分のパフォーマンスを微妙に調整することすらできるらしい。自分の脳に、未来の感触を与えているのだ。

こうしたメンタルトレーニングのあとに神経科学者が脳を画像化して調べると、選手の脳は、イメージしたことを本当に体験したかのような状態になっているのだそうだ。

❖メンタルトレーニングで効果を上げる

ピアノを弾くことのできない人たちがふたつのグループに分かれ、1日2時間のピアノの練習を5日間つづけるという実験が行われたことがある。

ふたつのグループの決定的な違いは、ひとつ目のグループは本物のピアノを使って練習したのに対して、ふたつ目のグループはメンタルトレーニングしかしなかったという点だ。

つまりふたつ目のグループの人たちは、指一本動かすことなく、練習しているところをただ想像したのだ。それにもかかわらず、実験期間終了後に研究者たちが脳を調べてみると、どちらのグループの人たちにも、同じ数だけ新しい神経細胞の接続が構築されていたという――それどころか接続が構築された場所まで、本物のピアノを使って練習した人たちと同じだったらしい。すばらしいと思わないだろうか？

私たちは本当に、私たちのハードウェアである脳を、想像の力だけで変えることができるのだ。

メンタルトレーニングをすれば、もしかしたら、現実にはまだ習得にはほど遠いかもしれない特定の行為をしている自分を見ることができるかもしれない。

スキーの滑降コースを完璧なターンで滑っていくイメージだけでなく、体重をどのように移動させればいいのか、どうすればストックを効率的に使えるのか、ライン取りはどのようにすればいいのか、こういったことすべてを頭のなかでシミュレーションすることができる。

心の目の前に雪を舞い上がらせながら、滑降に成功したときの幸福感を先取りするのだ。あなたが実際にコースに立つときには、脳の準備は万端に整っている。滑降に必要な神経細胞の接続はすでに構築されていて、場合によってはすでに接続が強化されているかもしれない。

メンタルトレーニングをすれば、私たちは脳を変えることができるのだ――前もって頭のなかでなんらかの行為を習得したり、特定の状況を克服したり、望んでいた感情を味わったりできるのだ。

そうしておけば、あなたが次にスキーをするときには、それまでよりもうまく滑降ができるようになっているし、バスに乗り遅れてもパニックになることはなくなるだろう。次にピアノを弾くときには（さらに）うまく演奏ができるようになっているかもしれない。

メンタルトレーニングを通して、私たちの大脳新皮質の高度に発達したすばらしい特性を活用すれば、私たちは自分の思考と行動と感情を変化させ、その結果として人生までをも改善することができるのだ。

❖ 最高のプレーを見るだけでも成績は上がる

プロのスポーツ選手は、メンタルトレーニングを巧みに利用している。脳のなかにあらかじめ道をつくっておけば、体への負担を軽減できるからだ。**メンタルトレーニングと実際のトレーニングをバランスよく行えば、本物のトレーニングだけをするよりも、よい成績が残せるということも明らかになっている。**

そのうえメンタルトレーニングを使えば、筋肉や骨といった身体的な資源も節約できるし、けがをするリスクもほとんどない。

あるプロスポーツ選手が私に話してくれたことがあるのだが、同じ分野のトップ選手のパフォーマンスを注意深く観察するだけでも、自分の成績を上げることは可能なのだそうだ。

日常において、メンタルトレーニングは、これから体験することを脳にあらかじめポジティブなイメージで定着させておくのに役に立つ。頭のなかで何度も繰り返し想像したことは、実際に行うときにもうまくいく可能性が高いというのがおおまかな法則だ。

❖ プレゼンにも使えるメンタルトレーニング

たとえば、あなたが会社の上層部や大勢の人を前にプレゼンテーションをしなければならないとき、何度もその様子を頭のなかでシミュレーションして、冷静さや毅然とした態度といった、その場で必要な感覚も想像できるようにすれば、あなたの体のなかでは、実際にプレゼンテーションを行っているときとほぼ同じ生化学反応が起こる。

そうするとあなたの脳は、プレゼンテーションではどのようにふるまうべきなのかを、あらかじめ学ぶことができる。

同じことは、逆の場合にも当てはまる。あなたが来るべきプレゼンテーションについて、パニックや不安など、そのほかの不快な感情をおぼえながら考えると、現実にも支障をきたしてしまう。なぜならネガティブな思考もまた、現実に影響を及ぼすからだ。

あなたが最悪の事態を思い描いていると、自動的に不快な感情が発生するだけでなく、あなたはその不快な感情を自分の未来にもプログラムすることになる。プレゼンテーションの場では、あなたの体にはほぼ間違いなく準備段階に発生したのと同じ生化学反応が起こり、あなたの行動やボディランゲージ、声などにも影響するのだ。

そうなると、あなたのプレゼンテーションの出来も当然悪くなり、あなたが事前に感じていた不安は現実のものになる。

「こうなると思ってたんだよな。人前で話をするのは苦手なんだ。とんだ醜態をさらしちゃったよ」

しかしあなたの現実は、あなたの信念やそこから発生した思考によって形づくられたのだという事実が認識されることはない。

プレゼンテーションや就職面接の準備をする際には、自分に次のようなことを問いかけよう。

・自分は人からどう見られたい?
・自分はどんな気持ちでいたい?
・自分はどんなふうにふるまいたい?
・自分はどんな結果がもたらされることを望んでいる?

そして、その答えを念頭に置きながら、プレゼンテーションや面接時の会話を頭のなかで繰り返し何度もシミュレーションするといい。シミュレーションの際には、そのときの様子を具体的に思い描くようにすることが大事だ。そうすれば、あなたの体の準備も心の準備も整えることができる。

毎日数分ずつでいい。それだけの準備をしておけば、あなたの潜在意識は、プレゼンテーションのときにはすでに脳に構築された新しい道を使うようになり、その道に応じた感情を抱いたり、行動をとったりできるようになる。そしてもちろん、こうしたメンタルトレーニングは、そのほかのどんな状況にも適用できる。

私たちの想像力が現実に及ぼす影響については、第8章「催眠状態でアップデート——

自己催眠はこうして行う」でも詳しく触れる予定である。

トレーニング13 あなたのなりたい自分になる

自己催眠を使って潜在意識をトレーニングすれば、あなたはいまよりももっと自分が望むとおりのふるまいができるようになる。

次に、自分の考えや行動、感情が原因で不快な気分になったときには、少しのあいだ作戦タイムをとるようにしよう。

紙とペンを用意して静かな場所にすわり、状況を省みるのだ。自分がどういった理由から不快な気分になっているのかを考えよう。

あなたは何を考えただろう?

どんな行動をとっただろう?

どんな感情をおぼえただろう?

紙に、本当はどんなふうにふるまいたかったかを書き出そう——どんなふうに考え、どんな行動をとって、どんな感情を抱くことを望んでいたかを。

あなたはどんな自分になりたいだろうか?

あなたのなりたい自分は、いまのような状況ではどのような反応をするだろうか?

あなたにとって、正しく適切だと思える反応の仕方をすべて書き留めよう。その際にはネガティブな描写は避け、ポジティブな特性だけをメモすることが大事だ。

自分が書き留めたことをもう一度しっかりと読み返し、今度は、リラックスできる場所を探そう。そして目を閉じて深呼吸し、自分の内側に意識を集中させて、あなたが今日体験した状況をあらためて心のなかで次々と思い浮かべる。ただし、そのなかに登場するのは、紙にメモをしたバージョンの自分だ。頭のなかの映画に、少し前にあなたが思い描いたとおりに考え、行動し、感じている自分を映し出そう。色彩豊かな映画のシーンを想像し――そして、バージョンアップした自分が動きはじめると、あなたはきっと、結末がどのように変わるかに驚くに違いない。

理想のあなたを信用できるようになったら、潜在意識にコントロールをゆだねて、その後は自然な展開にまかせてもいい。

このトレーニングは、好きなだけ繰り返していい。そのうち、理想の自分を紙に書き出す必要はなくなるだろう。徐々にあなたの思考から直接理想像を想像できるようになり、理想像がはっきりとした形をとって、新しい行動をとれるようになるための道が地ならしされてくるはずだ。

スポーツ選手のメンタルトレーニングのことを考えてみてほしい。彼らは思考の力を使って競技の〝リハーサル〟をし、どうすればそれまでより1秒速く走ることができるか、どうすればもっと遠くに投げることができるか、30メートル離れたところからサッカーの神様がまだ見たこともないようなセンタリングをきめるにはどうすればいいかをイメージしている。

催眠コーチである私から見れば、メンタルトレーニングというのは自己催眠そのものだ。これから自分が体験したいと思う現実を、自分の想像力を使ってつくり出しているのだから。そうして自らの意志で、自分の「現実のサイクル」を正しい方向に導いているのだ。古いプログラムに自分を操らせるのでなく、自分自身で自分の運命をコントロールしているのである。

もし、かつて私がプレゼンテーションで失敗した経験があるとしたら、私の脳は全力を尽くして、また同じ状況に陥るのを回避しようとするだろう。

脳はいくつかの感覚を発生させて、私に警告を発するはずだ――「この状況はあなたのためにならない。そこから離れなさい！」と。

人前で話すことに苦手意識のある人なら、このときの感覚には心当たりがあるに違いない。通常は、汗が噴き出て、動悸が激しくなり、のどがしめつけられるといった反応があらわれる。

しかしポジティブな自己催眠を使えば、その状況を評価するには別の選択肢もあるということを、また、その評価によってどんな感覚を発生させるべきなのかということを、脳におぼえ込ませることができる。まさしく、脳をアップデートすることができるのだ。

あなたの発言があなたをつくる

私たちは、メンタルトレーニングを行う場合や自分を催眠状態に導いて自己催眠を行う場合には、自らの想像力を使って、自分自身の「現実のサイクル」に影響を及ぼす。ピアノを弾く実験の被験者たちのように、自分の目標をイメージすることで、私たちは自分自身のハードウェアを、つまり自分の脳を変化させ、それによって思考も変化させることができるのだ。

しかし、自分の思考に影響を及ぼし、別の現実をつくり出すための方法は、ほかにもいくつかある。たとえば、言葉を使う方法だ。

これについてはすでに何度も強調しているため、もうおわかりいただけているのではないかと思うが、**催眠術師は主に言葉を使って催眠をかける。人間の意識の状態を変えるのは、世間一般のイメージに反して、催眠術師の目ではない——言葉なのだ。**どんな言葉にも、催眠をかけられている人になんらかの経験をさせる力がある。

催眠術師はそのことをじゅうぶんすぎるほど自覚していて、口にする言葉はすべて慎重に選び抜いている。

私は、もっと多くの人に、自分が口にする言葉を気にかけるようになってほしいと思っている。私たちはみな、主に言葉を使ってコミュニケーションをしているし、言葉を発すれば、必ず催眠作用も発生するからだ。

あなたはまだ、小さなマリウスの母親のことをおぼえておられるだろうか？

小さな女の子に「私もあのパワーショベルで遊んでいい？」と尋ねられたとき、マリウスの母親は、自分の息子に多大な影響を及ぼした。

彼女が「それはマリウスに聞いてみなくちゃね。でも、あのパワーショベルは貸してくれないんじゃないかしら。プレゼントしてもらったばかりのものだから」と答えたときに、マリウスの反応はすでにプログラムされてしまった。

マイナスの言葉はマイナスの状況をつくる

もう少しインパクトの強いこんな例もある。２０１９年の終わりに、私の初めての子どもが生まれた。出産のあいだ私たち夫婦についていてくれた病院のスタッフは、心の温かい面倒見のいい人で、とてもお世話になった。

だがその合間合間に、私は何度もうなじの毛が逆立つような感覚を味わわなくてはならなかった。その原因は例外なく、私の妻が陣痛で苦しんでいたときに、私たちになんらかの情報をもたらそうとした人たちの言葉の選び方にあった。次は、その一部を抜粋したものだ。

助産師が診察をしながら――

「驚かないで聞いてくださいよ！　……あまりいい知らせじゃないかもしれませんから」

麻酔科医が無痛分娩《ぶんべん》の準備をしながら――

「いまは何があっても動かないでくださいね！　神経を傷つけたら下半身が麻痺してしまう恐れがありますから」

これから無痛分娩の注射を打とうとする麻酔科医が私に向かって――

「お願いですから、いま私を転ばせたりしないでくださいね！」

医師が分娩監視装置をチェックしながら――

「いましがた、赤ちゃんの心音が嫌なリズムになりました」

分娩室に入ってきた看護師が――

「あなたに残念なお知らせがあります……（このとき私の心臓は一瞬動きを止めた）。もう一度血を採らせてもらえないでしょうか……」

病院の人々による発言で、無意識のうちにどんな不適切な暗示やイメージが私たちの頭に植えつけられたかは、あなたにも想像がつくのではないだろうか。

私は、医療従事者ですら自分の発言に注意を払っていないことにショックを受けた。ストレスが健康に与える害について、最も熟知しているはずの職種の人たちだというのに。それに、出産のような一大事に患者の精神を安定させることがどれほど重要かも、彼らにはわかっているはずなのだ。

もしかしたらそれをわかっていながら、自分の発言がきっかけで、私たちが非常にネガティブな催眠にかかるかもしれないなどとは思ってもいなかったのかもしれない。

妻と私は言葉に精通しているため（妻はライフコーチだ）、もちろん、彼らの発言の影響から逃れることはできた。しかし、言葉の作用をじゅうぶんに知らない人には、つまり、大半の人々にはそれができない。

そのうえ例外的な状況に置かれているときは、人間はきわめて暗示にかかりやすくなる。催眠術師が催眠をかけるときに白衣を着たら、その言葉はおそらくいまよりももっとクライアントの深いところまで届くようになるに違いない。

❖言葉の自動車学校

私は、自分が主催する催眠セミナーを「言葉の自動車学校」と呼んでいる。参加者たちはセミナーが始まるとすぐに、口に出した言葉にどれほどの力があるかを学ぶことになるからだ。私は、彼らが自分の話す言葉に注意を払い、目的に合った言葉選びができるようになる手ほどきをする。


催眠は、言葉の力を学ぶ最適の手段だ。これほど早く自分の言葉のフィードバックが得られる分野はほかにない。相手が催眠状態に陥っている場合、つまり私が相手に与える暗示が作用している場合は、私の選んだ言葉はわかりやすく、信頼できるということだ。

それに対して、相手がうまくリラックスできなかったり、私の言葉についてくることができなかったり、導きに応じなかったりするときは、私の言葉が曖昧か、理解しづらいということになる。

催眠で使われる言葉は、人を意欲的にし、苦しみから解き放って、彼らの真の目標に到達するための手助けをする。その一方で、私たちは日々人とかかわりを持ちながらも、第6章で述べたように、人とのコミュニケーションにおいては誤解が生じることがたびたびある。だから、催眠術師が言葉選びに慎重になるのと同じように、あなたも自分の言葉に意識的になって、口にする言葉を注意深く選ぶことを強くおすすめしたい。自分の言葉を意識するようになれば、人間関係は著しく向上するはずだ。

この章の主な目的は、自分の言葉が自分自身にどんな作用をもたらすかを理解してもらうことにある。なぜなら、あなたが口にする言葉はすべて、あなた自身に催眠作用をもたらしているからだ。

❖ あなたの言葉はどのように作用するか？

私は、少なくともたいていの場合は、発言をする前に考える。しかし、自分の発言を一言一句意識して検証しなかった場合でも、私の潜在意識では次のようなプロセスが進行している。

思考が形成される。↓ その思考から私の発言が生み出される。↓ 口に出した言葉が自分の耳に届く――それによって、私が口にした自分の思考がより強固なものになったり、自分について思っていることが強化されたりする。

例を用いて説明したほうがわかりやすいだろう。きっとあなたも、これまでにこんな発言をしたことがあるのではないだろうか――「私は○○な人間だから」。こうした発言は、同時にいくつもの作用を引き起こす。

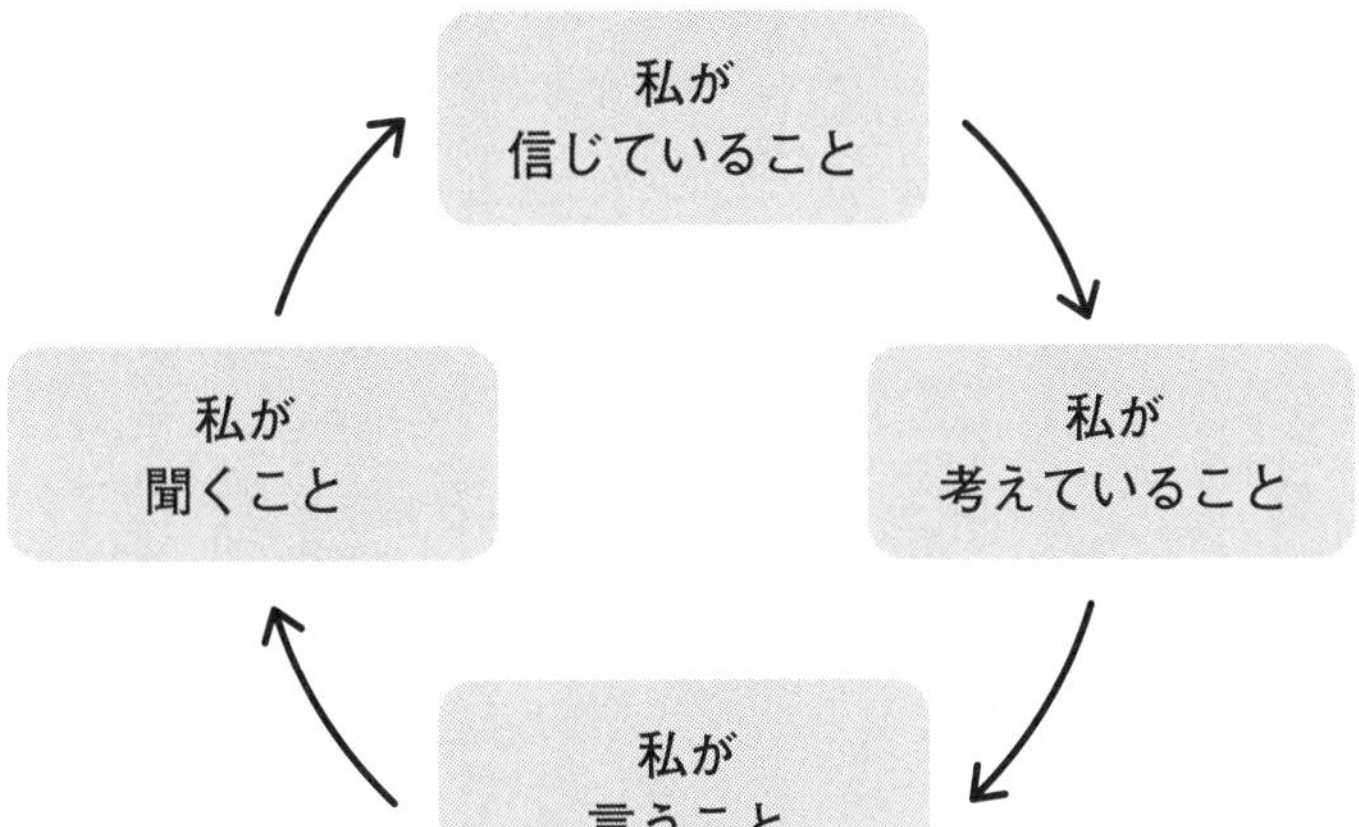

1. あなたの発言は　あなたの思考を反映している。
2. あなたの発言は　あなたの知覚をあらわしている。
3. あなたの発言は　あなたの感覚を強化する。
4. あなたの発言は　あなたが信じていることを強固にする。

「私は完璧主義者だから」と言う人は、完璧主義者のように考え、話し、感じ、その原則にしたがって行動している。でも、自分の仕事の出来に常に不満を抱いていたり、その完成を先延ばしにしがちだったり、自分の成功をよろこべなかったり、周りからの評価で自分の価値をはかったりしているのなら、「私は完璧主義者だから」という発言をしてそのたびに完璧主義者のように考え、話し、感じ、自分は完璧主義者だという確信を深めることは、その人にとっては必ずしもプラスにならない。

私が、自己像と健康にもたらされる言葉の作用について強い関心を持つようになったのは、15年前にカリン・クーシク（注18）と知り合ったことがきっかけだった。ドイツでパフォーマンスコーチとして活躍している彼女は、言葉が持つ力について長年にわたって検証を重ねた結果、ターゲットークテクニックという手法を考案した。名前からすでに明らかなように、この手法の目的は、言葉づかいを変え、目標に到達できるように自分を向上させることにある。

しかもその過程で、あなたのどんな思考が自分の言葉や、さらには頭のなかで生み出されるイメージにまで影響を及ぼしているのかも見きわめることができる。

簡単にいえば、ちょっとしたトラブルが起こるたびに、「最後までやり遂げるなんて絶対に無理！」と口にするような人は、自分で設定する到達目標も低く、自分の能力をじゅうぶんには発揮できないということだ。

❖ 周囲のイメージを変える

「ターゲットーク！」の言葉づかいを意識するようになれば、あなた自身が持つイメージも、周囲の人たちが持つあなたのイメージも変えることができる。このテクニックによってあなたの発言が明確でシンプルで能動的で具体的になれば、あなたの内側にもすぐに変化が生じるからだ。

変化した発言が自分の耳に届けば、自分自身や周りの世界について考えていることにも変化があらわれ、その変化した思考からまた発言が形成される、という流れが生まれる。

しかし、あなたの内側が変化する一番の理由は、なんといっても、周りの人たちのあなたに対する印象が変わり、周りの人が得たその新しい知覚があなた自身にも反映されることになるからだ——**周囲の見る目が変われば、それまでよりももっと自分に自信が持てるようになる。**

この手法を使えば、自分が目指す目標に向けて（自分はどんな人間になりたいか？）、自分の言葉を適応させることができるようになる。ただし、それにはまず自分がどこに到達したいかをわかっている必要があり、その責任をとる覚悟も必要である。私たちのほとんどは、自分がとるべき責任を、次のように放棄してしまいがちだ。

・「私がやせられないのは、家族全員がぽっちゃりしているからなの」
・「ぼくが昇進できないのは、上司が邪魔をしているからだ」
・「私はお金の管理ができないから、しょっちゅう金欠になっちゃうのよ」

目標を意識した言葉づかいを心がければ、あなたは文字どおり「成功に向けての言葉」を話すことになるだろう。問題から解放され、解決へと導いてくれる言葉を話せるようになる。

弱くネガティブで曖昧な言葉づかいを、明確で力強く主体的な言葉に置き換えるのだ。

ではなぜ、言葉づかいがそれほど大事なのだろう？　それは、目標に向けて主体的な言葉を話す人は、以下を徹底しているからだ。

・自分の行動の責任をとり、

・自分の人生に対しても、コミュニケーションをとる相手に対してもポジティブな考えで、
・自分の能力や価値を知り、
・周りの人に対しても敬意を表し、
・自信を持ち、
・未来を楽観的に見てチャンスを活かし、
・どんな経験も利用でき、
・新しいことを学んだり、さまざまな経験を積んだりすることをいとわない。

催眠の言葉についても同じことがいえる。しかし、ここで「ターゲットトーク!」について述べると長くなってしまうので、このテクニックのなかから、マイナスをプラスに変えるための代表的な言い回しだけを次のページからご紹介しておこう。

潜在意識をアップデートするための発言とは？

① 「○○しなければならない」という言いまわしはやめよう！
――「○○したい」「○○してもいい」という言い方をするほうがずっと楽しい！

常に「○○しなければならない」という言い方をすると、私たちは絶えず自分にプレッシャーをかけることになる。しかし実際には、「しなければならない」ことはそうあるものではない。自分でただそう思い込んでいるだけだ。これからは「しなければならない」という言い方は避け、あなたの自由意志の余地をもっと広げよう！

「絶対にやせなくちゃ」→「どうしてもやせたいの」
「急がなくちゃ」→「そろそろ出たほうがいいな！」
「あなたにもそのことはわかってもらわなくちゃ……」→「あなたにもわかってほしいんだけど……」

②「でも」はやめよう！

「『でも』の前に言うことは全部嘘」という言葉を聞いたことがあるだろうか？

私たちは自分の発言の印象をやわらげようと、自分に悪意はないことを伝える前置きをしがちだが、つづく「でも」ですべてを台無しにしてしまう。これからは「でも」をやめよう。もしあなたが人里離れた森で出会った男性にこんな言葉をかけられたら、どんな反応をするだろうか？

「ぼくは連続殺人犯ではありません。でも……」

「子どもは嫌いじゃないよ。でも子どもってものすごく騒がしいよね」→「子どもは好きだよ。ときどきものすごく騒がしくなるときもあるけどさ！」

「いい天気。でも出かける気にはなれないな」→「いい天気。今日は家でゆっくりしたいわ」

「きみはすばらしい女性だ。でもいまは自分ひとりの時間が必要なんだ」→「きみはすばらしい女性だ。ただ、ぼくは少しのあいだひとりになりたいんだ」

③ネガティブな形容詞は避けよう！

あなたの言葉はあなたの世界をあらわすものだ。複雑で難解な言葉を使ってなんでも表現してしまうと、相手から必然的に複雑で難解な印象を持たれることになる。

ネガティブな意味を含まない形容詞を使って、失敗ではなく成功に意識を向けるようにしよう！

「不可能な」→「やりがいのある」「努力を要する」

「複雑な」→「多角的な」「多面的な」

「常軌を逸した」→「勇敢な」「意欲的な」

④ネガティブなことは過去形にしよう！

自分のことをネガティブに言うのがやめられない人は、過去形にして話そう。

「ぼくはいつもそれができなくて……」→「ぼくはそれができたことがなくて……」

「それはどうしても苦手なの」→「それはこれまで一度もうまくできたことがないの」

「いつだってこういう目にあうんだよな」→「こういうことはいままでにもよく

あったんだ」

⑤ 不可能を可能にしよう！

自分の能力や可能性を疑問視する発言を繰り返すと、そのうちあなたの自信は失われてしまう。そうした発言をするたびに、その内容があなたの耳に入ることになるからだ。表現の仕方を変えて、自分がこれからしようとしていることは、確実に実現可能なものだという前提で話をするようにしよう！

「ぼくにそれができるかどうかはわからないなあ」↓「どうすればそれができるかはまだわからないけど」

「それがうまくいくとは思えないわ」↓「それを成功させる方法を見つけ出すのが楽しみだわ」

「うまくできるかどうか自信がないよ」↓「おもしろそうだな。どうすればそれを実現できるだろう」

⑥ 自己責任を取り戻そう！

私たちはよく、自分は人生の囚人で、選択の自由を持たないかのような話し方をする。それよりも、自ら積極的に決断して、自分の行動の責任は自分でとるようにしよう！

「残念だけど、今度の約束は取りやめにしなくちゃならなくなった」↓「今度の約束はもう少し先に延ばしたいんだ」
「いまはそのための時間がないの」↓「いまは、そのことに時間は割きたくないの」
「それはぼくには無理だな」↓「いま、何かいい手はないか考えてるところなんだ」

⑦空《から》約束はやめよう！

あなたはいつも何かを「試して」いないだろうか？
何かを「試す」ということは、試した結果、失敗する余地も残しておくということだ。「試す」よりも実行して、自分の行動に責任を持とう。

「電話するようにするよ」↓「電話するよ」
「ちょっと試してみるね」↓「すぐにやってみるね」
「試してみたけど、うまくいかなかったよ」↓「やってみたけど、失敗したよ」

⑧ 発言をやわらげるための言葉は排除しよう！

「こういうのは、本来の自分の話し方じゃないんだけど」――そう思うなら、どうして話し方を変えないのだろう？　発言をやわらげるためだけに、私たちが使っている無駄な言葉はたくさんある。しかし、そうした言葉を使うと、あなたの姿勢までもが軟化してしまう。それよりも、誤解の余地のない明快な発言を心がけ、次のような言葉は避けるようにしよう。

・意味を弱める言葉

『比較的』『本当は』『もしかしたら』『できれば』『○○する傾向がある』『場合によっては』……→ほかの言葉に言い換えずに、完全に排除する。

・標準化するための言葉

『原則として』『基本的に』『通常は』……→『たびたび』『めったに』『頻繁に』『ときどき』……

・普遍化したり、誇張したりするための言葉

『みんな』『ひとりもいない』『○○する人はいない』『誰でも』『けっして○○し

ない』『いつも』……→『多くの人は』『何人かは』『かなりの数の人は』『たびたび』『めったに』……

・婉曲的《えんきょく》な質問

『それについて、ちょっとつけ加えてもいいでしょうか？』→『それについては、ちょっとつけ加えたいことがあります』

⑨ネガティブな比喩表現を含む慣用句は排除しよう！

あなたの体は、あなたの思考と発言に反応する。発言というのは、言葉で表現されたあなたの思考だ。だから、自分に暗示をかけるような比喩表現や、ネガティブな響きの慣用句は使わないようにしよう。

・「胃が痛くなりそうだよ」
・「私にとっては火急の用件なの」
・「これじゃあ、夜も眠れなくなりそうだな」
・「あなたのせいで胸がむかむかするわ！」

⑩目標を明確に表現しよう！

自分のこれからの計画について伝えるとき、「急ぐようにします」のような曖昧な言い方をする場合が多い。ドイツの作家、エルンスト・ラウパッハは、人間の計画に関してこんなふうに言ったことがある。

「行動することの難しさが、せめて計画を立てることの倍程度だったら、世界には傑作があふれているだろうに」

計画を立てることは、スタートとしては悪くないが、それだけではなんにもならない。

自分がこれからしようとしていることを口にするときは、現在形を使って、明確に表現する習慣をつけよう！　そうすれば、あなたの言葉には信頼感や自信が漂うようになって、目標にもほんの少し近づけるようになる。

「急ぐようにします」→「急ぎます」
「明日は無理かもしれません」→「明日は無理です」
「また連絡するようにしますよ」→「また連絡しますよ」

❖ 表現は常に明確にわかりやすく

催眠を仕事にしている私にとって、常に明確でわかりやすい言葉を使ってコミュニケーションをとることは、職業上不可欠だ。私を信頼し、私の導きに応じてもらうには、相手に安心感を与えなくてはならない。

催眠をかけられる人が内なる批評家をリラックスさせて、自分自身を私にゆだね、私の導きに疑念を抱いたり、そもそも導きについて考えたりすることなしに、私についてきてくれるようにしなくてはならない。そうでなければ相手は催眠状態に陥らず、潜在意識への入口が開くこともない。

そして潜在意識への入口が開かなければ、相手が事前に設定した目標にたどり着く手助けをすることも、舞台上でユニコーンの幻覚を見せることもできない。

だから私の表現は明確でなくてはならないし、言葉の後押しができるようにボディランゲージも適切なものを選ばなくてはならない。そうすることで、催眠をかける相手の内なる批評家に、背景に退いていてもらいやすくするのだ。

催眠をかけられる人が、言われたことをはっきりと理解できなかったり、自分はいま何をすべきなのだろうと自問したり、私の能力に疑念を持ったりすると、批評家のスイッチは再びオンになり、催眠で体験している知覚は妨げられてしまう。

相手が催眠状態にあるときは、私は相手の潜在意識に向けて語りかける。潜在意識も、私の言葉に対してだけ反応を返す。指示は明確で、誤解のおそれのないものでなくてはならない。「私の言いたいことはわかりますよね」などといった暗示は、この段階では機能しない。

同じことは、日常においても当てはまる。誰かに何かをしてもらいたいときは、やはり明確な表現をする必要がある。自分の意思をはっきりと伝えよう。

解釈の余地を与えず、相手はあなたの望んでいることをすでに理解しているはずだという前提で話をするのはやめておこう。わかりづらい表現からは、不満足な結果しか生まれない。ビジネスの場においては特にそうだ。

もし私が「そのレポートは、いつまでに送ってもらえそうですか？」と誰かに尋ねたとしたら、私の期待どおりにことが運ばなくても驚くには当たらない。

しかし「週末までにレポートが届くのを楽しみにしていますね」と言えば、結果は変わってくるはずだ。

だから、自分はどんな表現を使って自分の意思を伝えているかを検証する必要がある。自分が望まないことを話す分量を減らし、望んでいることについてもっと話そう。目標を意識したコミュニケーションを心がければ、変化と成長がもたらされるはずだ。

自分の意思をもっと伝えて、感情についても述べるようにしよう。相手にもっとあなたのことをよく理解してもらい、あなたの要望どおりに行動してもらえるように。自分の欲求を明確に言葉で表現することに気おくれや躊躇を感じていては、たびたび訪れる失望はなくならない。

❖ポジティブな面に集中する

ポジティブなことに意識を集中させよう。太ってしまったと愚痴をこぼすより、体重を戻したいと言うほうがいい――そして、いつまでに目標を達成したいか、目標を達成するために具体的に何をするのかも口に出して言ってみよう。

たとえば、頭のなかで遅刻する可能性に焦点を合わせていると（『絶対遅刻するわけにはいかない！』）、あなたは自分の体のすべてを遅刻に向かわせることになる。あなたの心配ごとや気にしていることは、ポジティブな表現に言い換えて口に出すようにしよう。

・「文句のつけようがないよ」→「うまくいってるよ」
・「病気になるのは嫌だな」→「健康でいたいな」
・「ぼくにとってはたいした問題じゃないよ」→「ぼくはそれで大丈夫だよ」
・「そんなふうに大声出さないでよ」→「もう少し静かに話してもらえないかしら」
・「大きな音を立ててドアを閉めるのはやめてもらえないか」→「ドアは静かに閉めてもらえないかな」
・「落ちないように気をつけて」→「しっかりつかまって」
・「今後、肉を食べるのはやめるよ」→「今後はベジタリアンになるよ」

ここで紹介した「ターゲットトーク！」の手法のなかから、ひとつかふたつのテクニックを選んで、いますぐ日々のコミュニケーションに取り入れよう。

そのことを折に触れて思い出せるように、ブレスレットをつけたり、パートナーにサポートを頼んだりしておくといい。

初めのうちはもとの言葉づかいに戻ってしまうこともあるかもしれないが、それでも、意欲を失わずに言葉に気をつけるようにしてほしい。新しいスキルを無意識に使えるようになるには、たくさんの練習が必要だということを忘れないようにしよう。

あなたの潜在意識はきっと、あなたの努力に報いてくれるはずだ！

第8章

催眠状態でアップデート

自己催眠はこうして行う

「アップデートできるもの」

すでに、無意識の自己催眠が日々数えきれないほど起きているということは述べた。

特定の感情にこだわりつづけたり、その感情をありありと思い出したりするたびに、私たちは自分で自分に催眠をかける。

ネガティブな体験はとうに終わってしまっているというのに、あなたはその記憶を何度も呼び戻したり、それについて考えたり、腹を立てたり、誰かに話してその人と一緒に感情をたかぶらせたりしていないだろうか?

そうしたことはすべて自己催眠だ!

自己催眠は、あなたが白昼夢を見ているときにも起きている。たとえば、高速道路を長時間運転しているとき、いつの間にか思考が逸れて、いままでの20キロを自分がどんなふうに進んできたかわからないとふと気づくことはないだろうか。こうしたことも、一種の自己催眠だ。

❖ 潜在意識への働きかけは体も変える

この章のテーマは、催眠状態で行う意識的な自己催眠である。つまり自主的に、自らの意志で潜在意識に働きかけをするプロセスについて扱っていく。あなたもすでにご存じのように、潜在意識はあなたの思考にも、行動にも、感情にも作用を及ぼす。そのため、催眠を用いれば、これらの領域にポジティブな変化をもたらすことができる。

たいていの人は、催眠療法や催眠コーチングをトラウマやストレスの克服、不眠の改善、不安感や恐怖症の解消（飛行機恐怖症、高所恐怖症、虫や蛇に対する恐怖症……）、社会不安の軽減を始めとする多種多様な心因性の問題の治療と結びつける。

その一方で、目的を持って行われる催眠というのは、中毒や依存症や悪習慣を断ち切るためのセラピーで用いられるものだと考える人もいる。

つまり、禁煙をしたり、爪を噛む癖や不健康な食習慣をあらためたりするための手段ということだ。いずれの場合も、（自己）催眠を用いれば問題は改善に向かうし、うまくいけば完全に問題が解消されることもある。

多くの人が、潜在意識への働きかけは身体的な問題の改善にも役に立つと聞くと驚く。催眠は、体にあらわれる症状で、心や精神的なトラブルに起因しないものにも効果を発揮するのだ。たとえば、皮膚疾患や喘息《ぜんそく》などがよい例である。それらの症状は、いずれも（自己）催眠で改善することができる。

もちろん、こうした身体的な問題を、催眠の力を使って直接治せるわけではない。肺の疾患を〝ないものと考える〟ことはほぼ不可能だし、花が咲き乱れる春の野原を思い浮かべたところで、病気の治癒につながるわけでもない。反対に、何かネガティブなことを考えたことが原因ですぐになんらかの病気が発症することもない。

しかし、あなたもご存じのように、人の思考や感情の状態と、身体的な反応とのあいだにはつながりがある。ストレスなどで免疫力が低下すると、健康には致命的な影響が出る。そしてそのストレスから、皮膚疾患や喘息の発作が誘発されることもある。直接的な原因ではないが、病気を発症させるきっかけになり得るというわけだ。

また、精神的なストレスは交感神経を活性化させるため、心拍数が増加して、血圧も上昇する。そうなると、もともと心疾患のリスクのある人にとっては――肥満の人、喫煙者、運動不足の人など――すぐに命にかかわる事態になりかねない。

❖ 精神的なストレスはネガティブな行為につながる

そのうえ精神的なストレスの影響は、たったいま述べた、体への直接的な作用以外にも及ぶ。

リラックスしたいときに、煙草に手が伸びたり、食べすぎたり、普段よりも体を動かさなくなったりしてしまうのはそのせいである。ストレスを感じている人は、自分にはそういう息抜きが必要だと考えるからだ。もちろん、そういった行為は体に悪い影響を及ぼし、結局は精神にも負担をかけることになる。

その対策、つまり、望ましくない自動的な反応をポジティブに変化させたい場合には、こうしたサイクルを破る必要がある。

ネガティブな思考で起きる反応のサイクルは、問題なく変化させることができるはずだ――衝突が起きたとき、怒りやストレスをおぼえたとき、私たちはネガティブな思考に対処できているのだから。

そしてさらにポジティブな影響を与えることができれば、体はホメオスタシスの状態(体の生理機能が安定した状態)になり、自然治癒力も活性化される。心を平静にするには、第5章で記したリラックス方法全般が役に立つだろう。

あるいは、自己催眠を行ってもいい。自己催眠の場合は心の落ち着きがもたらされるだけでなく、具体的な問題に対する働きかけも同時に行うことができる。つまり自己催眠をすれば、ストレスを克服できるだけでなく、それ以外の問題も改善できてしまうということだ。

どうだろう？　興味がわいてきただろうか？

自己催眠セッションのステップ

基本的に、自己催眠のセッションは次の４つのステップから構成されている。

1　催眠導入（誘導）
2　催眠を深める
3　作用を及ぼす（潜在意識をアップデート）
4　催眠から抜け出す

ステップ1：催眠導入（誘導）

まずは、催眠への誘導を行う――日常の活動的な状態から、催眠状態へ自分を導いていく。注意力の高い、覚醒時の意識状態であるベータ波状態から、あなたは軽いリラックス状態であるアルファ波状態に下りていく。

あなたは顕在意識と潜在意識をつなぐ橋の上に立っている状態で、潜在意識のドアマンは道を開いてくれている。あなたの前には、潜在意識へとつづく階段が延びているはずだ。

ステップ2：催眠を深める

階段を下りていくにしたがって、催眠は深くなる。あなたはどんどんリラックスして、深いところへ下りていき、意識はアルファ波状態から徐々にシータ波の領域へと移行していく。

そうすると、あなたは潜在意識と直接コンタクトできる場所で、潜在意識に影響を及ぼすことができる。

ステップ3：作用を及ぼす（潜在意識をアップデート）

自分を催眠へと誘導する過程で潜在意識のドアを開け、催眠を深めて潜在意識のオペレーティングシステムのなかへ下りることができたら、望ましくないプログラムを書き換えるか、新しいプログラムをインストールする。

目標が何かから解放されることでも、何かを達成することでも、潜在意識がどのように機能するかを理解していれば、あなたはオペレーティングシステムで実行されるプロセスにも効果的に影響を及ぼすことができる。

ステップ4：催眠から抜け出す

自己催眠のセッションが終了し、あなたはまた、覚醒時の意識の表面に戻ってくる。比喩的に言えば、階段をのぼって再び潜在意識の外へと出てくるということだ。

あなたの体の生理機能もまた、深い催眠状態であるシータ波状態から、軽いリラックス状態であるアルファ波状態を経て、注意力の高い覚醒時のベータ波状態に戻る。

催眠の旅へ出るための練習

自己催眠の一連のプロセスに少しずつ慣れ親しんでいくために、まずは「催眠導入（誘導）」「催眠を深める」「催眠から抜け出す」の3段階に絞って、ささやかな催眠の旅に出る練習をしよう。そうすれば、どうしたら自分を催眠状態に導けるか、あなたが心を落ち着けられる場所――あなたにとっての「幸せな場所」――をつくり上げるにはどうすればいいいか、その後またもとに戻ってくるにはどうすればいいかを習得することができる。

この練習を定期的に繰り返せば、ほどなくして、自分の目指すシータ波状態に数分以内に到達できるようになるだろう。

そしてこの手順に自信が持てるようになり、一連の流れを考えなくてもこなせるようになったら、セッションに「作用を及ぼす（潜在意識をアップデート）」を加えるといい。

まだそれほど自己催眠に慣れていなくても、完全に、かつスムーズに催眠状態に入れるようにするためには、セッションの最中に一切邪魔が入らないようにしておく必要がある。また、すわった姿勢で行うことをおすすめしたい。

横になった状態で催眠を行うと、ほとんどの人はすぐに寝入ってしまうからだ。楽な姿勢ですわり、ベルトや襟元をゆるめて、必要があればメガネもはずし、携帯電話は機内モードに設定しておこう。

音楽があると、催眠のプロセスは円滑になる。ネット上ではさまざまな催眠用の音楽が配信されていて、ユーチューブを使えば無料で催眠向けの曲を流すこともできる。ただし、あなたが普段から好んで聴いているお気に入りの曲は催眠には不向きだ。

歌詞やメロディーを知っているため、一緒に歌ったりハミングしたりしてしまう恐れがある。催眠に適しているのは、催眠効果を促すために音が波のように上下していて、目指すシータ波状態と同調する周波数（4ヘルツから8ヘルツ）を持つ音楽だ。

そうした音楽を聴けば必ず催眠状態に陥るというわけではなく、音楽の影響で意識の状態が変化するわけでもないが、それでも、音楽は催眠のプロセスを後押ししてくれる。

催眠導入（誘導）――凝視法

催眠は、常に誘導から始まる。誘導というのは、すでに記したとおり、注意力の高い覚醒時の意識状態であるベータ波状態から、リラックスした状態であるアルファ波状態（軽い催眠状態）へ自分を導き、深い催眠状態であるシータ波状態へつづく階段の最上段に立つまでの段階を指す。

誘導の方法は無数にあるが、それらの方法に良し悪しがあるわけではない。私の催眠セミナーでは、参加者に2、3種類の誘導方法を示して、各自自分の気に入った方法を選んでもらっている。

ここでは、凝視法という誘導方法をご紹介しようと思う。

どの催眠誘導法でも、まずは焦点を合わせることから始める――あなたの注意を徐々に外部の世界から引き離し、内なる世界へと向かわせる。外にあるものはだんだんとフェードアウトし、あなたは自分の内なる世界との結びつきを深めていく。

❖ 一点を見つめる

自分の内側へ焦点を合わせるときには、初めは目を開けたまま一点を見つめて、そのあとで目を閉じてもいいし、初めから目を閉じて、自分の心のなかにあるイメージや特定の思考、自分の体の一部に意識を集中させてもいい。

世間一般に浸透している催眠術師のイメージのひとつに、催眠をかけようとする相手の前に立って懐中時計を揺らし、その相手は時計を見つめているうちにやがて催眠状態に陥ってしまう、というものがある。

このイメージはもちろんいくらか単純化されてはいるが、必ずしも間違いとは言い切れない。ここで催眠術師は、催眠をかけようとする相手に見つめるポイントを提供している。その一点にだんだんと意識を集中させていくと、外の世界にあるそれ以外のものはすべて徐々にフェードアウトし、あなたはベータ波状態からアルファ波状態へと沈んでいくことになる。

あなたもきっと、一点を見つめているうちに徐々に催眠に似た状態に入り込むという現象を日常的に経験しているはずだ――これまで、それらの現象と自己催眠とを結びつけて考えたことはなかったかもしれないが……。

たとえば、浜辺にすわって海を見つめているときに時間を忘れてしまったことはないだろうか？

あるいは、キャンプファイヤーや暖炉の前で炎を見つめているうちに、いまどこにいるのか、どのくらい時間が経ったのかわからなくなったことはないだろうか？

こうした日常の場面で起こっているのは、あなたが自分を催眠状態へ誘導しようとするときに意図的に起こすのと同じ現象だ――ろうそくの炎であっても、お香の煙でも、壁の一点でも、ある一点を見つめていると、あなたはそのなかに完全に没入してしまうのである。

催眠術師が揺らしている懐中時計にも当てはまることだが、一点を見つめていると、さらにもうひとつの有益な副次的効果ももたらされる。

集中して一点を凝視すると、すぐに目が疲れてしまうため、目を閉じたいという願望が強まって、催眠状態に陥りやすくなるのだ。

❖ 自分を催眠状態へ誘導する手順

あなたが実際に自分を催眠状態へ誘導するときの手順は、次のようになる。

――催眠状態に入りたいときには、頭をまっすぐにして、たとえば部屋の壁など、自分の周囲にある一点を見つめる。その点は、見上げる位置になくてはならない。

ただ、頭を上に向けなくても視線を上向きにするだけで見られる場所を選ぶ必要がある。あなたのまぶたを疲れやすくするためだ。

そしてその一点だけに意識を集中させて、目と体はリラックスさせた状態で、まぶたがだんだんと重くなってくるのを感じる。もしかしたら、まぶたが疲れのせいでちくちくすることもあるかもしれない。

その際、心のなかでは次のような文句を唱えよう。

「目がどんどん疲れてきて、私は目を閉じたくなってくる。呼吸をするたびに、私と私の目はだんだんとリラックスする。体は徐々に緊張を解き、筋肉の一つひとつがリラックスを深めていく。深い呼吸をすればするほど私のまぶたは重くなる。体全体の機能がゆったりとしたものになり、どんどんリラックスし、目を閉じたくなってくる。私はいまから自己催眠に入る」

❖ 想像力を利用する

想像力を活性化させ、利用することも大事だ！　催眠誘導のプロセスを、あなたの思考で後押ししよう。まぶたが疲れて落ちてくることを念じ、期待して、実際にそうなるはずだと確信を持つのだ。

眠気と闘いながら、なんとか目を開いておこうとしているときの感覚を思い出そう。特定の役に入り込み、うまく演じるために想像力を働かせている俳優のように。あなたの想像は、あなたの体の反応に影響を及ぼすはずだ。

まぶたが落ちてくるまでには、だいたい30秒ほどの時間を見ておこう。それからまぶたをリラックスさせる一瞬を楽しんで、その後はあなたが心地よく感じるやり方で、体中の緊張を解いていくといい。その際には、ゆっくりと、深く、くつろいだ呼吸をするように意識しよう。

姿勢も、「催眠にかけられている人」を意識したものにするといい。そうすれば、自分がどんどん深いところに下りていくのがわかるはずだ。初めのうちはまだ思うようにすぐにはリラックスできないかもしれないが、ごくゆっくりとしかリラックスが訪れなくても、あきらめずにつづけてほしい。ある人にとってはすぐに訪れる変化でも、別の人にとっては時間がかかることもある。

ひとりとして同じ人はいないように、深い催眠に入り込むまでの経過も人によってまちまちだ。自分にとってはどうするのが最適なのか、そして催眠状態に陥るまでの感覚はどんなものなのか、だんだんとつかめるようになってくるはずだ。

それにあなたの反応は、習熟度合いによっても変化する。回数を重ねるにつれて、あなたはより早く、より深く催眠状態に移行できるようになるだろう。

催眠を深める

この段階では、心のなかで数字をカウントダウンしながら、自分自身を潜在意識の門へと近づけていく。数字が小さくなるごとに深くリラックスすることができるようになり、催眠もより安定したものになる。心のなかでは、次のような文句を唱えよう。

「私はいまから10からゼロまで数字をカウントダウンする……そして数字が小さくなるごとに、私はどんどんリラックスを深めていく……

10――私はどんどん心地よい気分になっていく……（少し間を置いて、呼吸をする）

9——私は呼吸をする……そして呼吸をするごとに、私は潜在意識へと近づいていく……（少し間を置いて、呼吸をする）

8——私の体も、筋肉も、細胞も、心も、自己催眠に没入していく。私はどんどん深いところへ下りていく……（少し間を置いて、呼吸をする）

7——私の心臓も脈拍も催眠状態に徐々に適応していき、体全体にその作用がもたらされる……（少し間を置いて、呼吸をする）

6——私の意識の焦点は内なる世界にあり……自分がかける催眠を率直に受け入れる準備ができている……（少し間を置いて、呼吸をする）

5——私は顔と首まわりの筋肉がだんだんとリラックスするのを感じている……（少し間を置いて、呼吸をする）

4——私の体全体が——腕も、足も、胴体も、背中も——リラックスを深めていく……

（少し間を置いて、呼吸をする）

3――私は、これから自分自身に起きようとしている変化を楽しみにしている。私は自分を完全にコントロールしている。自分の暗示に導かれ……どんどん深いところに下りていく……（少し間を置いて、呼吸をする）

2――私は催眠にかかっている……そしてこの状態を楽しんでいる……（少し間を置いて、呼吸をする）

1――私は胸郭が上下するのを感じている……太ももの下にある椅子の存在も感じている……そして私は、もっと深く自分の内側に入っていく……（少し間を置いて、呼吸をする）

ゼロ――私は潜在意識に挨拶をする……私は完全にリラックスしていて……暗示を受け入れる用意があり……満ち足りている……（少し間を置いて、呼吸をする）」

あなたの幸せな場所

次は、シータ波状態のなかに浸って、のちに「作用を及ぼす（潜在意識をアップデート）」ためにその領域を整える。そのためには、**あなたの心のなかにある、落ち着いてリラックスできる個人的な場所を訪れるのがいい**。多くの人は、その場所を自分の「幸せな場所」と呼んでいる。

その場所は、あなたが実際に訪れたことのある場所である必要はない。現実には存在しない、想像上の場所でもかまわない。

その場所がある時点も、現在でも、未来でも、過去でもかまわない。

重要なのは、その場所がポジティブなイメージと結びついていることだ。

あなたが心の底から快適な気分になったことのある場所や状況などを選ぶといい——あなたが、あのときは何もかも完璧だったと言いたくなるような、場所や状況や瞬間を。すべてが理想的な状態にあって、あなたが心からくつろぐことのできる場所を。

目を閉じて完全にリラックスすれば、あなたはすぐに心のなかでその場所に足を踏み入れることができるはずだが、あらかじめその場所への入口を具体的に考えておくと、移動はよりスムーズになる。

入口とするのは、その場所へつづく道でもいいし、ドアでもいいし、庭にあるような門でもいい。入口の設定に特に決まりはない。

私はある女性から、こんな話を聞いたことがある。彼女は昔、家族で旅行に出かける前にはいつも、乗りものに乗る前に子どもたちのエネルギーを消耗させておくために、子どもたちと庭のトランポリンで飛び跳ねていたのだそうだ。

彼女の想像上の幸せな場所への入口は、そのトランポリンだった。頭の中で3回飛び跳ねるところを想像し……そして4回目で、高い弧を描いて、彼女はお気に入りのギリシャのビーチへ飛ぶのだという。

そのほかには、自分だったら、SFテレビシリーズの『宇宙大作戦』に登場した転送室を入口にする、と話してくれた男性もいた。転送ビームを浴びるための所定の位置に立ち、登場人物のひとりであるスコッティがレバーを引くと……彼は分解され……心を落ち着けて完全にくつろぐことのできる個人的な場所でまた姿をあらわすのだ、と。

あなたが幸せな場所にたどり着いたら、そのなかの細かな点を明確にして、空間にさらに奥行きを与えよう（注19）。

何が見えるだろう？

あなたの「幸せな場所」を見回し、そこで見るものに意識を集中させよう。それは人間かもしれないし、なんらかの品物かもしれないし、自然界に存在する何かかもしれない。それをゆっくりと、細部まで詳細に観察しよう。

観察し終えたら、またあたりを見回してふたつ目の何かに意識を集中させ、それから3つ目の何かに注意を向ける。完全にリラックスした状態で深くゆったりとした呼吸をし、自分の心のなかでは何が見えるのかを観察してみてほしい。必要なだけ時間をかけて、それらの3つをゆっくりと観察し、その特性を認識しよう。

何が聞こえるだろう？

次は、あなたの「幸せな場所」でどんな音がしているかを聞き取ろう。音は、すぐには聞こえてこないかもしれないが、しっかりと耳を傾けよう。それは、木々のなかを吹く風の音だろうか？　海の音だろうか？　水がぴちゃぴちゃ音を立てているのだろうか？　鳥のさえずりだろうか？　それとも誰かの声だろうか？　聞こえてくるのがどんな音であれ、最初に聞こえてきた何かに意識を集中させよう。そして少し前にあたりを見回したときと同じように、今度は全部で3つの音に連続して意識を向ける。それらの音一つひとつに、ゆっくりと耳を傾けよう。

何を感じるだろう?

完全にリラックスした状態で、深く、ゆっくりとした呼吸をつづけよう——そして今度は、あなたが安らげるその場所で、自分が何を感じているかに注意を向ける。あなたが感じているのは、肌を照らす太陽の光だろうか、それとも肌に吹きつける風だろうか? 足もとにある砂や草の感触だろうか? 毛布の感触だろうか? クッションの感触だろうか?

今度も、あなたが感じる3つのものに連続して意識を集中させよう。あなたが最初に感じたものにゆっくりと注意を向けたら、次に2番目に感じたものに、最後に3番目に感じたものに意識を向ける。

見て、聞いて、体で感じるそれぞれ3つのものに意識を集中させたら、その手順をもう一度か二度、繰り返そう。2回目のときは、見て、聞いて、感じるものをふたつずつ探し、最後の回は、それぞれにひとつのものだけを探し出す。ただし2回目以降に感じ取るものには、すでに以前に知覚したものが交じっていてもかまわない。

つまり、知覚するのは毎回新しい印象である必要はないということだ。もし何も聞き取ることができなかったり、何も感じることができなかったりしたとしても、特に問題はない。この手順を3回繰り返さなくては目指す効果が得られないというわけではないからだ。

❖あなたのためだけに存在する場所

この手順を行うと、同時にいくつもの効果がもたらされる。心のなかの場面に、つまり、あなたの「幸せな場所」に焦点を合わせれば、注意は自然と内側に向かうし、内なる静養場所を充実させればさせるほど、その様子を生き生きと思い描けば描くほど、あなたは自己催眠の本質である想像力を強く働かせることにもなる。

精緻《せいち》につくり上げた空間は、適当に選んだどこかの場所や瞬間ではなく、あなたにとっての「完璧なとき」だった一場面だ。

あなたの体は心に応じた反応をする。幸せなイメージを思い浮かべれば、体にドーパミン、オキシトシン、セロトニン、エンドルフィンといった幸せホルモンが放出される。その結果、快適な気分になって、リラックスはさらに深まり、あなたの脳はシータ波状態に移行する。

さらに、あなただけのやすらげる場所、心の安息地までをもつくり出すことができるのだ。すべてがあるべき場所におさまっていて、何もかもが理想どおりの、内なる自分が完全にリラックスできる場所を。本当に大事なものに意識を集中させることができ、あなたの潜在意識に何が重要かを学べる場所を。そしてその場所に、あなたは何度でも戻ってくることができる。

あなたが構築した、——道や橋や門やトランポリンや、あなたにとっての入口となり得るなんらかのものを経由して。

セッションのあいだにその場所を——あなたのためだけに存在する場所を——つくり上げることができたら、好きなだけその場所を満喫するといい。

深く息を吸い、吸い込んだ空気を楽しんで、またそれを吐き出そう。そしてそろそろいい頃合いだと感じたら、その場所に別れを告げる。顕在意識に戻ってからも、あなたはその場所へはいつでも帰ってくることができる。

催眠から抜け出す

セッションを終えて、あなたの「幸せな場所」をあとにするときは、頭のなかでそこに来たときと同じ道を通って戻ってこよう。

ドアから出たり、道沿いに歩いたり、あるいは橋を渡ったりして、同じ道を方向だけを変えて進んでいく――急がずに泰然と、完全にリラックスした状態で、あなたのテンポで。

このときもやはり、心のなかで特定の文句を唱えるとうまくいく。私の提案するフレーズは次のとおりだが、このフレーズには、あなたの使いやすいようにアレンジを加えてもらってもかまわない。

「いまから私は1から5まで数を数える。5までくるころには、私の頭はまたすっかり冴えていて、爽快な気分になっている。仮眠をとったあとのように、活力を取り戻している。5で私は、催眠状態から再び覚醒時の意識状態に戻ってくる。

1――私は深く息を吸う。新鮮な空気が私の肺を浄化していく……

2――私は息を吐き、そして体からすっかり疲労感が抜けていく……

3――私の筋肉も神経も再び活力を取り戻す……

4――私の頭は冴え、軽く、自由になる……

5――目を開けると、私は今日のうちにかたづけておきたいことに、いつでも取りかかれる状態になっている！」

この「ささやかな催眠の旅」にかかる時間は、だいたい10分くらいだ。しかしなかには、5分もあれば「幸せな場所」でじゅうぶん心をリフレッシュさせられる人もいるし、長い人は30分近くもそこでの時間を楽しむこともある。あなたにどのくらいの時間が必要かは、実際に試して確かめてみてほしい。

使える時間が限られている場合は、その時間になったらそっと連れ戻してもらえるように、誰かに頼んでおくといい。目覚ましをセットしてもいいが、その場合は手荒に現実に引き戻されるのを避けるために、穏やかなアラーム音を選んでおくようにしよう。

あるいは、催眠から抜け出すための文句を順に読み上げてスマートフォンに録音し、それをアラーム音がわりに再生してもいい。ただし、この方法を使うときには「私」を「あなた」に変更するのを忘れてはならない。一人称を使って自分自身に語りかけている声を聞いても、あなたの潜在意識は自分が話しかけられているとは受け取らないからだ。

しかし、少し練習を重ねれば、目覚まし時計も必要なくなるはずだ。催眠状態から戻るタイミングを内なる時計できっちりとはかれるようになるだろう。

私が主催する自己催眠セミナーに参加した人の多くは、この「ささやかな催眠の旅」を行うだけでも人生にいくらか変化があらわれたと言う。彼らはこの手法を毎朝、1日の心の準備を整えるために利用している。

前もって「幸せな場所」(『力を与えてくれる場所』と呼ぶ人もいるが)を訪れておけば、刺激の多い時間帯を乗り切るための接地(アース)[電気機器と地面をつないで、漏電が起きた際に感電を防ぐための安全装置]を用意しておけるからだ。

なかには、「ささやかな催眠の旅」を「SOS瞑想」として使っている人もいる――感情がたかぶったときには、その状況から自分を引き離して「幸せな場所」を訪れるのだ。そうすれば、その後はまた、落ち着きを取り戻すことができる。

催眠状態に関してつけ加えておきたいこと

催眠状態に入ったまま、抜け出せなくなる人はいない。あなたは催眠に襲われるわけではなく、催眠を起こしているのも、それを操作しているのもあなた自身だからだ。そのため催眠にかかっているときに起こる出来事は、常にあなたのコントロール下にある。その旅を終えたら、催眠状態も終了する。その間に起こり得るコントロール外の出来事といえば、せいぜい眠り込んでしまうことくらいだ。だがそれは、あなたがほんの数分だけソファに横になろうとして、うっかりうたた寝してしまうようなもので、うたた寝と同じようにそのうち自然に目は覚める。

時間と場所が適切であれば、催眠状態から深い眠りに移行して、その後すっきりした状態で目を覚ますこともできる。特に不眠に悩む人にとっては非常に快適な手法だが、初めからこの流れを習慣として身につけるのはおすすめしない。

なぜなら、あなたの頭と体がこの自動作用（深く眠り込むこと）を学んでしまうと、日中のちょっとした合間の時間に、リフレッシュするために自己催眠を使うことが難しくなるからだ。

「全然どこかに行っていた感じはしないんですけど、私は本当に催眠状態になってたんでしょうか？」

私の催眠セミナーに参加した人の多くは、最初の催眠の旅を終えるとそう尋ねる。私がその人に催眠をかけた場合でも、その人が初めて自分を催眠状態に陥らせた場合でも、それが本当に起きたのかどうかという質問は、形を変えて頻繁に出る。しかし、そうした疑問が生じるのは当然のことだ。（自己）催眠の経験が一度もなければ、その一連の過程ではどんな感覚がするものなのかも、もちろんわかりようがないからだ。

そのため催眠を経験したことのない人は、多くの場合、それがどんなものかという自分なりの決めつけや思い込みを持っている。だがそうした予想は、往々にして現実には即していない。その結果、催眠をかけられる人は起こるはずのない何か（なんらかの感情や身体的な反応が発生したり、特定の知覚の変化が起こったりなど）を期待して、当然のことながら、それが起こらなかったのではないかと困惑することになる。

❖ 睡眠状態の見きわめ方

催眠状態にあるかどうかは、一体どのようにして見きわめればいいのだろう？

私たちが実験室にいる場合は、もちろん体の機能を計測してそれを判別することができる――たとえば、脳波や筋音［筋肉の収縮によって発生する振動］を測定することによって、あるいは心拍数や脈拍や呼吸の変化や目の不随意運動を観察することによって明確に判断することができる。

しかし、自己催眠を行っているときに、実験室と同じようにして催眠状態にあるかどうかを自分で判断することは不可能に近い。自己催眠で体の機能にあらわれる変化は穏やかで、それほど際立ったものではないため、はっきりと判別することが難しいからだ。

「本当に催眠状態にあったかどうか」を訊かれたときには、私は相手にこう問い返すことにしている。

「映画を見るという行為も一種の催眠ですが、あなたは映画館にいるときにはどこかに行ってしまうんですか？　どこにも行かなくても、映画はあなたに影響を及ぼしているのではないですか？　映画があなたになんらかの影響を及ぼしたかどうかは、どうやって見きわめるのですか？」

自己催眠にかかっているからといって、非日常的な体験が起こるわけではない。あなたは普通ではない何かに襲われるわけではないのだ。

催眠状態にあるときに、周りで起きている出来事を認識できることがあったとしても、それはまったく普通のことである。自己催眠で重要なのは、その体験をできるだけ鮮烈なものにすることだ。

想像力を働かせ、自分にかける暗示が効果を発揮するものと期待して、催眠の作用に確信を持とう。あたかも催眠にかかっているかのようなふるまいを意識して、あなたの内なる姿勢も外見上の姿勢も、頭のなかの映画に適応させるのだ。そうすれば、あなたのオペレーティングシステムも意識に応じた反応をする。まさに映画を見ているときと同じように、すべてはただの想像にすぎず、自分は空想の世界に浸っているだけなのだということをそのうち忘れてしまうだろう。

そうなれば、アップデートはあなたの潜在意識に到達したということで、あなたの人生にもその影響があらわれてくるはずだ。

また、人生におけるほぼすべてのものがそうであるように、催眠にもやはり学習効果がある。しかも、催眠の学習曲線はかなり急なカーブを描いて上昇する。

つまり、初めのうちは催眠に入るのが難しく思えても、非常に早い段階でそのプロセスは格段に容易になり、あなたの催眠もそれに応じてより深く、リラックスしたものになっていくということだ。

それから、念のためにもう一度繰り返しておくと——私のおすすめは、まずは「ささやかな催眠の旅」を考えなくてもひと通りできるようになるまで練習して、そのあとで「作用を及ぼす」をそこに組み入れることだ。

そのほうが、一連のプロセスを習得しやすくなる。

「作用を及ぼす」ための準備

そろそろあなたも「幸せな場所」でリラックスするだけでなく、自分のなかにある〝真実〟もアップデートしたくなってきただろうか？

では今度は、あなたの「ささやかな催眠の旅」に「作用を及ぼす」をつけ加えるための準備に取りかかるとしよう。きちんと準備をしておけば、より効率的に潜在意識に作用を及ぼすことができるようになるはずだ。

この準備段階で行うのは、**あなたの目標を明確にすること、あなたのマインドセットと動機を研ぎすますこと、そして、目標を実現するための効果的な暗示を――あなたの思考と行動と感情に影響を与えることになる、「作用を及ぼす」であなたの潜在意識に働きかけるための文章を――考えることだ。**

あなたのマインドセット

モチベーション心理学では人間を、「成功動機を持つ人」と「失敗回避動機を持つ人」のふたつに分ける。成功動機を持つ人は、成功することを期待して何かをするのに対して、失敗回避動機を持つ人は失敗を避けるために何かをする。そう聞いても、初めはどちらも同じようなものに思えるかもしれない――しかし、実際にはそうではない。例を挙げて、この二者の違いをもう少し具体的に見てみよう。

❖成功動機と失敗回避動機

クリスティアンは、優か良の成績をとることを目指して試験の準備をしている。それに対してルーカスは、極端にひどい成績をとらないために勉強をしている。つまりクリスティアンは成功動機を、ルーカスは失敗回避動機を持っているということになる。成功をイメージしているクリスティアンにはポジティブな感情が発生するため、彼は課題に対しても意欲的に取り組む。

ルーカスは失敗を恐れながら行動しているため、ネガティブな感情をおぼえて、こなすべき課題もできればやらずにすませたいと思ってしまう。

このふたつの違いがわかれば、あなたもおそらく、はっきりとした成功動機を持っていた状況と、どちらかといえば失敗を回避するために行動していた状況を、すぐに思い浮かべることができるのではないだろうか。学生時代のことを思い出すだけでも、良か優の成績をとる自信のあった成功動機を持っていた科目と、とりあえず極端に悪い結果にならなければラッキーだと思っていた科目がすぐに頭に浮かんでくるはずだ。

予期しているのが成功でも失敗でも、あなたのそうした基本的な姿勢は、実際にかなりの頻度で自己達成的予言［『こうなるだろう』と期待しながら行動していると、その予言は現実のものになるという現象］になる。

ヘンリー・フォードは、同じ意味の次のような有名な言葉を残している。「あなたがそれをできると思えばできるし、できないと思えばできない」。この名言の教えの正しさは、心理学的にも立証されたことになる。どちらにしてもあなたは正しい。「自分が成功すると予想している成功動機を持つ人」でも、「失敗することを予想しながらものごとに取りかかろうとする失敗回避動機を持つ人」でも――どちらの場合も、あなたの推測はほぼ間違いなく現実のものになる。

あなた自身が、その後のなりゆきを前もって定めてしまっているからだ。

❖ 何かを達成しようとする

自己催眠の準備をする際の最初の重要なポイントは、あなたの姿勢だ。なぜなら自己催眠には、次のような方程式があるからだ――「催眠をかける前からその有効性に確信を持っていればいるほど、効果があらわれる確率は高くなる」。そして反対に、「その有効性に疑念を抱いていればいるほど、失敗する確率は高くなる」。大事なのは、何かを避けようとすること（ネガティブ）ではなく、何かを達成しようとすること（ポジティブ）だ。

あなたは、自分には目標に到達できる力がある、そして最終的に自分は目標に到達するという確信を持っていなくてはならない。目標を達成することに疑いを持ってはいけないのだ。

あなたの動機とマインドセットにとって重要なのは、基本的に自分は成功するという前提でものを考えることだ。**何かを試みるのではなく、何かを実現するのだ！　そこに疑念が入り込む余地はないし、疑いは成功を妨げる要因にもなる。**

「SMART」な目標を設定する

私たちの動機は、常に目標に向けられていなくてはならないことは理解できたと思う。

だがその目標を、私たちはどのようにして定義すればいいのだろう？

自分が具体的に何を望んでいるのかを、どうやって突き止めればいいのだろう？

たとえば、あなたの目標はやせることだとしよう。しかし、それだけではかなり曖昧だ。

あなたは具体的に何キロやせたいのだろう？

そして、どのくらいの期間でそれを実現しようとしているのだろう？

それに、「何キロやせたいか？」という質問にあなたがもし「2キロ」と答えたとしても、目標実現までにかける期間が、2時間なのか、2週間なのか、2カ月なのか、あるいは特に時間制限を設けないのか、それによってきわめて大きな違いがある。2時間なら、あなたは当初の動機を保つことができるだろう。

しかし2時間のうちに2キロ体重を落として、その後もその状態を維持しつづけるというのはあまりにも非現実的だ。そのあいだに痩身《そうしん》手術を受けるとでもいうのなら話は別だが。逆に時間制限を設けないとなると、積極的に行動を起こす意欲はわきにくい。「いつかはやせる」というのは、時間はいくらでもあるということだからだ。

私がクライアントに、催眠コーチングで達成したい目標は何かと尋ねると、多くの場合はこんな答えが返ってくる。

「なんとかして本当の自分を取り戻したいんです。もっと楽に生きられるようになって、幸せを感じたいんです」

あなたも薄々気づいているかもしれないが、これらの願望は非常にぼんやりとしている。そのクライアントは、どういうときに「本当の自分」になれるのだろう？

本当の自分かどうか、どうやって判別するのだろう？

そして「もっと楽に生きる」というのは、どんな状態を指しているのだろう？

私は、クライアントがそれらのことを明確に定義できるよう手助けをする。そうしないことには、クライアントが自身にどんな変化を起こしたいのかを特定することができないからだ。

❖「SMART」とは何か？

適切な目標を設定するためのテクニックとして定評があるのが、「SMARTの原則」と呼ばれる方法だ。「SMART」というのは、目標設定の際に満たすべき、次のような基準の頭文字である。

「明確」で（**S**pezifisch）
「測定可能」で（**M**essbar）
「魅力」があって（**A**ttraktiv）
「現実的」で（**R**ealistisch）
「期限がはっきりしている」こと（**T**erminierbar）

成功するには、ただ単に目標を持つだけではだめなのだ。目標は、わかりやすく、進捗状況を計測でき、努力をすれば達成可能で、適正な期間内に実現できるように設定されていなくてはならない。

明確であること

達成すべきことは、正確に定められていなくてはならない。どのように達成するかではなく、何を達成したいのかが明白である必要があるのだ。通常、わかりやすい明確な目標には、目標達成に向けての行動ではなく、こうありたいと思う状態が具体的かつ簡潔に定義されているものだ。

目標を描写する際には、細部にこだわりすぎず、必要以上に大げさにならず、漠然とした曖昧な内容にならないように気をつけなくてはならない。

目標は1、2行程度の短く的確な文章に要約できれば理想的だ。

「不快な感情をおぼえることなく、落ち着いてエレベーターに乗れるようになりたい」

「鳩が近くにいても、恐怖を感じずに、平静でいられるようになりたい」

測定可能であること

達成状況を具体的にはかることのできない目標を設定すると、長期にわたって動機を維持するのが困難になる。目標を達成できたかどうかを、必ずはっきりと判別できるようにしておこう。たとえば、

「2カ月以内に2キロ体重を減らす」
「週に3回ジョギングをして、2カ月後には休憩を挟まずに10キロ走れるようになる」
「飛行機でAからBに向かうあいだ、車に乗っているときのようにリラックスする」

そうすれば、あなたの目標は非常に明確になるだろう。

しかし目標のなかには、測定するのが難しい類《たぐい》のものもある。たとえば、「満足すること」などといったつかみどころのない心の状態を目標にする場合などだ。そういうときは、目標を達成したかどうかを具体的に判断できる、次のような基準を探しておくといい。

「上司が同僚をほめても、私は動揺しないし、自分が唯一無二の存在であることを忘れない」
「大勢の人の前で話すときも、落ち着きと平静さを失わず、快適な気分でそのことを楽しめるようになる」

魅力的であること

魅力ある目標を立てるというのは、一見当然のことのように思えるかもしれない。しかし、あなたがそれを達成したいと思えるような魅力のある目標を立てた場合と、意欲のわかない目標を立ててそれを達成しなければならない場合とでは、その後の経過に大きな違いが出る。

あなたに目標達成の意欲があれば、ものごとに取り組むときの姿勢ははるかにポジティブになるし、目標のために自制をする必要があれば、自制心も働かせやすくなるのだ。突如として成功が目の前に降ってくることはほぼあり得ない。目標達成までには、あなたは繰り返し何度も意欲を新たにする必要があるが、目標自体に魅力があれば、やる気も継続しやすくなる。

しかし目標を魅力的に感じるかどうかは、その目標をポジティブに表現するかネガティブに表現するかによっても変化する。「肌のトラブルにもう悩まされない」と

「きれいな肌を保つ」とでは、受ける印象はずいぶん違うし、「これ以上、夜眠れないままベッドに横になっていたくない」という目標も、「毎晩リラックスしてゆっくりと朝まで眠る」と言い換えれば、響きはポジティブに変化する。

のちの「あなたの理由」では、目標の魅力をアップさせるために役立つ質問も紹介する予定だ。

現実的であること

休みなく目標に向かって努力しつづけることができるのは、成功の可能性があなたのやる気を上まわっているときだけだ。これまでの人生で一度もレンチを手にしたことがないというのに、車のエンジンを修理したいと考えているのだとしたら、その目標にはあまり現実味がない。

あなたに修理の経験はあっても、お気に入りの番組が次にコマーシャルに入ったら、そのあいだに修理をすませてしまおうと考えているのだとしたら、それもまたどちらかといえば非現実的だ。目標とそれを達成するための期間は、達成できる可能性のある範囲内で設定するようにしよう。初めから高すぎる目標を立ててしまうと、あなたのやる気は喪失し、まったく行動を起こす気がしなくなってしまう恐れがある。

しかしその一方で、目標はある程度困難なものである必要もある。なぜなら設定する目標が低すぎると、それを達成することであなたが獲得できる報酬がほぼなくなってしまうからだ。

すでに1950年代に、成功報酬を成功率と関連づけたモデルは、モチベーション心理学の研究者だったアメリカ人のジョン・ウィリアム・アトキンソンによって作成されている。成功報酬は、成功率が高すぎる（課題がやさしすぎる）場合には、ほとんど得られないものだ。かけっこで幼児を負かしたところで、あなたにメダルを授けてくれる人はまずいない。反対に、課題が非常に難しい場合、成功率はきわめて低いが、達成したときに得られるものは非常に大きい。ゴルフでタイガー・ウッズに勝てる確率はほとんどないに等しいが、もしあなたが勝てたとしたら、確実に栄誉と名声を手にできる。だから目標は、「難しすぎる」と「簡単すぎる」の中間あたりのものを選ぶようにしよう。そうすれば、困難ではあるが現実的な目標を設定することができる。

期限がはっきりしていること

達成までの期間が定められていなくては、どれだけ適切な表現で目標が設定されていようと、目標には到達できない可能性が高い。ベッドサイドテーブルに置きっぱなしになっている本をなんとか読み終えることを目標に据えたとしても、期限を決めずにそれを実行したのでは、その目標はおそらくただのよい心がけのままで終わってしまうだろう。だから、期限を定めることが可能なときには、必ず目標達成までの期間や期日を決めるようにしよう。

しかし目標には、期限を必要としないものもある。たとえば、買い物のときに一定の金額以上は使わないといったことや、環境のために今後はペットボトルを買わないといったことなどがそれに当たる。その場合はもちろん、無理に期限をつくり出す必要はない。

できるだけ「SMART」な自分の目標設定に取りかかる前に、目標を「SMART」なものにつくり変えるための具体例をひとつ挙げておこう。

たとえば、この項の最初に挙げた「やせたい!」という目標は、このままでは明確でもなければ測定可能でもなく(何キロやせたいのだろう?)、期限もはっきりしない(いつまでに、あるいはどのくらいの期間でやせようとしているのだろう?)。

だから次のような表現の仕方に変えたほうがいい。「8月1日から予定している夏の休暇までに、5キロやせる。そのために、少なくとも週に5回は健康的な食事をすることを意識して、少なくとも週3回は45分以上スポーツをする」

そうすればこの目標は、明確で、測定可能で、魅力的で(ポジティブに表現されている）、現実的で（夏の休暇までにまだじゅうぶん時間があると仮定しての話だが）、期限もはっきりする。

しかし、実際に自分で「SMART」な目標の設定に取りかかってみると、すぐに、目標のなかには「SMART」の基準をすべて満たせないものもあることに気づくだろう。基準のうちのいくつかは、あなた個人の目標にはまったくそぐわないかもしれない。だが、それならそれでかまわない。「SMART」は自分のなかで目標を明確化するための手段であって、絶対的な教義ではないのだ。ただし、測定基準は必ず設けておいたほうがいい――本当に目標に到達したかどうかを、あなたはどのようにして見きわめればいいだろう？　あなたの判断の目安としては、どんなものが考えられるだろう？　具体的な数値？　期日？　それとも、なんらかの評価の基準を設けておく必要があるだろうか？

この本をいったん置いて、あなた個人の目標にはどんなものがあるかを、そして、それらを「SMART」に設定するにはどうすればいいかをゆっくりと考えてみてほしい。紙を1枚用意して、そこにあなたの考えをメモしておこう。

❖あなたの理由

ものごとに取り組むときの、動機の重要性についてはすでに述べた。しかし、その目標をすべて「SMART」で明確に設定したいま、動機については、また別の観点からもう一度考えてみる必要がある。自分が何を達成したいかを正確に把握したら（目標）、なぜ自分はその目標にたどり着きたいのかをもう一度具体的に考えよう！

あなたの動機はなんだろう？

あなたを駆り立てているものはなんだろう？

あなたはそれを達成することで、何が起こることを期待しているのだろう？

それらについてじっくりと考えてみると、自分の動機がひとつではないことや、動機を具体的に言葉であらわすのが難しいことに気づくだろう。

ここでもまた、「やせる」ことを例に、動機について考えてみよう。

——あなたはなぜやせたいのだろう？　健康上の理由から？

ただ単に、いまよりももっと健康になりたいだけ（健康であることはもちろん大事だが）？

自分をもっと好きになったり、自分を変えたりするため？

いまのままでは無理でも、体重を減らしたらできることがいくつかあるからだろうか？

そのほかにも、あなたの動機を形成している理由はもっとたくさんあるはずだ。そのうち、個人的な理由はどれかを突き止めよう。

すでに述べたように、人間の脳は効率を重視するようにできている。そして、変化するには労力がいる。目標を達成したい理由を強く意識していなければ、あなたの脳は計画を後押しするために必要なエネルギーを使おうとはしない。自分の動機をわかっていなかったり、動機を明確に表現できないでいると、あなたはベッドに横になったまま、早起きして走りに行こうとはしないだろうし、それまでと同じように、料理をせずにファストフードを食べつづけることになるだろうし、本当に吸いたいと思っているわけでもないのに、ストレスを感じると煙草に火をつけてしまうことになるだろう。

動機が明確になったら、次はそれらを整理しよう。動機の優先順位リストをつくるのだ。あなたにとって最も重要な動機を1位にして、そのあとに、重要度の高いものからそれ以外の動機を並べていく。ある観点がどうして自分にとって別の観点よりも大事なのかを、じっくりと考えてみよう。

あなたの暗示

最終的にあなたの新しい現実となるべきものを、潜在意識に伝達するための手段が暗示である。自己催眠の場合に使うのは、もちろん自己暗示だ。

基本的に、自己催眠や催眠療法における暗示というのは、ある種の道具と考えられる。内なる衝突を解決するための、あるいは、考え方をつくり変えるための道具である。目的は、私たちの内側にある、意識下の現実を変化させることだ。

たとえば、あなたはこれまでずっとこんな信念を持っていたとする。

「私が煙草を吸うのは、煙草が私をリラックスさせてくれるからだ！」

もっともらしく聞こえるかもしれないが、煙草が体に及ぼす影響を考えれば、この信念は間違っている。なぜならニコチンがもたらすのは代謝を刺激する作用で、リラックス作用ではないからだ。しかしあなたはこれまでずっとリラックス作用があると信じていたため、あなたにとってはずっとそれが現実だったのだ。暗示を用いると、こうした自分の潜在意識に存在する心のなかの現実を変化させることができる。つまり暗示というのは、あなたの潜在意識に別の現実を示すための言葉や文章なのである。

❖脳は保存はできるが何を忘れるかは選べない

私たちの脳は、目標を定めて意図的に何かを保存することはできるが、目標を定めて意図的に何かを消去することはできない。何を学習するかは選べるが、残念ながら何を忘れるかは選ぶことができないのである。脳の保存機能には、よい面もあれば悪い面もあるのだ。

私たちが誰かに対して不適切な発言をしてしまった場合、あとになって謝ることはできるが、口に出した言葉は取り戻せない。発言を聞いてしまった相手の脳はそれを保存するし、謝ったからといって発言が消えるわけではない。謝罪というのはそういうもので、必ず何かが起きて、それが脳に保存されてしまってから、手遅れの状態で行われる。


しかし、このことが暗示となんの関係があるというのだろう？　この事実は、**暗示を考えるときには、私たちはきわめて慎重に言葉を選ぶ必要があることを教えてくれる。**催眠療法士がクライアントに暗示をかける場合でも、暗示を使って自己催眠をかける場合でも同じである。潜在意識は何もかも言葉どおりに受け止める。言葉の持つ力については、すでに403ページの第7章の「あなたの発言があなたをつくる」で述べたとおりだ。


たとえば、木登りをしている子どもに向かって、その横に立っている両親のどちらかがこう大声を出したとする。

「気をつけて！　落ちないようにね！」

もちろんこれは、子どものことを思う、親としての心くばりから出た言葉だ。だがそれを聞いた子どもは、何をイメージするだろうか？　言うまでもなく、自分が（場合によっては）木から落ちてしまうイメージだ。「落ちないようにね！」という発言のなかに含まれる否定形は、なんの意味も持たない。頭のなかに生じるイメージは「落ちる」であって、そこに否定形がついているかどうかは関係ないのだ。では、どんな言い方をすればよかったのだろう？　たとえば、こんな表現の仕方が考えられる。

「しっかりつかまってね！」この場合も、頭にイメージは発生する。だが、思い浮かぶのは落ちていく自分ではなく、しっかりと木につかまっている自分だ。明らかにこちらのほうが選択肢としてはいい。ためしに、マリウスの母親の発言や私が聞いた病院の人たちの発言を、別の言葉で言い換えてみてはどうだろう。伝えたいことを、相手の頭によいイメージが浮かぶように表現するには、どうすればいいだろう、と考えながら。

❖暗示文の基準

自分自身が木登りをするときにも、同じことが当てはまる。自分に「ぼくはしっかりと木につかまるぞ！」と言い聞かせるほうが、「落ちないように気をつけよう！」と言って自分に精神的な負担をかけるよりもずっといい。そう考えると、自己催眠をかける際のよい暗示文の基準はすでにいくつか明らかになってくる——一人称で、現在形で、ポジティブに表現（否定形は使わない）されていること。そして、最終的にどういう結果になるのが望ましいかも示されていなくてはならない。

もうひとつ例を挙げよう。「私の頭痛が消える……」という文は、部分的には正しい。ポジティブで、現在形で、一人称が使われている。だがこの文は、痛みが主題だ。痛みが強調されると、潜在意識の焦点もやはり痛みに向かうことになる。それよりも、こんなふうに表現するほうがいい。

「私の頭の痛みは回復し、健康状態はどんどん良好になる……」

ここまでに挙げた文章は、ご覧のとおり、非常に直接的で、何が起こらなければならないかが、明快にはっきりと表現されている。しかしもちろん、繊細で間接的な表現を使って暗示をかけることもできる。

「私はリラックスしている！」と自分に語りかけてもいいし、あるいは、自分にとってリラックスを象徴する場面が頭に浮かぶような暗示を考えてもいい。暗示を使って、自分が完全にリラックスしていたときの記憶を呼び起こすのだ。その場面のイメージが生き生きと呼び起こされて、精神や潜在意識の働きが活性化すれば、そのぶん、体にも強い反応があらわれる。

たとえば、私の場合で言えば、砂浜でとてもリラックスできたすばらしい思い出がある。そのイメージのなかには、砂浜そのものや海や空はもちろん、波の音や、上空で鳴くかもめの声や、唇のしょっぱさや、肌に照りつける太陽と体の下にある温かな砂の感触も含まれている。

ときには、閉じたまぶたを通して感じる太陽の光までよみがえってくることも……。

できるだけ多くの知覚に、できるだけ的確にはっきりと呼びかければ、その記憶を呼び覚ます糸口がある脳のさまざまな領域が活性化される。ドーパミン、オキシトシン、エンドルフィンなどの神経伝達物質やホルモンが放出され、私たちはとても心地よい気分を味わうことができるのだ。

暗示の基準

ただし、理想的な作用を引き起こすには、暗示があなたの目標に合っていなくてはならない。適切な表現が使われていて、できれば、適切な視覚的効果と感覚を生じさせることによって、言葉の作用が強化されなくてはならないのだ。

暗示は、私たちの脳と神経回路網にしっかりと定着すればするほど効果を発揮する。そして暗示をしっかりと定着させるには、その暗示がいくつかの基準を満たしている必要がある。

抽象的で、脳のある部分に隔絶して収められるような情報からは、脳はうまくイメージを発生させることができない。そしてイメージが想起されなければ、その情報が記憶のなかにあるそのほかの要素やそのほかの記憶と結びつけられることもない。与えられた情報から、文字どおり「イメージを思い描く」ことができなければ、その情報によって頭のなかで発生した何かが脳のなかで活性化し、存在感を発揮することはないからだ。そして、すでに定着している記憶と結びつかなければ、その何かが長期にわたってしっかりと根づくこともない。

❖ 情動と結びつく暗示文をつくる

それからもうひとつ、非常に重要なのは——もしかしたらこれが一番重要かもしれない——情動と結びつくような暗示文をつくることだ。強い情動と結びついているものは（それがポジティブな情動でもネガティブな情動でも）、私たちのなかに非常に強く定着する。

たとえば、あなたが改善しようとしている問題が飛行機恐怖症や試験恐怖症だった場合、それらはもちろん、すでに情動と結びついている。この場合、結びついているのはネガティブな情動だ。問題を改善するには、私たちは飛行機や試験からポジティブな情動を発生させるための動機を見つけなくてはならない。ポジティブで実生活に役立つ動機なら、考えるまでもない。

飛行機恐怖症の人はなんの心配もなく旅行や出張に出かけられるようになりたいだろうし、試験恐怖症の人はこれから受ける試験を克服したり、試験で相応の結果を出したりしたいだろう。しかし、ポジティブな情動が発生するような動機には、どんなものが考えられるか？　重要なのはそれを見つけて、実生活に役立つ動機と結びつけることだ。

つまり暗示の文章には、試験でよい成績をあげることだけでなく、その際に感じる快適さや幸福感やプライドや、その結果として将来的に起こるポジティブな出来事などが含まれていなくてはならないのだ。

ここでもう一度、あなたが暗示文を考える際に満たす必要のある基準をまとめておこう。

ポジティブであること

あなたが（今後は）望まないことや、回避したいことではなく、あなたが（現在行っていることのかわりに）達成したいことを描写しよう。

症状ではなく、目標に焦点を当てる

あなたが回避したいと思っている症状ではなく、あなたの目標を具体的に述べよう。目標を達成することに焦点を当てた表現を心がけること。

現在形であること

未来形ではなく、現在形を使おう。目標を達成するのは、いつかではない。いまだ！

自分自身に向けた文をつくる

「人は〇〇しなくてはならない」ではなく、「私は〇〇する」や「私は〇〇だ」という表現を使おう――常に自分自身に語りかけること！

命令口調を使わない

潜在意識は命令にはしたがわない――潜在意識はきちんと納得したいのだ。「しなければならない」という言い方は、内なる抵抗を発生させる。「したほうがいい」という言い方は、罪悪感を生じさせる。

感情について言及する

暗示文では、アップデートをしているあいだに自分はどう感じていたいのかを描写しよう。そして目標を達成したときには、どんな気分を味わいたいのかも。

報酬について言及する

目標を達成したら、あなたはどんな報酬を得られるだろう？　あなたが獲得できる報酬について言及し、やる気を高めよう！

「禁煙したら、私はもっと健康になれる」――「爪を噛むのをやめたら、私はもっと爽快な気分になれる」

暗示文をつくるためのヒント

このあと、暗示文の一部である、暗示の主題をあらわす文章の例を何例かご紹介するが、実際にあなたが使う暗示の文章は自分自身で見つけてほしい。人間は一人ひとりみな異なり、誰もが独自の言葉や夢や欲求などを持っている。だからあなた個人の暗示は自分自身で考えて、自分の言葉でそれを表現するようにしよう。そうでなければ、本当に効果的な暗示文は生まれないだろう。

暗示の核となる部分は、シンプルに簡潔に明確に表現するよう気をつけること。それから、その暗示をあなたが信じることも大切だ。それが効果を発揮するものと期待しよう。暗示は現実のものになると信じ込むのだ。暗示の実現を待ち望むあなたの気持ちは、これから芽を出そうとする種にとっての雨と太陽のようなものだ。

ヘンリー・フォードの言葉を思い出そう——「あなたがそれをできると思えばできるし、できないと思えばできない。どちらにしてもあなたは正しい」。疑いは存在してはならない。必要なのは、確信を持つこと、そして成功を待ち望むことだ。

私が提案する、さまざまなテーマにおける目標設定の文例は次のとおり。あなたの個人的な課題に働きかけるための暗示をつくる際の参考にしてほしい。

自信をつけたいとき

・私には、自分がしたいと思うことにはなんでも取り組める意志の力がある。
・私には、たくさんの非凡な才能と素質があり、それらの資質を活かして生きている。
・私はバランスのとれた人間で、自分自身とも宇宙とも協調し、よい関係を築いている。
・手を動かすたびに、言葉を口にするたびに、歩くたびに、私は世界に私の豊かな個性を持ち込んでいる。

ストレスを緩和したいとき

・目を閉じて深呼吸をすると、私の心は必ず平静になる。そして私は自分の内側でゆったりとした休息をとる。

・息を吸うたびに私のなかに平静さが満ちあふれ、息を吐くたびに私はどんどんリラックスする。

試験恐怖症に対して

・私の思考は明晰で自由で、頭のなかは整理されている——どんなときでも、自分に与えられた課題を解く力がある。

・課題に集中して取り組めば取り組むほど、私は私個人の成功に近づく。

・私はいつでも最善を尽くし、結果はどうあれ自分が愛されていることも理解している。

・試験のことを考えると、私は成長し、さらに進化する可能性を見ることができる。

飛行機恐怖症に対して

・飛行機が高度を上げれば上げるほど、私のなかには解放感が広がり、くつろぎたい気持ちが大きくなる。

・雲の上に出ると私の体は軽くなり、鳥のように落ち着いた気持ちになる。

・私の体は軽く、無重力状態で、同時に心も軽く自由になるのを感じている。私は自分の注意を自分の意志で操ることができる。

禁煙したいとき

・私は煙のない新鮮な空気を肺に吸い込む。深く、快適に、完全にリラックスしながら。

・健康は私にとって重要な、最優先事項だ。

・煙のない状態で、私はまたほのかな香りを嗅ぎ、繊細な味わいを楽しみ、清潔な気分になる。

・私は誰といても、どこにいても、自分の意志で自分をコントロールすることができる。

・煙草からようやく自由になることで私が得る達成感は、困難な状況で自制心を働かせるための糧になる。

やせたいとき

・食べものを口に運ぶたび、私の満腹感は大きくなる。

・私はすぐに満腹感をおぼえ、満足し、食べることを中断する。

・新鮮なりんごを1個食べれば、私は午前中を乗り切るためのじゅうぶんなエネルギーを得ることができる。
・私は、歩くたびに自分が健康になるのを、行動したり運動したりするたびに人生の質が上昇するのを感じることができる。
・体を動かすたびに、私は精力的で自由で活動的になり、体に筋肉がついて、脂肪は燃焼する。

❖暗示文は簡潔で明快に

もしかしたらすでに気づかれているかもしれないが、これらの文章の一つひとつは、同じテーマに関するものでも、該当するテーマをそれぞれ異なる観点からとらえている。なかには表現の仕方を変えただけのものや、同じ内容を別の言葉で言い換えただけのものもあるが、すべてに共通するのは、表現が簡潔で明快であることだ。暗示をつくるうえで大事なのはまさにこの点で、暗示文には、暗示の核となる明確で簡潔なメッセージが含まれていなくてはならない。

しかし暗示文そのものは、あなたの課題にいろいろな面から光を当てる内容でもよく、複数の文章にわたってそれらを表現してかまわない。

使われている表現がしごく単純明快であることに当惑するかもしれないが、表現が単純であるからこそ暗示は直接潜在意識へと届くとも言える。適切なタイミングで、そしてじゅうぶんな頻度でそれを繰り返しさえすれば、の話だが。

❖ 自己暗示で理想の自分になる

あなたが知っている人のなかに、「この世のなかで一番魅力的なのは自分だ！」としょっちゅう自分に言い聞かせ、実際にそのとおりの行動をとっている人はいないだろうか。彼らがそうした行動をとるのは、そう言っているうちに、自分でもそれを信じるようになるからだ。つまり彼らの行動は、自己暗示が成功した結果にほかならないのである。同様に、いつも自分に自信がなく、「とにかく自分は何をやってもだめだ！」と絶えず自分に言っているような人がいるとしたら、その場合もやはり、同じことが起きている——自己暗示が作用を及ぼしているのだ。

簡潔に表現された「真実」は、潜在意識に浸透し、いずれは自己達成的予言になるものなのである。

まわりくどい言いまわしや挿入句を多用した、複雑で入り組んだ暗示文は潜在意識に届きづらい。長すぎる文を読んだり聞いたりしたときの顕在意識と同じように、潜在意識もスイッチを切ってしまう。

暗示の公式は「短く、明快だと――真実になる!」だからあなたの目標やあなたの暗示の表現が、一見月並みに思えたり、子どもじみているように思えたりしても、その効果に疑念を持ってはならない。その単純さゆえに、暗示はあなたの潜在意識に定着するのだということを頭に入れておこう。

そしてその単純さゆえに、暗示は目指す状態を自動的に呼び出せる「呪文」として作用するのだということも。この短さや単純さや、見た目の平凡さに秘められている力を過小評価してはならない。それこそが、暗示が効果を発揮するための鍵なのだから。

自己催眠を学んでいる人からは、「暗示文の内容はまったく『真実』ではないのですが」という声があがることが多い。暗示文を作成して自己暗示を始める時点に限っていえば、それはある意味正しい。「呼吸をするたびに私はどんどん集中を深める!」という文は、暗示が意識のなかに定着した瞬間は(まだ)「真実」ではないかもしれない。その状態にまだ到達していないうちは「暗示は真実とは異なっている」かもしれないが、あなたの暗示文があらわしているのは、最後にたどり着くべき、あなたが目標とする状態であって、その前の状態ではないはずだ。あなたが選んだ暗示文の内容が、それを書いた時点ですでにいつでも実践できる状態にあるのなら、あなたにはそもそも暗示など必要ないのだ。

❖言葉は現実をつくり出す

いままでに挙げた例を見て、あなたはもしかしたら、私が慎重に言葉を選びながら目標について表現しているのにも気づかれたかもしれない。おそらく、自己催眠を使ってやせようとしているほとんどの人にとって、「私はやせている！」という文は、暗示としては適切ではない。少なくとも、自分の体重が明らかに重すぎることを自覚している人がそれを信じるのは難しいだろう。しかし、原因（体に悪いものを食べすぎていること、運動不足であること）に働きかけることなら可能だ。

暗示文に「食べものを口に運ぶたび、私の満腹感は大きくなる。スポーツをすると、筋肉が力強さを増すごとに、深呼吸をするたびに、私は精力的で自由で活動的な気分になる」といった表現が使われているのはそのためだ。

言葉は現実をつくり出す。繰り返しは習慣になる。それが自己達成的予言の本質である。暗示で描写するのは目標であって、出発点ではない。そして暗示は未来形でなく、意識的に現在形で表現しなくてはならない。未来形では、実現するのを待たなければならないからだ。だから、暗示の内容が「真実ではない」ことに不安をおぼえる必要はない。表現が一見単純で、簡素で、平凡であることにとまどう必要もない――逆に、そうであるからこそ、あなたはその効果に確信を持つべきなのだ。

❖個人的な暗示の作成

それでは、そろそろ個人的な暗示の作成に取りかかるとしよう。まずは、思いつくままに文章を書こう。考えを自由にめぐらせるといい。細かな点に手を入れるのは、ひとまずそれが終わってからだ。頭に浮かんでくる考えをすべて書き終えたら、文章を修正したり、削除したり、補足したり、簡潔にしたりする。文章のチェックは、次のステップに進む前にすませておこう。

次は、あなたが書き留めた暗示が、ただの「それぞれに独立した前向きな内容の文」で終わらないように、それらをつなぎ合わせてひとまとまりの暗示文にする。「作用を及ぼす」ために潜在意識に提示するのは、このひとまとまりの文章だ。

文ができたら、名前もつけておくといい。もしかしたらさまざまなテーマのさまざまな暗示文ができあがるかもしれない。そういったときに名前をつけておけば、「いまから『蜘蛛と友好な関係を築くためのプログラム』を行う」というように、潜在意識にこれからどの暗示に取りかかるかを簡単に知らせることができる。

文をまとめるときの参考になるように、ここに完成した暗示文の例をひとつご紹介しておこう。

暗示文の例

「これから私の『自由に話せるプログラム』を行う。いまこの瞬間から私は、自分がどんどん自信を持って人前で話せるようになるのを実感する。いまから、そして残りの人生を通して、私は人前で何かを伝えたり話したりするたびに、どんどん落ち着きを増す。スピーチをするときも、講演をするときも、何かの報告をするときも、プレゼンテーションをするときも、自己紹介をするときも。私は人前で話す機会があれば進んでそれを引き受け、回数を重ねるごとに成長する。

大勢の人たちの前で特定のテーマについてプレゼンテーションをするたびに、私の可能性は大きくなる。このプログラムを行うことで、私は自分の感覚と反応と動きが、人前に立つとすぐに冷静なものに変わるのを自覚する。

一歩足を踏み出すたびに、態度も声もボディランゲージも雰囲気も自信に満ちたものになり、落ち着きを深める。大勢の人たちの前でも私が平静でいられるのは、私個人に関することは評価の対象外だとわかっているからだ。大事なのは私が話す内容だけだ。それ以外のものはすべて些末《さまつ》なことで、私は今後も価値のある人間のままだ。

たくさんの顔が私のほうを見ると、呼吸も鼓動も快適なものになり、私は体全体で心地よさを味わう。話すテーマについて考えるたびに、そのテーマに対する私の自信は深くなる。

自己催眠のセッションを終えると、私の暗示はすべて潜在意識にしっかりと根づいている。私の潜在意識は、どう後押しすればいいかを理解していて、全力を尽くして私の願いを叶えてくれる。いまこの瞬間から、そして、残りの人生を通してずっと」

念のためにもう一度繰り返しておくが、暗示文をつくる際には、課題に応じた独自の表現を、自分自身で見つけてほしい。自分の感覚や思考やふるまい方を一番よくわかっているのは、自分自身だ。それらを暗示文に取り入れるといい。創造力を発揮しよう！

暗示文の長さも、自由に決めていい。

私は、セミナーの参加者の何人かが、初めて自分でつくった暗示文を自主的にほかの参加者たちの前で披露してくれるのをいつも楽しみにしている。表現の仕方や隠喩《いんゆ》の使い方に関する彼らの独創的なアイディアは、すべての参加者にとって大いに刺激になる。そしてもちろん、私にとっても。あなたも周囲の人と協力して、互いの暗示文を交換し、アイディアを出し合うといい。

「作用を及ぼす」自己催眠セッション

それではこれから、あなたの個人的な自己暗示文を、ポジティブなマインドセットで自己催眠セッションに組み込んでいこう。潜在意識が、暗示を通してあなたからの明快なメッセージを受け取ってアップデートされるのが、「作用を及ぼす」段階だ——「これが最高のバージョンの私だ。このバージョンの私を、私のためにつくり上げてほしい」と。その実現のために、あなたの持てる力のすべてを注ごう!

あなたが丁寧にしっかりつくり上げたプログラムを「作用を及ぼす」に組み込むには、さまざまな方法がある。そのうちのいくつかを、次にご紹介しよう。

録音する

ひとつ目の方法は、プログラムを、スマートフォンやその他の録音機器を使って録音することだ。あなたの「幸せな場所」があらわれたら、ゆっくりと目を開け、録音を再生しよう。そして再び目を閉じて、暗示を読む声を自分に作用させ、「催眠から脱け出す」で、また覚醒時の意識状態に戻ってくる。

ふたつ目の方法は、催眠のセッションを最初から最後まで録音することだ。「誘導」から始まって、「催眠を深める」を経て、「幸せな場所」を顕現させ、暗示文を読み、「催眠から脱け出す」で再びもとに戻ってくるまで。録音をするときには文章をすべて順番に書き留め、適切な間を挟みながら、自分のテンポでそれを読み上げよう。あなたが機械に強ければ、催眠に適したリラックスできる音楽をバックにつけてもいい。

心のなかで自分に語りかけるときとは異なり、この場合は「あなた」を使って文章を読み上げよう。たとえば「数える数字が小さくなるごとに、あなたはどんどんリラックスを深めていく……」というように。

そのほかには、「作用を及ぼす」で使う暗示文を録音して、眠るときか目覚めるときに再生するという方法もある。すでに記したとおり、眠るときと目覚めるときは、暗示を作用させるにはうってつけだ。どちらの瞬間にも、あなたの潜在意識へのドアは開かれている。朝、目覚めるときに、ラジオつきの目覚まし時計から流れてきた歌が耳に残りやすいのはそのためだ。その歌は直接あなたの潜在意識に入り込み、そこで根を下ろしてしまったというわけだ。

眠るときや目覚めるときに暗示文を聞いた場合にも、同様の効果がもたらされる。「作用を及ぼす」の暗示文を録音し、眠るとき――あるいは目覚めるとき――にそれを再生するだけでいい。

一番いいのは、リピート機能を使って何度も連続して再生することだ。リピート機能はいまではどんなプレーヤーにもついている。この方法を使うと、「誘導」や「催眠を深める」を行う必要はなく、「幸せな場所」に行く必要も、「催眠から脱け出す」で戻ってくる必要もない。体に備わっている、日に2回自然にシータ波状態になる自動的なリズムを利用しよう。

読み上げる

「誘導」を始める直前に、書き留めてある暗示文を声に出して読むという方法もある。暗示文の長さにもよるが、できれば2回は繰り返して読むといい。そして催眠セッションの「作用を及ぼす」段階にきたら、心のなかで次のように唱える。

「このセッションの前に私が読み上げた暗示は、潜在意識に深く作用し、私の人生で全力を発揮する」

❖脳に「痕跡を残す」

そして頃合いをみはからって、「催眠から脱け出す」でまたもとに戻ってくる。セッションを始める前に読み上げた暗示が、催眠状態にあるときにどうして効果を発揮するのだろう？

すでにご存じのように、あなたの脳は絶えず変化し、新しい体験に適応している（神経の可塑性）。何かを知覚するたびに、学ぶたびに、体験するたびに、脳は変化している。脳にインプットされたものは、どんなものでも脳のなかで処理され、神経細胞の接続という形で痕跡を残すのだ。

この「痕跡を残す」というのは、まさに言葉どおりの意味である。それまでに考えたことのなかったものごとのつながりについて熟考すると、自動的に脳のなかで、ほとんどなんの結びつきもなかったふたつの中枢が結びつく。Aの情報が保存されている場所と、Bの情報が保存されている場所のあいだに、つながり（接続）をつくり出すのだ。脳のなかで、AとBのあいだに神経の道が構築されるのである。それまでは存在していなかった、神経細胞の接続という道だ。

この一連の過程は、雑草や木が伸び放題になっている荒れた庭を横切ろうとするときのようなものだと考えるとわかりやすい。そこを横切るには、庭の端にあるAという場所と、また別の端にあるBという場所を結ぶ道が必要だが、その道はまだ存在しない。それでも、目的地にたどり着くことはできなくはないが、初めて歩くときには、回り道をしたり、ときには分かれ道で間違った方向に進んでしまったりと、かなり苦労を強いられる。なぜなら、AとBをまっすぐにつないでいる道は（まだ）ないからだ。

しかし、あなたがAとBのあいだを歩けば歩くほど、道を見つけるのは容易になる！　何度も通ることであなたが道をおぼえるからだけではない。あなたが歩くたびに、道が踏み固められるからだ。何度も歩いているうちに、いつの間にかきちんとした通り道ができ、道そのものも歩くたびにどんどん広くなっていく。そして道幅が広くなるだけでなく、目的地までにかかる時間もどんどん短くなっていく！　道の曲がりくねった部分が取れて、ちょっとした回り道になっていたところが徐々にまっすぐになるからだ。

こうしたすべてのことが相まって、そのうちあなたは道を探さなくても、AからB、もしくは逆方向に向かうことができるようになる。やがて、道はもはや見過ごしようがないほど（まさしく文字どおりの意味で）はっきりと周囲に刻まれ、あなたは考えずともその道を歩くことができるようになるだろう。つまり、その道を歩くという行為が自動化したのだ！

❖脳の中の接続を増やす

私たちが脳に何かを刻み込み、それを根づかせるときにも、脳のなかでは「神経回路の強化」と呼ばれる、まさに同じプロセスが起きている。情報は、さまざまな中枢のあいだにいくつもの神経の接続が構築されることによって定着する。そして脳のなかに多くの接続点を持つ情報ほど、定着の仕方は強固なものになる。

よく発達した神経細胞の接続がひとつでもその情報につながれば、脳に情報を定着させるにはじゅうぶんだ。また、別の方向からその情報へとつながるふたつ目の接続があれば、その情報はよりしっかりと根づくことになる。そして接続の数が３つ、４つ、５つと増えるごとにその情報の定着はさらに強固なものになり、確実に長期にわたって脳に保存されるようになる。

ここでもう一度、「作用を及ぼす（潜在意識をアップデート）」の準備段階で行ったことを振り返ってみよう。

個人的な課題を改善するために、

まずあなたは自分の目標を明確にした（**接続点その1**）。

次に「ＳＭＡＲＴ」の基準を満たすようにそれを表現した（**接続点その2**）。

つづいて、どうしてその目標を達成したいのかという動機について考え、動機の優先順位リストを作成した（**接続点その3**）。

それから効果的な暗示文の基準に合致するように暗示の言葉を考え（**接続点その4**）、それらをきちんと情報カードやメモ帳に書き留めた（**接続点その5**）。


つまりこれまでにしてきたことで、個人的な課題に関する情報は、少なくとも5つの異なる方向からあなたの脳に固定されているのである。一度でも二度でもなく、さまざまな視点や観点から、何度も何度も結びつけられている。あなたの新しい信念や真実が定着している脳の神経細胞の接続点には、少なくともさらに5つの方向から新たな接続が形成されたのだ！

それらの情報は、いまやじゅうぶんすぎるほどしっかりとあなたのなかに根を下ろしているはずだ。

❖ 暗示文を繰り返す

セッションを始める前に、暗示カードやメモ帳に書かれている文章をさらに2、3度繰り返して読む。そうすると、すでにしっかりと脳に定着しているはずのその内容が、催眠状態に入る前にもたらされるイメージにもなる。そしてそのまま、非常に暗示にかかりやすいシータ波状態に入っていくと、生理的にも、身体的にも、神経細胞的にも、ドアを目いっぱい開け放っている潜在意識にその暗示が提示されることになる。暗示はあなたのなかに根づいているだけでなく、数々のドアを開く前に知覚する最後の、そして最新のイメージにもなるのだ。そのため自分の「幸せな場所」にいるときは、あなたがそれを意識していてもいなくても、暗示もそこに存在することになる。

もしかしたら、目を閉じると自分の頭のなかに暗示の言葉や内容を見ることができるかもしれない。もしかしたら、あなたの潜在意識は、平静になれる心のなかの場所にそれらを組み込んでいるかもしれない。もしかしたら、あなたはそれらが自分のなかにあることを、意識的には何ひとつ感じられないかもしれない。それでも、あなたの目標や暗示やその内容は、あなたのなかに根づいているのだ。そのことには自信を持っていい。

実際に、自分の心のなかにある場所で、自分の暗示が看板や砂の上や壁に書かれているのを見たことのある人もいる。自分の暗示が書かれたバナーをつけた飛行機が空を飛んでいるのを見た、と私に話してくれた女性もいる。催眠状態にあるときに、暗示の内容がそのほかの方法で視覚的に、あるいは隠喩的にあらわれたという人もいる。

その一方で、催眠状態にあったときに、自分の暗示のテーマがそこに存在していたかどうかを思い出せないという人もいる。しかし、あなたが意識的にそれを思い出せるかどうかは重要なことではない。

心のなかの静養場所で、何かに意識的に気づくかどうかはどうでもいい。自分の課題を改善するための下準備を丹念に行っていれば、あなたの脳には必要な接続点ができ、あなたが変化するために必要な神経回路も確実に強化されているということだからだ！

❖潜在意識を書き換えるのはあなた自身

あなたの暗示は効果を発揮し、定着する。「作用を及ぼす」状態に暗示文を組み込むたびに、それらはどんどん真実になっていく。どんどん新しい信念になっていく。そのうち暗示の効果はあらゆる面に及ぶようになり、行動も変化するだろう。

大切なのは練習をすることだ。あなたの内なる真実の変化は、つまり、あなたの潜在意識のアップデートは、ただ起こるわけではない。あなたがそれを引き起こさなくてはならないのだ。目標を定め、計画をして、徹底して練習を繰り返せば、変化は必ず起こるはずだ。

トレーニングをしなければ、筋肉を鍛えることはできない。同様に、定期的に何度も練習を繰り返さないと、潜在意識のプログラムを変えることはできない。30年煙草を吸っていたからといって、自己催眠を使って禁煙するのにも30年かかるわけではないが、30分で禁煙ができるわけでもない。あなたの潜在意識に根づいている、長年の望ましくない習慣や信念を変えようとするときには特に、相応の時間をかけなければ、プログラムを根本的に書き換えることはできないのだ。

筋肉をつけるには、積極的に体を使ってトレーニングしなければならないのと同じように、脳と潜在意識も、トレーニングを繰り返さなくてはポジティブに変わることはできない。「使わないとだめになる」という基本ルールは、潜在意識をアップデートする際にも当てはまる。

まとめ

自己催眠セッションの7つのステップと手順を、最後にもう一度まとめておこう。

①催眠のためのマインドセットを活性化する

達成したい目標と、なぜそれを達成したいのかという理由を目の前に思い浮かべる。これから行う暗示は、すべて現実になると信じる姿勢を明確にしよう。暗示が実現することを期待して、暗示の効果に確信を持とう！

②暗示文を読み上げる

自分で書いたプログラムを、気持ちを込めて読み上げる。

③凝視法を使って催眠状態へ誘導する

一点を見つめながら、催眠に入るための文句を心のなかで唱える。「目がどんどん疲れてきて、私は目を閉じたくなってくる。呼吸をするたびに、私と私の目はだんだんとリラックスする……」

④催眠を深める

10からゼロまで数字をカウントダウンする。数字が小さくなるごとに、リラックスを深めていく。

「10――私はどんどん心地よい気分になっていく……（少し間を置いて、呼吸をする)。9——私は呼吸をする……そして呼吸をするごとに、私は……」

⑤ **幸せな場所**

自分で選んだ入口を通って、心を平静にできる場所に到着する。「幸せな場所」では、そこで感じられることを一つひとつ確かめていく。「私には○○が見える……○○が聞こえる……私は○○を感じる……」

⑥ **作用を及ぼす(潜在意識をアップデート)**

心のなかで次のような文句を唱える。「このセッションの前に私が読み上げた暗示は潜在意識に深く……」

あるいは、スマートフォンに録音したあなたの暗示を再生する。

⑦ **催眠から抜け出す**

1から5まで数えて催眠セッションを終了する。「いまから私は1から5まで数を数える。5までくるころには、私の頭はまたすっかり冴えていて、爽快な気分になっている。私は……」

エピローグ

1886年以降、ランナーたちはずっと、1マイルを4分以内で走り切るという目標に苦心しながら挑みつづけてきた。才能あふれるトップクラスの陸上選手たちは、実績のあるトレーナーをつけ、その奇跡の壁をなんとか突き破ろうとした。しかし残念ながら、それを成し遂げる者は長いあいだあらわれなかった。この件に関しては、医師たちでさえ意見を一致させていた——人間の身体能力では、その距離を4分以内では走れない。それは絶対に不可能だ、と。

ところが1954年に、イギリス人のランナー、ロジャー・バニスターが、この不可能だと思われていたことを成し遂げた。1マイルを3分59秒で走り切ったのだ。世界には衝撃が走った！

しかし興味深いことに、それからわずか46日後には、また別のランナーが同様の快挙を達成した——しかもバニスターを上まわる、3分58秒の記録を打ち立てた。そしてその1

年後には、同じレースで走ったさらに3人の選手が4分を切る記録を出した。何十年ものあいだ、世界の意見は、人間が1マイルを4分以内で走るのは不可能だということで一致していたというのに。

ランナーたちのレベルが一斉に上がったのだろうか？　そんなことはあり得ない。バニスターはその勝利で、心の境界線を打ち砕いたのだ。それまでは誰もが無意識のうちに、「4分以内で走ることはできない」という境界線を守っていた。だがバニスターが反証を示したことで、そうした心の制約が消滅したのだ。その結果、たくさんの選手が精神的な境界線を乗り越え、同時に身体的な境界線をも突破することができたのである。

❖ 思い込みを捨てる

映画『ダークナイトライジング』で、バットマンことブルース・ウェインの屋敷に入り込んだキャットウーマンは、金庫を破って貴重な真珠のネックレスを盗み出す。しかし、そこから逃げ出そうとしたとき、彼女はブルース・ウェインに見つかってしまう。ブルースは、彼女が首につけている真珠のネックレスを見てこんなふうに言う。

「すばらしい真珠のネックレスだね。ぼくの母も似たのを持ってたよ。母のはそこの金庫に入ってるはずだから、同じものではあり得ないだろうけど」

ところが、金庫がある場所の扉を開けると、金庫のなかは空になっている。

「これをつくった人間は、この金庫は絶対に破れないだろうと断言してたんだがな」

それに対してキャットウーマンは、驚いたようにこう答える。

「あら、この金庫が絶対に破れないだなんて、私には誰も言わなかったわ……」

キャットウーマンはある一点において、1マイル競走の記録を破ることのできなかった多くの陸上選手たちと異なっている——彼女はそれが不可能なことだとは知らなかったため、不可能なものとして金庫破りに挑んではいなかったのだ。破れない金庫を破るのは、彼女にとっては当然のことだったのである。

❖ 恐怖は取り除ける

催眠コーチになりたてのころ、私は12人のお客を招いての友人宅での夕食に招待されたことがある。食事はすばらしく、会話もはずみ、とても楽しい夜だった。食事も終わりに近づいたころ、ひとりの若い女性が、自分は飛行機に乗るのが怖くてたまらないのだ、と打ち明けた。旅行は避けるようにしているが、どうしても飛行機に乗らなければならないときは、必ず薬を飲むのだという。そうでなければ、怖くて生きた心地がしないのだそうだ。私は、自分が催眠コーチであること、そしてそうした恐怖を取り除くには、さして時間はかからないということを説明した。何もかもうまく運べば、たった一度のセッションで、その後はなんの心配もなく飛行機に乗れるようになる、と。

するとと彼女は笑いながら私にこう言った。

「遠慮しておくわ。鎮静薬を飲むほうが確かだから」

私はショックを受けた。

どうして彼女は自分の人生を長期にわたって改善することに興味を持たないのだろう？　催眠が怖いのだろうか、飛行機に対する自分の恐怖心と向き合うのが怖いのだろうか、それとも、催眠で飛行機恐怖症が解消するなどとはとても思えないのだろうか？

どうして彼女はそのことについてもっと知ろうとしないのだろう？

催眠やコーチングがどんなものかということを、どうしてちゃんと知ろうとしないのだろう？


彼女の理由がなんだったのかはわからない。だがそのとき、私は決意したのだ。催眠のメリットをわかりやすく伝えるための力をもっと身につけようと――的確な言葉やたとえを使った表現を心がけ、学術的な知識を充実させ、催眠の実演なども行っていこうと。催眠に対する人々の理解を深め、自分にはたくさんの能力や可能性が秘められているのだということを、多くの人に確信してもらえるように。

さあ、アップデートを始めよう

だから私は、この本が、あなたが自分の心のなかにある制約を探り出し、それらを疑問視するきっかけになることを心から願っている。制約は、疑問視すれば効力を失う。新しい視点を身につけ、自分が取るべき責任を取り、新しい岸に向かって漕ぎ出せば、あなたのアップデートはスタートする。目標に到達するために必要な力を、あなたはすべて備えている。どうすれば目標にたどり着けるかがわからなくなったら、あなたはいつでも新たな能力を習得できるし、誰かに助けを求めることもできる。

現状に我慢するのをやめて、自分をつくり変えるために必要な意欲とエネルギーを生み出そう。そうでなければ、救助の義務を怠ったことになる——あなた自身に対する救助の義務を。

何もしなかった場合に発生する対価を考えよう。何も行動を起こさなかった場合、何を支払わなくてはならないか、結果としてどういう事態になるのかを、よく考えてみてほしい。何もかもいまのまま放置したとしたら、5年後の人生はどうなっているだろう?

自分の問題にじっくりと取り組むことを拒否すれば、そのツケを払わなくてはならなくなる。飛行機恐怖症は、初めのうちはもしかしたらそうひどくはなく、ただ落ち着かない気持ちになるだけかもしれない。しかしときが経つにつれ、その落ち着かない気持ちは正真正銘のパニックに発展するかもしれないし、ともすれば、あなたの人生のそのほかの領域にまで影響を与えることになるかもしれない。

❖人格が変わるわけではない

自分を変えるというのは、あなたをすっかり別の人間に変えてしまうという意味ではない。あなたの人格と性格は、完全に同一のものではない。私がここで人格と呼んでいるのは、あなたという存在の核をなすすべての部分のことだ。外向的か内向的か、あるいは、リスクを負うのを恐れないタイプか石橋をたたいて渡るタイプか、など。

私たちは、自分が持っているさまざまな性質も人格の一部だと考えてしまいがちだが、それらは性格の一部だ。性格も、一般的には人格という概念に含まれるものではあるが、人格のなかでも、私たちが生きてきた過程においてつくられる部分を指している。

私たちの性格は、育った環境や、私たちを取り巻く周囲の状況や、私たちが体験するたくさんの出来事を通して形成される。そのため、性格は変えることができる。恋人の携帯電話をこっそり見て、メッセンジャーアプリにいかがわしいやり取りがないかをチェックしたり、恋人が隣人と話すたびにやきもちを焼いて大騒ぎしたりする欲求を生まれながらに持っている人などいない。嫉妬は人格の性質ではない。苦い体験を通して性格として形成される場合がほとんどだ。だから催眠で病的な嫉妬心を取り除いたからといって、その人の人格まで変わってしまうわけではないのだ。

過去の体験の影響を、なすすべもなく受け入れる必要はない。もちろん、過去を変えることはできない。複雑な子ども時代をセラピーで〝なかったこと〟にするのは、トラウマになっている体験を消去するのと同じくらい不可能に近い。しかし、それらの体験と結びついている感情を変化させることならできる。その体験によってつくられた、あなたの考え方や行動をアップデートすることはできる。あなたの未来を、あなたの新たな意識によって形づくっていくために。

トレーニングで潜在意識はアップデートできる

あなたのマインドフルネスをトレーニングし、あなたが自分にかけている催眠を見破ろう。あなたの精神の力を使って、まずは思考のなかであなた自身をあなたの新しい未来へと導こう。

意識をしてあなたが描く未来像のとおりに行動し、潜在意識があなたをそそのかそうとしても、その誘惑にはのらないようにしよう。あなたの潜在意識はまだ、以前使っていた古い道しか知らないはずだ。あなたが望んでいるのは別の行動なのだということを、潜在意識に丁寧に示していこう。

自分が望んでいたとおりの行動をとっているのに気づいたら、そのことをよろこぼう。そしてかつての自分はどう行動していたのかが思い出せなくなったときには、そのことをさらによろこぼう。そうなったらその後はまた、あなたの顕在意識と潜在意識の足並みがそろうようになる。

今晩ベッドに横になり、眠り込むとする。そして、そうして眠っているあいだに、奇跡が起きたとする！　あなたがずっと前から自分の身や人生に起きてほしいと望んでいた何かが、一夜のうちに現実になっている。あなたを悩ませていた問題が、すっかり解消されている。

朝目覚めたとき、その奇跡が起きたことをあなたはどこで見きわめるだろう？
自分の人生のどこが以前とは違うだろう？
何が変化しているだろう？

あなたはどう感じているだろう？

周りの人々は、あなたがどこか違っていることにどのようにして気づくだろうか？

その奇跡を起こすには、何が必要だろう？

さて、ここで質問がある。

あなたは、自分にそんな奇跡が起こせると思うだろうか？　自分の潜在意識を、アップデートできる、と？

白の女王は、自分がそういう奇跡を起こせることを確信していた。そして、そう確信しているのは、白の女王だけではない。

私もだ。

注

1 催眠術師であり、ライフコーチでもあるジェームズ・トリップの「催眠の輪」に着想を得て考案したもの。

2 Nummenmaa, Lauri: Bodily maps of emotions. PNAS 2013.

3 ジェームズ・トリップの「催眠の輪」にならったもの。

4 Maltz, Maxwell: Psycho-Cybernetics. New York 2015.

5 Lally, Phillippa: How are habits formed: Modelling habit formation in the real world. European Journal of Social Psychology 2009.

6 Niebuhr, Reinhold: Gelassenheitsgebet.

7 「きっかけ・評価・体験」モデルは、アメリカの心理学者であり、理性感情行動療法の創始者でもある、アルバート・エリスの「ＡＢＣモデル」に着想を得て考案した。

8 Ellis, Albert; Jacobi, Petra; Schwarz, Dieter: Coach dich! Rationales Effektivitäts-Training zur Überwindung emotionaler Blockaden. Würzburg 2004. ここでエリスは「過度の要求」もしくは「絶対的思考」について言及している。

9 Byron, Katie; Mitchell, Stephen: Lieben was ist. Wie vier Fragen Ihr Leben verändern können. München 2002.（『人生を変える４つの質問』バイロン・ケイティ、スティーヴン・ミッチェル

著、アーティストハウスパブリッシャーズ、２００３年）

10 Smith, Robert G.: https://fastereft.com

11 https://mymonk.de/10-gruende-fur-meditation-ergebnisse-der-hirnforschung/

12 Jha, Amish: How to tame your wandering mind. TED Talk 2017.

13 Bardacke, Nancy: Der achtsame Weg durch Schwangerschaft und Geburt. Freiburg 2013.

14 Chapman, Gary: Die fünf Sprachen der Liebe. Marburg, 8. Auflage 2010.（『愛を伝える５つの方法』ゲーリー・チャップマン著、いのちのことば社、２００７年）

15 Kruger, Justin; Dunning, David: Unskilled and unaware of it. How difficulties in recognizing one's own incompetence lead to inflated self-assessemnts. Journal of Personality and Social Psychology 1998.

16 Rosenberg, Marshall B.: Gewaltfreie Kommunikation. Eine Sprache des Lebens. Paderborn 2016.（『ＮＶＣ 人と人との関係にいのちを吹き込む法』マーシャル・Ｂ・ローゼンバーグ著、日本経済新聞出版、２０１８年）

17 Karpman, Stephen: Fairy tales and script drama analysis. Transactional analysis bulletin, 7(26), 39-43, 1968.

18 Kuschik, Karin: www.coachange.de

19 ベティ・エリクソンが考案した自己催眠テクニックに着想を得て考案した。ベティ・エリクソンは史上最も偉大な催眠療法家であるミルトン・エリクソンの娘である。

訳者あとがき

本書は、マジシャン兼「催眠コーチ」としてドイツで活躍する著者による、ドイツの『シュピーゲル』誌のベストセラーリストに4カ月にわたってランクインした話題作だ。

本書のテーマは、潜在意識の〝アップデート〟。私たちには、脳をつくり変える力があるらしい。思考の力で潜在意識に働きかけ、私たちが抱える問題のもとになっている脳内の欠陥プログラムを更新すれば、誰もがよい方向に変化できると著者は言う。

どうして私たちは変化することができるのか、変化するにはどんな方法があるのか——本書には、あまりうまくいっていない人生の領域を〝アップデート〟するための情報が詰め込まれている。

著者のティーモン・フォン・ベアレプシュ氏は、「催眠コーチング」を通して多くの人の人生を変えてきた人物だ。だが催眠コーチングと聞いてすぐに具体的なイメージがわく人は少ないと思うので、ここで簡単に説明しておきたい。

コーチングとは、対話を通して相手に新しい気づきをもたらしたり、相手の自発的な行動を促したりすることで、その人の潜在的な能力を引き出し、課題を克服する後押しをすることだ。「課題」のなかには、業績をアップさせるなどの仕事上の問題だけでなく、不安感の解消や対人関係の改善といった個人的な問題も含まれる。

つまりコーチングは、現状を変えたい人をサポートするためのテクニックなのだが、催眠コーチングはそこに催眠を組み合わせて、その有効性をさらに高めたものだ。

たとえば、人前で話をするときに感じる緊張や不安を解消したい場合、不安を感じる必要はないということをその人自身が納得し、裏づけとなる論拠をいくつも見つけることができたとしても、動悸が激しくなるといった自動的に起こる身体的な反応まではコントロールできない。しかし催眠の技術を併用すれば、無意識に起こる体の反応に影響を及ぼすこともできる。

催眠術というと、人を意のままに操るあやしげなものという胡散臭いイメージが先行しがちだが、実際には、私たちの潜在意識に働きかけ、心身に変化をもたらすことのできる実用性の高い技術なのである。

本書には、催眠や「迅速なＥＦＴ（感情解放テクニック）」などの手法を通して自分を変えることに成功したクライアントたちも登場する。長年悩まされていた恐怖症が短時間のうちに改善され、人生ががらりと変わった人たちのエピソードを読めば、誰もがよい方向に変化できるという著者の主張も現実味を帯びてくるだろう。本書で紹介されている手法はどれも、実践手順まで詳しく解説されている。あなたが改善したい点に合った手法を選んで、ぜひ試してみてほしい。本書があなたの人生の〝アップデート〟に少しでも役立てば、訳者として幸いである。

なお、訳注は［　］でいれさせていただいた。

最後に、本書の翻訳に際しては、編集担当の武田伊智朗さん、株式会社リベルのみなさんに大変お世話になった。この場を借りて、心よりお礼を申し上げたい。

安原実津

[著者プロフィール]

ティーモン・フォン・ベアレプシュ　Thimon von Berlepsch

1978年生まれ。ドイツ中部に位置する、630年以上の歴史を持つ一族所有の城、ベアレプシュ城で育つ。子供のころからマジックに魅了され、金細工職人の職業訓練を受けながらも世界各地でマジックを披露し、プロのマジシャンとなる。その後、催眠術のトレーニングも修め、現在ではマジシャン兼催眠術師、および催眠コーチとして、ショーやセミナーを開催したり、個人セッションを提供したりと、さまざまな方面で活躍している。

[訳者プロフィール]

安原実津　やすはら・みつ

ドイツ語・英語翻訳家。主な訳書に、ロルフ・ドベリ著『News Diet』『Think clearly　最新の学術研究から導いた、よりよい人生を送るための思考法』（ともにサンマーク出版）、ジャック・ナシャー著『望み通りの返事を引き出すドイツ式交渉術』（早川書房）などがある。

潜在意識をアップデート

2021年12月10日　初版印刷
2021年12月25日　初版発行

著　者　ティーモン・フォン・ベアレプシュ
訳　者　安原実津
発行人　植木宣隆
発行所　株式会社サンマーク出版
〒169-0075 東京都新宿区高田馬場 2-16-11
☎03-5272-3166（代表）

印　刷　中央精版印刷株式会社
製　本　株式会社村上製本所

ISBN 978-4-7631-3919-1　C0030
サンマーク出版ホームページ　https://www.sunmark.co.jp